跨座式单轨交通轨道梁桥系统

胡智勇　贺　观　韩　阁　主编

西南交通大学出版社
·成　都·

图书在版编目（CIP）数据

跨座式单轨交通轨道梁桥系统 / 胡智勇，贺观，韩阁主编. —成都：西南交通大学出版社，2018.7
ISBN 978-7-5643-6196-9

Ⅰ. ①跨… Ⅱ. ①胡… ②贺… ③韩… Ⅲ. ①城市铁路－独轨铁路－梁桥－研究 Ⅳ. ①U239.5

中国版本图书馆 CIP 数据核字（2018）第 113302 号

跨座式单轨交通轨道梁桥系统

胡智勇 贺 观 韩 阁 / 主 编

责任编辑 / 王 旻
封面设计 / 何东琳设计工作室

西南交通大学出版社出版发行
（四川省成都市二环路北一段 111 号西南交通大学创新大厦 21 楼 610031）
发行部电话：028-87600564 028-87600533
网址：http://www.xnjdcbs.com
印刷：四川煤田地质制图印刷厂

成品尺寸 185 mm × 260 mm
印张 13 字数 315 千
版次 2018 年 7 月第 1 版 印次 2018 年 7 月第 1 次

书号 ISBN 978-7-5643-6196-9
定价 36.00 元

课件咨询电话：028-87600533

《跨座式单轨交通轨道梁桥系统》
编写人员

主　编：胡智勇　贺　观　韩　阁
副主编：姜晓光　赵晓波　王向义　肖静飞
参　编：郭宏飞　权志杰　陈晓继　蒋顺健
周胜怡　王　洪　尚魁军　张　朋
范正述　潘　莉　张　淦　吴焕君
花春桥　吴　天　石文仙　沈　昕
陈　波　刘　川　谭德祥　付长胜
张雁珍
主　审：苏明辉　文　彬
统　筹：胡维锋

前言

Prefase

在过去几十年中，我国的国民经济水平快速提高，卫星城市建设进程加快，人口快速从广袤的农村融入二、三线城市。但是过去我们一直将轨道交通的重心放在一线大城市的地铁项目上，面对地铁高昂的初期建设投资和后期运营成本，中小城市望而生畏。近年来,如何根据二、三线城市的财政实力，解决他们日渐拥堵的城市交通出行问题成为热门话题。跨座式单轨交通作为一种成熟的交通模式，具有造价低、噪声小、后期运维成本低、线路走向灵活、建设周期短、运力适中等优点，已成为解决二、三线城市公共交通的一个良好选择。

我国自引入跨座式单轨交通系统以来，在单轨列车、牵引电力、通信信号、轮轨道岔等方面逐步摸索和实践，从技术引进、消化吸收，到完全实现单轨交通系统整体国产化。在此基础上，我们单轨建设者还不断自主创新，在设备产品研发、工程设计施工、系统集成、后期维护保养等方面创造了丰硕的成果，建立了较为完善的质量控制体系，形成了国家、地方和企业质量验收及评估标准，为跨座式单轨交通工程在我国发展奠定了坚实的理论基础，积累了丰富的实践经验。目前我国的跨座式单轨交通技术已处于世界领先水平，成为世界单轨交通的标杆。

本书是跨座式单轨交通系列丛书之一，着重阐述了跨座式单轨交通系统中土建部分的关键技术，较为完善地总结了跨座式单轨交通土建工程设计方法、施工技术、理论创新与研究方面的知识。本书分为 8 章，第 1 章是绪论，以单轨发展历程为基准，阐述了单轨的历史、单轨的特征，以及跨座式单轨梁桥体系的合理选择；第 2 章介绍了跨座式单轨交通关键结构的设计方法和一般原则，阐述了与传统土木工程结构设计的差异；第 3 章阐述了跨座式单轨交通核心土建结构部件的制造、加工和质量检测方法；第 4 章、第 5 章阐述了跨座式单轨梁桥成桥架设安装，以及成桥线形调节部分的内容，并介绍了跨座式单轨交通轨道梁特有的架设安装设备和工艺及轨道梁桥维护检修规程；第 6 章 ~ 第 8 章是跨座式单轨交通梁桥结构的理论研究，该部分重点阐述了预制混凝土轨道梁的多形态演变机理及其形体控制参数研究，这也是迄今为止，对预制混凝土轨道梁较为系统、全面和准确的认识。

本书集设计基础、施工控制、理论研究为一体，是我国跨座式单轨交通建设者们智慧的结晶，为我国跨座式单轨交通建设和发展提供了很好的理论基础和实践借鉴，为我国今后培养跨座式单轨交通技术人才提供了较好的教材，也是广大跨座式单轨交通建设者们学习提高的工具。

由于编者水平所限，虽经各位编辑及审查专家多次推敲，但仍恐有疏漏和欠妥之处，敬请业内专家和读者批评指正。

编写组

2018 年 4 月

目录
CONTENTS

第 1 章　绪　论 …… 1

1.1　单轨交通概述 …… 1

1.2　跨座式单轨梁桥体系 …… 9

1.3　轨道梁桥主要构件 …… 16

第 2 章　轨道梁桥系统设计 …… 18

2.1　轨道梁桥结构体系 …… 19

2.2　轨道梁设计 …… 25

2.3　区间结构设计 …… 33

2.4　疏散检修通道设计 …… 43

2.5　车站结构设计原则 …… 51

2.6　其他结构设计原则 …… 53

2.7　基础设计 …… 54

2.8　车场布置原则 …… 54

第 3 章　轨道梁桥施工 …… 57

3.1　概　述 …… 57

3.2　预埋件制造 …… 57

3.3　PC 轨道梁制造工艺 …… 63

3.4　钢轨道梁制造工艺 …… 80

3.5　现浇轨道梁制造工艺 …… 82

3.6　疏散检修通道施工 …… 83

3.7　下部结构施工 …… 85

3.8　其他组合桥体系 …… 91

第 4 章　轨道梁架设 …… 93

4.1　轨道梁架设安装专用设备 …… 93

4.2　轨道梁架设安装 …… 96

4.3　轨道梁线形调整 …… 101

4.4 轨道梁桥成桥质量控制 …… 103
第 5 章 轨道梁桥维护检修 …… 107
5.1 PC 轨道梁维护检修规程 …… 107
5.2 钢轨道梁维护检修规程 …… 117
5.3 轨道梁连接装置检修规程 …… 118
5.4 疏散检修通道检修维护规程 …… 122
5.5 轨道梁下部结构检修规程 …… 123
第 6 章 早龄期 PC 轨道梁多形态瞬时结构变形研究 …… 125
6.1 概 述 …… 125
6.2 PC 轨道梁材料特性增长规律 …… 125
6.3 PC 轨道梁多时态瞬时弯曲变形 …… 127
6.4 PC 轨道梁多时态伸缩变形 …… 134
6.5 PC 轨道梁结构变形试验研究 …… 139
第 7 章 运营期 PC 轨道梁性能自平衡能力研究 …… 146
7.1 概 述 …… 146
7.2 酸性腐蚀场中 PC 轨道梁抗老化能力 …… 146
7.3 PC 轨道梁徐变变形分析 …… 150
7.4 短期移动荷载作用下 PC 轨道梁的时程研究 …… 152
7.5 循环荷载作用下 PC 轨道梁的疲劳研究 …… 161
7.6 动力荷载循环次数对结构特性影响分析 …… 168
7.7 运营期结构性能自平衡能力评价 …… 176
第 8 章 PC 轨道梁多时态形体制作参数推导及应用研究 …… 178
8.1 概 述 …… 178
8.2 坐标转换方法 …… 178
8.3 PC 轨道梁三维制作参数分析 …… 180
8.4 PC 轨道梁空间定位参数设计 …… 182
8.5 PC 轨道梁桥体系精度评估 …… 185
8.6 工程应用 …… 188
参考文献 …… 197

第1章 绪 论

1.1 单轨交通概述

单轨交通又称独轨交通，是采用电力牵引列车在一条轨道梁上运行的轨道交通系统，其组成灵活，线路可设置在地面、地下或空中，可根据需要选用不同运力的车辆系统或采用简易的装置到复杂的现代化的设备系统，以适应不同地形及地理条件。单轨交通系统特别适合中运量客流的城市。按车辆与轨道梁之间的接触关系，单轨交通可分为跨座式单轨交通（车辆骑跨在轨道之上运行，见图 1.1-1）和悬挂式单轨交通（车辆悬挂在轨道之下运行，见图 1.1-2）两种类型。

图 1.1-1 跨座式单轨交通系统

图 1.1-2 悬挂式单轨交通系统

在 19 世纪初，由于受到城市地形地貌限制，人们发明了单轨（Monorail Transit，又称独轨、空轨）交通系统，此系统的列车轨道为一根带状梁体，即轨道梁[1,2]。1821 年，英国工程师亨利·帕默尔（Henry Palmer）提出了马拉车辆骑行于木制单轨的构思[3-5]。1825 年，由美国在伦敦码头上建造了第一条货运跨座式单轨线路。1888 年，法国人查尔·拉里格（Charle Larlique）为爱尔兰利斯特维尔设计并建造了一条长 15 km 的客货两用的单轨线路，连续运营长达 36 年。1898 年，德国鲁尔地区的伍伯塔尔市由法国人奥根·兰根设计了一条长 13.3 km 的悬挂式单轨系统，1903 年建成通车。此时，单轨交通正式成为城市客运的一种制式。

1893 年，德国人 Eugen Langen 在科隆设计出首个机动化悬挂单轨铁路模型[6,7]。1960 年，法国的雷诺、米西兰、里昂水电公司等联合设计出悬挂式单轨列车，命名为 SAFEGE（萨非基）悬挂式单轨列车[8]。1952 年，由瑞典人格林（Axel Wenner Gren）对原已有的跨座式单轨形式进行了较大的技术改进，并修了一条长 1.9 km 的第一条试验线路，进行了模拟试验。1957 年在同一地点又建造了一条长 1.8 km 的实用性试验线路，进行了实用运行试验，并取得了成功，从此奠定了现代跨座式单轨交通的技术基础。1960—1965 年，日本在阿尔威克式、商洛克希德式和萨非基式单轨列车技术的基础之上，研制出不同型号的单轨列车，并在日本广泛应用[9]。

20 世纪 90 年代初，重庆开始引进日本日立公司跨座式单轨技术，并运用于国内第一条城市轨道交通跨座式单轨线路——重庆轨道交通 2 号线，此后又新建了重庆轨道交通 3 号线，在重庆逐步形成了中国的单轨技术。

目前，在日本的东京、大阪、冲绳、神户、北九州等地区运行的线路有 6 条；在中国重庆建造了世界上最长的线路；在澳大利亚悉尼市，美国拉斯维加斯、查克逊威尔市，马来西亚吉隆坡，俄罗斯莫斯科，阿联酋迪拜，韩国大邱等城市也相继建成了多条单轨线路[10]。受中国重庆单轨交通发展的成功热潮的影响，世界上还有印尼的雅加达、日惹，泰国曼谷，印度的孟买以及我国的北京、郑州、兰州、宝鸡、六盘水等地也在准备建设跨座式单轨。

图 1.1-3 所示是世界上著名的单轨交通系统[11-18]。图 1.1-3（a）所示是 1901 年建成的德国鲁尔区伍珀塔尔悬挂式单轨铁路（全长 13.3 km），这是世界上最早、也是历史最悠久的悬挂式单轨线；图 1.1-3（b）所示是东京上野动物园的悬挂式单轨铁路；图 1.1-3（c）所示是澳洲悉尼跨座式单轨铁路，该线主要用于运输达令港和市中心之间的旅客；图 1.1-3（d）所示是美国加州迪斯尼乐园度假区及佛罗里达州华特迪斯尼世界度假区的跨座式单轨铁路；图 1.1-3（e）所示是日本千叶市悬挂式单轨；图 1.1-3（f）所示是连接法国多蒙德大学南、北两个校区的无人驾驶高空悬挂式单轨；图 1.1-3（g）所示是重庆轨道交通 2 号线，采用跨座式单轨，它是我国建成的第一条单轨线路，也是我国西部地区第一条城市轨道交通线路。图 1.1-3（h）所示是重庆轨道交通 3 号线，采用跨座式单轨，它是世界上客运量（82 万人次/日）最大、运行长度最长的跨座式单轨线路，该线路贯穿重庆南北，连接 1 个机场、2 个火车站、3 个经济圈、5 个公交枢纽。

（a）德国鲁尔区伍珀塔尔悬挂式单轨

（b）东京上野动物园跨座式单轨

（c）澳大利亚悉尼跨座式单轨

（d）美国加州跨座式单轨

（e）日本千叶市悬挂式单轨

（f）法国多蒙德大学悬挂式单轨

（g）重庆轨道交通 2 号线

（h）重庆轨道交通 3 号线

图 1.1-3　世界著名的单轨线路

1.1.1　单轨交通系统关键技术

单轨交通系统由单轨车辆、过轨道岔和梁桥系统三大核心技术组成。目前，掌握单轨交通系统技术的有日本、中国、加拿大、马来西亚等少数几个国家，其技术特点见表 1.1-1[19]。

表 1.1-1　世界主要单轨技术格局和特点

技术体系	技术优点	主要缺点	主要项目案例	造价指标	车辆供应商
日本	具备整个单轨系统的集成技术，自主掌握单轨车辆、道岔、PC 轨道全套技术，全套技术成熟；载客量大，适用于中运量的城市轨道交通	—	20 世纪 80 年代至今，在日本大阪、冲绳、九州等 6 个城市应用；20 世纪 90 年代至今，如重庆、新加坡、迪拜等出口单轨车辆和道岔	高	日立
中国	具备对整个单轨系统的集成能力，自主掌握单轨车辆、道岔、PC 轨道梁等全套核心技术；单轨技术较成熟；车辆载客能力大，适用于较大运量城市轨道交通	部分国产化子系统的性能需进一步提高	2005 年重庆单轨 2 号线全套技术；2011 年至今重庆单轨 2 号线、3 号线及其延长线全套技术；2010 年至今，PC 轨道梁技术出口韩国大邱等地	较低	日本及中车集团

续表

技术体系	技术优点	主要缺点	主要项目案例	造价指标	车辆供应商
加拿大	掌握全套单轨系统技术；车辆技术较为领先、成熟；车辆采用非传统转向架；掌握全自动无人驾驶车辆生产技术	车辆体积较小、载客能力小，大运量城市轨道交通不适用	1997 年向美国出口佛州坦帕机场线单轨车辆；2004 年向美国出口拉斯维加斯线单轨车辆	较高	庞巴迪
马来西亚	主要掌握单轨车辆技术；车辆成本有一定竞争力	技术可靠性有待进一步完善；车辆载客能力小，大运量城市轨道交通不适用	2003 年供应吉隆坡单轨车辆；2012 年供应印度孟买单轨车辆	较低	斯高密

1. 单轨车辆系统

单轨车辆是单轨交通制式最基本和最核心的技术。一方面，轨道交通车辆技术本身是整个单轨交通系统的技术核心；另一方面，只有确定了车辆技术体系，才能进一步选择与之匹配的道岔、轨道梁及其他配套的机电设备系统，不同单轨车辆的主要区别是转向架的构造不同（见图 1.1-4）。

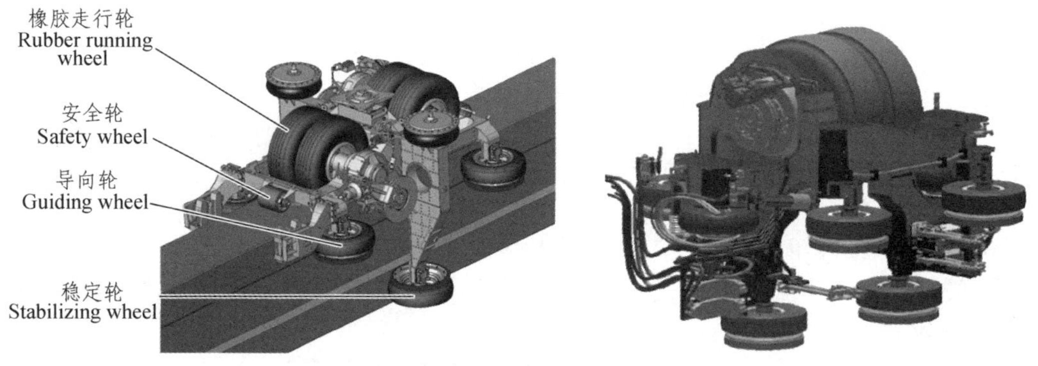

图 1.1-4　单轨车辆转向架

2. 单轨道岔系统

单轨道岔（见图 1.1-5）是一种钢质特殊结构的专用道岔，其截面形状与轨道梁保持一致。道岔梁转辙通过电力驱动与轨道梁或另一道岔梁实现对位而形成岔道，以实现车辆行驶线路的转换。根据道岔梁体过渡线形状（折线、圆弧线），单轨道岔可分为关节式道岔、关节可挠式道岔。关节式道岔分为单开、对开、三开、五开、单渡线、双渡线及交叉渡线等形式；关节可挠式道岔分单开、对开、单渡线、双渡线及交叉渡线等形式。其他类型的还有平移式道岔、枢轴式道岔、替换梁式道岔等。

3. 单轨梁桥系统

单轨交通梁桥系统（见图 1.1-6）通常由下部支撑体系、检修平台和轨道梁 3 部分[20]组成。轨道梁不仅是承重结构，也是车辆运行的轨道。此外，接触轨、通信信号电缆等设施也敷设在轨道梁上。轨道梁承担多种重要功能于一身，因而它也是单轨系统的关键系统之一[21]。

（a）关节式道岔

（b）枢轴式道岔

（c）平移式道岔

图 1.1-5　单轨道岔系统

1—回转装置；2—道岔梁；3—活动接缝装置；4—固定接缝装置；
5—台车；6—走行轨；7—驱动机构；8—锁定装置

图 1.1-6　跨座式单轨梁桥体系

1.1.2　跨座式单轨交通的特点

跨座式单轨交通采用橡胶轮胎和预制混凝土轨道梁，是一种极具特色的城市轨道交通制式，具有爬坡能力强、转弯半径小、占地少、噪声低、运量适中、造价低等显著优点，其独特的三大技术特性是：噪声低、转弯半径小、爬坡能力强[22]。这种制式的特点主要体现在以下几个方面：

（1）占地面积少，空间轨道结构宽度小，能有效利用城市空间。

跨座式单轨一般利用城市道路中央隔离带设置结构墩柱，由于载荷较小，其墩柱及高架结构断面尺寸较普通钢轮钢轨系统小。跨座式单轨大部分是高架结构，与其他交通各行其道，互不干扰。跨座式单轨系统高架区间如图 1.1-7 所示。

图 1.1-7　跨座式单轨系统高架区间

（2）能适应陡坡急弯，便于在城市内选定线路。

跨座式单轨列车爬坡能力强，理论最大坡度可达 100‰，最小曲率半径可达 30 m，对城市多变的地形地貌和复杂的地理环境适应性强，征地拆迁量较小，有利于控制工程投资规模。在实际工程中，正线一般选用不小于 100 m 的曲线半径和不大于 60‰的坡度。跨座式单轨线路小曲线、大纵坡设置如图 1.1-8 所示。

图 1.1-8　跨座式单轨线路小曲线、大纵坡设置

（3）施工简便，工程造价低。

跨座式单轨交通轨道梁桥体系结构比较简单，标准轨道梁采用工厂预制和现场拼装的 PC 轨道梁，既保证了轨道几何线位的精度又便于工程施工，从而可缩短工期，其工程建设期一般为 2 ~ 3 年。跨座式单轨交通工程造价较地铁工程有明显优势（为地铁造价的 1/2 ~ 1/3）。跨座式单轨轨道梁制作及架设如图 1.1-9 所示。

（4）安全、舒适，具有旅游观光效果。

跨座式单轨交通车辆（见图 1.1-10）采用特殊转向架骑跨在轨道结构上，保证其安全运行，没有脱轨的危险。同时，由于车辆采用橡胶轮胎并带有空气弹簧减振构造，故较其他制式的轨道交通乘坐舒适性更好。单轨大部分是高架结构，视野宽广、眺望条件好，特别是在城市中运行时，乘客可观光景色和市容。所以，它既是安全舒适的交通工具，又能起到游览观光的作用。

图 1.1-9　跨座式单轨轨道梁制作及架设

图 1.1-10　跨座式单轨旅游观光

（5）环境影响小。

跨座式单轨车辆一般采用橡胶轮车轮，其噪声与振动能很好地满足环境要求。当行车速度为 60 km/h 时，距轨道中心 10 m，离地面高 1.2 m 处，测得噪声值为 74 dB（A）。由于噪声、振动小，所以跨座式单轨线路走向灵活，可从人口密集地区的高空中穿过，甚至从建筑物内部穿过，且对人们的日常生活几乎不产生影响，跨座式单轨线路运用实例如图 1.1-11 所示。

图 1.1-11　跨座式单轨线路运用实例

（6）景观影响小。

一方面，跨座式单轨的轨道结构是带状梁体构件，与其他高架轨道交通和高架道路相比，是目前地上高架交通设施中遮挡日光照射及景观影响最小的建筑物。另一面，跨座式单轨系统采用 PC 梁刚性接触网，无须再单独设置接触支柱及架空接触网等（见图 1.1-12）。

图 1.1-12　跨座式单轨线路无架空接触网

（7）PC 轨道梁是预制混凝土结构，制作和养护均在专业化梁厂内完成，而梁桥体系的下部结构，包括上下部的连接构件（即支座锚箱，见图 1.1-13）预埋都是在现场完成[23]。为确保成桥后的精度，对各部分的施工误差控制都比较严格，一旦某个环节的误差超限或累计误差超限，将导致 PC 轨道梁无法架设，甚至报废[24]。

（8）PC 轨道梁几何形体的精度、整体线形变化的平顺度、工后线形与设计线形的吻合度等方面均有严格要求，给施工控制带来很多难以估计的风险[25]。

（9）相邻 PC 轨道梁之间的缝隙是（30±10）mm，并通过球墨铸铁制作的指形板作为单轨列车通过该缝隙的连接装置，如图 1.1-14 所示。为确保列车平稳通过指形板，并减少橡胶轮胎的磨损和列车运行的能耗，须长期维护和调节指形板的平整度[26]。

图 1.1-13　支座锚箱

图 1.1-14　接缝板示意图

（10）简支体系中的铸钢拉力支座、指形板、锚杆、支座锚箱为铁质材料，其防腐要求较高[27]，后期维护成本较大。

（11）目前尚无有效方法精确推导出 PC 轨道梁的线形参数，当线形条件复杂时，PC 轨道梁的形体制作参数存在误差，无法保障 PC 轨道梁的制作精度[28]，从而会影响工程质量。

（12）PC 轨道梁形体控制参数和定位参数多，理论计算和设计任务较繁重。

（13）目前尚无可靠方法根据各部分实测误差提前评估梁桥体系的精度，质量风险大。梁桥体系的精度只能成桥后才能测定，一旦出现质量问题，将会导致 PC 轨道梁拆卸打磨，甚至有报废的风险[29]。

1.2 跨座式单轨梁桥体系

轨道梁作为跨座式单轨交通中三大核心技术之一，按轨道梁与下部结构的连接方式可分为简支体系、连续体系，按下部结构的形式，可分为轨道梁桥体系和组合梁桥体系。

1.2.1 简支轨道梁桥

简支轨道梁桥在两榀轨道梁之间设置一道伸缩缝，轨道梁两端分别设置了一个铸钢拉力固定支座和一个铸钢拉力活动支座。利用铸钢拉力支座将梁体和下部结构连接形成简支结构体系（见图 1.2-1 ~ 1.2-8）。

图 1.2-1 重庆 3 号线简支轨道梁桥实景图

图 1.2-2 重庆 3 号线出入段线简支轨道梁桥实景图

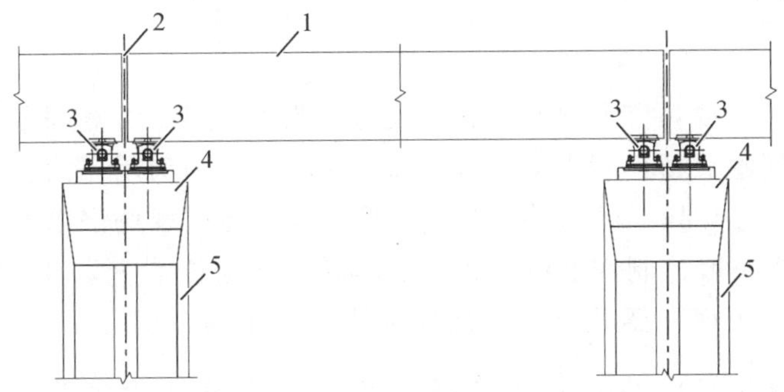

图 1.2-3 简支轨道梁桥示意图

1—轨道梁；2—伸缩缝；3—铸钢拉力支座；4—盖梁；5—墩柱

图 1.2-4　重庆 2 号线盆式橡胶支座简支 PC 轨道梁

图 1.2-5　韩国大邱跨路口简支轨道梁桥实景图

图 1.2-6　韩国大邱简支轨道梁桥实景图

图 1.2-7　深圳坪山简支轨道梁桥实景图

图 1.2-8　宁夏云轨简支轨道梁梁端实景图

1.2.2　连续轨道梁桥

连续轨道梁桥的主要特点是结构连续，支座设置个数少，运营维护费用较低。从目前国内外跨座式连续轨道梁桥的设计和施工经验来看，主要是采用先简支后结构连续或刚构的方式，轨道梁在工厂预制再运送并吊装到桥梁盖梁顶面，现场浇筑相邻两榀梁片之间的湿接缝。一联的长度一般控制在 200 m 以内，两联之间由伸缩缝隔开，线路在伸缩缝处采用接缝板进行连接。下面介绍几个国内外连续轨道梁桥的实例。

1. 美国拉斯维加斯跨座式轨道交通连续轨道梁桥结构体系

一联典型的轨道结构体系由 5 跨后张法预制钢筋混凝土预应力梁组成，通过现场浇筑湿接缝、连接墩顶预应力钢束形成连续的刚构结构。轨道梁距地面高度一般为 7.7 ~ 9.1 m，最高处达 18.2 m。最大坡度为 6.5%。连续轨道梁的平均跨度为 30 m，最大跨度为 36.6 m。梁截面宽度为 660 mm，梁截面高度在墩的墩顶处为 2.1 m，在跨中为 1.5 m。两条线路轨道梁中心距为 4.2 m。墩身截面为 1 422 mm×812 mm。轨道梁结构如图 1.2-9 所示。

图 1.2-9　拉斯维加斯跨座式连续轨道梁桥结构

2. 马来西亚吉隆坡跨座式轨道交通连续轨道梁结构体系

同美国拉斯维加斯相似，吉隆坡跨座式单轨交通的轨道梁结构也是由预制的后张法钢筋混凝土预应力梁通过现场连接预应力钢束和浇注湿接将预制梁组成连续体系。一联连续梁的跨数为 2～5 跨，跨度由 12 m 到 44 m 不等，平均梁长 28 m。梁截面宽 0.8 m，梁端高度 2.2 m，跨中 1.6 m。梁距地面的高度平均为 10 m。墩身截面为 1.2 m×1.6 m 或 1.55 m×2 m。主线上最大坡度为 4%，车站为 6%。区间上最小曲线半径为 70 m，车站为 50 m，最小竖曲线半径为 1 000 m。直线段采用受拉支座，在曲线段梁端加横梁采用非受拉支座，如图 1.2-10、图 1.1-11 所示。

图 1.2-10　吉隆坡连续轨道梁结构

图 1.2-11　曲线段横梁示意图

3. 巴西圣保罗单轨交通 2 号线

圣保罗单轨交通 2 号线的结构形式与美国拉斯维加斯相同，为先简支后连续刚构，其施工过程图片如图 1.2-12 所示。

图 1.2-12　圣保罗单轨施工照片

4. 印度孟买跨座式轨道交通连续轨道梁体系

印度孟买跨座式单轨交通轨道梁结构体系是由后张法钢筋混凝土预应力预制梁组成，如图 1.2-13 所示，通过现场连接预应力筋浇筑湿接缝形成连续的刚构结构，每一联的跨数为 3～5 跨，常用跨度大约为 25 m，跨度在 16 m 至 28 m 之间变动，梁宽 0.8 m。区间上最小曲线半径为 100 m，车站为 50 m。施工图片如图 1.2-14 所示。

图 1.2-13　印度孟买单轨轨道梁结构

图 1.2-14　吊梁施工照片

5. 中国重庆轨道交通 2 号线连续轨道梁结构

目前应用于我国重庆轨道交通 2 号线二期工程文体路附近的为二联 3×30 m 简支变连续轨道，左右线的主梁通过横梁连接，支座为非受拉的普通盆式橡胶支座。

主梁为 3×30 m 变截面连续梁，跨中梁高 1.7 m，支点处梁高 3.1 m，梁底线形为圆弧曲线。其结构示意图如图 1.2-15 所示。30 m 长的简支梁需在现场桥下预制，施工精度难以保证，施工周期较长。

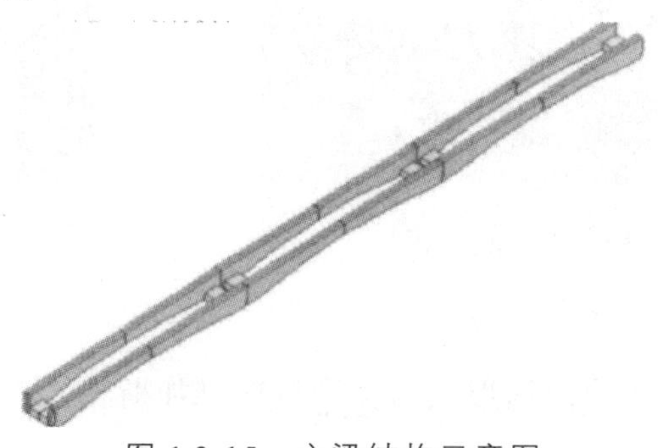

图 1.2-15　主梁结构示意图

每联主梁左右线各分 3 段预制，边跨预制段长为 29.6 m，中跨为 29.2 m。预制段吊装就位后，在中墩桥墩上现浇 0.8 m 的湿接缝，完成体系转换。该简支变连续方案主要有以下优点：

（1）轨道梁线形精度要求高。采用简支变连续方案，预应力分两批张拉，同时，预制段存梁期间混凝土可发生近 50%的收缩徐变变形，从而减小了收缩徐变对结构次内力及线形方面的不利影响，有利于轨道梁的线形控制。

（2）高架轨道梁大多沿城区敷设，采用简支变连续方案大大缩短了现场施工时间，从而减小了轨道梁施工对现有交通正常运行及对环境的干扰。预制简支梁时张拉的第一批预应力钢束主要满足简支梁运输、架设受力要求；简支变连续后张拉的第二批钢束则根据轨道梁运营期间的受力要求布置。由于主梁为先简支、后连续的施工方法，使得在结构自重作用下，连续梁中支点处产生的负弯矩较小，而跨中正弯矩较大，其弯矩分布图不同于现浇连续梁。以该连续梁为例，在自重作用下，简支变连续施工方法的边跨跨中正弯矩与中支点负弯矩绝对值比值约为 7∶1，而对于现场浇筑形成的连续梁，该比值约为 1∶2。由于上述特点，使得该连续梁的预应力钢束的布置形式与常规现浇的连续梁有着较大的差别。

横梁的主要功能是将左右线主梁连接起来，保证整个结构的整体性。横梁的布置及其结构尺寸主要由列车建筑限界及横梁自身受力共同确定。自轨道梁顶以下的 1.8 m 范围内为列车的建筑限界，横梁不得侵入；同时，横梁为弯剪扭共同受力的空间结构，主要由剪扭控制其截面设计，为满足受力要求，横梁必须具有一定的刚度。因此，为尽可能降低轨道梁跨中梁高，横梁宜布置在支点附近。每联共设 6 道横梁。横梁宽 2.0 ~ 2.5 m，高为 1.05 m。横梁与主梁的衔接段为横梁受力的薄弱环节，因此，该段横梁在主梁预制时与主梁同时浇筑，以保证其与主梁混凝土连接牢固。具体结构如图 1.2-16 ~ 图 1.2-18 所示。

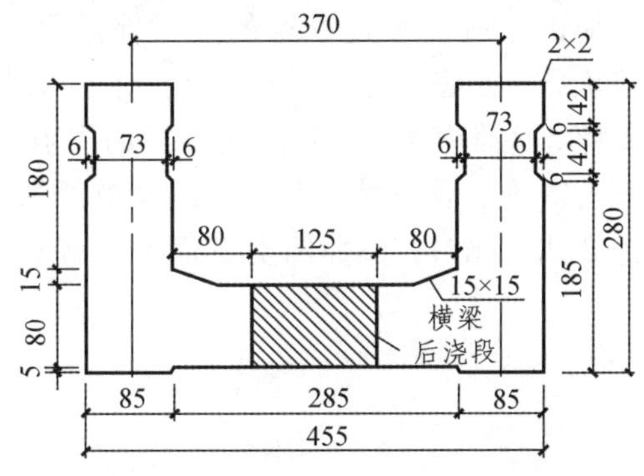

图 1.2-16　连续梁支点横断面图

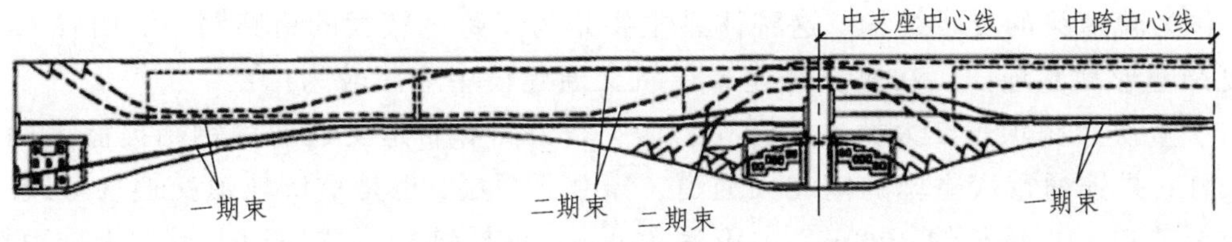

图 1.2-17　主梁一、二期纵向预应力钢束布置图

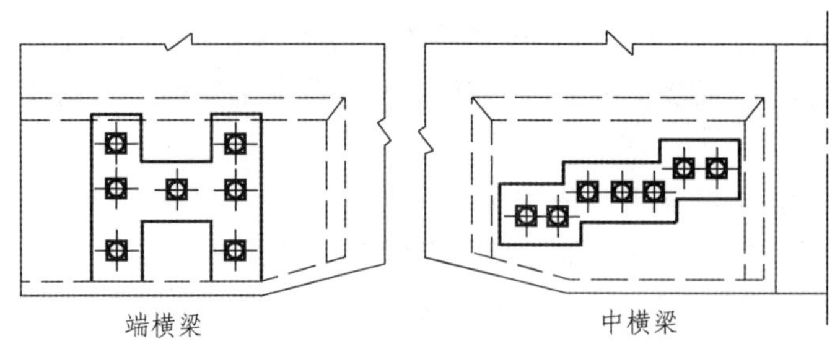

图 1.2-18　横梁钢束布置图

连续梁的左右线在每个支点处各设一个支座，共 8 个支座。除在水平方向的风荷载作用下会产生支座负反力外，在列车竖向荷载、支座不均匀沉降及非线性温度荷载等作用下，在中墩支座及边墩支座处将产生负反力。由于目前无适用于单轨连续梁承拉支座的定型产品，若设计为承拉支座，则需专门的特殊设计，费用较高。本设计采用横向联系的方案，可以保证支座反力不出现拉力和扭矩，采用一般的盆式橡胶支座即可，既安全又经济。

连续梁的支座反力验算主要有以下特点：

（1）由于横梁将左右线主梁连接为一个整体的空间结构，在列车荷载作用下，列车加载长度为 1 ~ 8 节车厢，应考虑列车在行驶过程中对本线及另一条线轨道梁支座反力的最不利影响。

（2）轨道梁结构自重产生的支座反力需结合简支变连续的施工方案进行计算。

（3）为保证结构的安全性，在进行支座反力的最不利组合时，正反力除以系数 1.5，负反力乘以系数 2。

该连续轨道梁作为试验梁，成功解决了在采用非承拉式的普通盆式橡胶支座的前提下，以大跨径轨道梁跨越路口的问题。而采用简支变连续的施工方法，可有效控制轨道梁的线形，并降低了施工对环境的干扰。该连续梁的支点处截面高度为 3.1 m。该值并非由连续轨道梁自身的受力要求确定，而是受控于横梁布置。对于大范围推广应用连续梁形式，可考虑开发专用的承拉式支座，取消横梁，从而使连续梁的支点处截面降低为 2.5 ~ 2.8 m，减小混凝土及钢筋用量，降低造价。取消横梁后，单线轨道梁的横向刚度需满足我国铁路桥规和相关轨道交通规范的要求。30 m 长的简支梁需在现场桥下预制，施工精度难以保证，施工周期较长。

1.2.3　组合梁桥体系

相对于轨道梁直接支承在桥墩（T 形标准墩、横向门型墩、倒 L 形墩）上的轨道梁桥体系而言，组合梁桥体系则是利用不同形式的下部结构（如纵向 T 构、大跨度桥梁、道岔桥）作为轨道梁的支承结构。这种体系主要是为了跨越较大的道路路口、山谷、河流等较为复杂地形地貌地段，在重庆跨座式单轨交通建设中应用较为广泛。

（1）重庆菜园坝长江大桥（见图 1.2-19）是公路和轨道交通两用钢箱提篮拱特大桥，横跨长江，是连通重庆主城的南北大通道，分上下两层，也是重庆轨道交通 3 号线一期工程的重要节点。主桥长约 800 m，主跨达 420 m。该桥结构形式采用中承式无推力钢管混凝土系杆拱桥，是集钢管拱、钢箱梁、钢桁梁各种新型桥梁结构形式和科技于一身的现代化桥梁。桥梁下层结构铺设钢箱梁与 PC 轨道梁，通行跨座式单轨列车。

图 1.2-19　菜园坝长江大桥

（2）鱼洞长江大桥（见图 1.2-20）也是一座公路轨道两用桥梁，是重庆轨道交通 2 号线延伸段工程的节点工程，桥梁先期建成，采用预应力混凝土连续刚构形式。全桥长 1 541.6 m，主桥长 860 m，大桥共 8 车道，其中两条为重庆轨道交通 2 号线的轨道。桥面上预留锚箱安装基坑，钢轨道梁与 PC 梁铺设在桥梁中间，简支结构的单轨线路与刚性连接桥梁一起产生变形，受力较复杂，采用了大位移铸钢拉力支座和大位移伸缩器进行连接。此外，大桥钢护栏下部结构采用转筋板技术与预埋件连接，护栏防撞等级较高，为 SA 级，抗碰撞能量 400 kJ。

图 1.2-20　鱼洞长江大桥

（3）重庆轨道交通 3 号线一期工程的嘉陵江大桥、3 号线南延伸线的平滩河大桥和 3 号线北延伸线的跳蹬河大桥（见图 1.2-21 ~ 图 1.2-23）等，都是单轨专用桥。桥梁结构与单轨线路同期建造，此类结构，除控制好预应力混凝土连续刚构在完成体系转换前后的线形外，还需注意大桥合龙后温度效应与后期混凝土收缩徐变等不利因素引起的桥梁位移与挠度变形对单轨线路的影响。

图 1.2-21　嘉陵江大桥

图 1.2-22　跳蹬河大桥

图 1.2-23　平滩河大桥

（4）道岔组合桥在重庆跨座式单轨交通工程中，特别是站后折返段、出入段线、车辆段等道岔聚集区域广泛应用，如图 1.2-24、图 1.2-25 所示。

图 1.2-24　重庆轨道交通 3 号线北延伸段工程出入段线道岔组合桥

图 1.2-25　重庆轨道交通 3 号线二塘站后道岔组合桥

（5）纵向 T 构组合桥在重庆跨座式单轨交通工程中，特别是轨道线路沿道路中央行走跨较大路口时应用较广泛，如图 1.2-26、图 1.2-27 所示。

图 1.2-26　重庆轨道交通 3 号线纵向 T 构组合桥

图 1.2-27　重庆轨道交通 2 号线纵向 Y 形组合桥

1.3　轨道梁桥主要构件

轨道梁桥主要构件由轨道梁、伸缩缝、铸钢拉力支座、支座垫石、疏散平台、盖梁、墩柱和基础组成，如图 1.3-1 所示。

轨道梁是列车荷载直接承重构件，同时也是列车运行的轨道。目前国内外主要采用预制混凝土梁（PC 梁），现浇混凝土梁（RC 梁）、钢轨道梁、钢-混组合轨道梁。

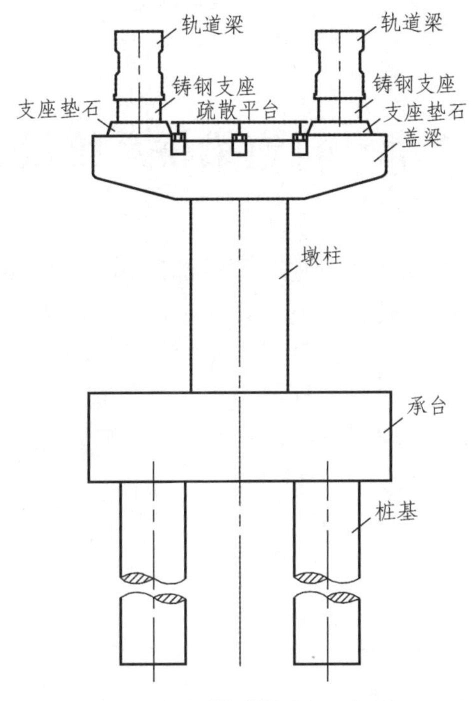

图 1.3-1　轨道梁桥示意图

伸缩缝设置在两榀简支轨道梁或两联连续轨道梁之间，并采用接缝板予以连接，既适应结构的变形，又保障列车平稳通过伸缩缝。重庆跨座式单轨轨道交通以简支梁为主，伸缩装置采用指形板。常用的指形板缝宽为 30 mm、60 mm、90 mm、120 mm、160 mm，特殊的指形板的缝宽可以根据计算结果确定。

铸钢拉力支座是轨道梁桥主要受力及传力构件。支座承担竖向、水平及扭转等多向荷载，要求有良好的转动和活动性能，耐疲劳及耐久性。支座根据抵抗横向扭矩的大小及轨道梁线形条件分为直线支座和曲线支座，按是否具备纵向移动分为活动支座和固定支座。支座垫石是指为调整轨道梁横向超高和便于支座锚箱安装，在盖梁顶部支座锚箱处而设置的高于盖梁的凸台。

疏散平台在列车运营过程中如遇到故障等突发情况起疏散乘客的作用，兼顾检修功能和沿线线缆通道。

盖梁的主要作用是支撑桥梁上部结构，并将全部荷载传到下部结构。盖梁尺寸的拟订除应满足结构受力要求外，还应满足支座安装、垫石布置、疏散平台设置、架设轨道梁、排水、系统设备安装等要求。

墩柱是承载上部结构的下部承重构件。轨道梁桥中墩柱常采用矩形断面和圆形断面。有时为满足城市景观要求，也可采用异性断面。墩柱尺寸的拟订应满足强度、刚度及稳定性的要求。

基础是指轨道梁桥底部与地基接触的承重构件，它的作用是把轨道梁桥上部的荷载传给地基，因此地基必须坚固、稳定而可靠。轨道梁桥基础常见的形式有群桩基础、单桩基础和扩大基础。

第 2 章　轨道梁桥系统设计

跨座式单轨交通轨道梁桥系统由轨道梁、下部结构、附属结构（包括检修通道、支座、指形板）等部分组成，其中轨道梁和支座是系统的核心部分。轨道梁既是车辆、随梁敷设的系统设备和梁体自身的承重构件，又是引导单轨列车运行的轨道，因此轨道梁必须满足桥梁结构的强度、刚度、稳定性和耐久性要求，其制作精度要求高和安装误差要求小，成桥后的线形必须与设计线路的线形一致，方可保证列车安全、平稳、快速地运行，如图 2.0-1 ~ 图 2.0-4 所示。

图 2.0-1　简支轨道梁桥体系

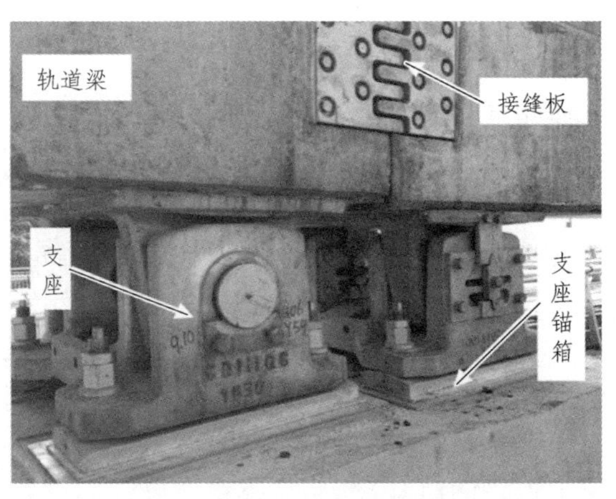

图 2.0-2　简支轨道梁桥主要部件

图 2.0-3　连续轨道梁桥体系

图 2.0-4　连续轨道梁边墩构造

2.1 轨道梁桥结构体系

轨道梁根据工程实际情况，其结构形式分为简支体系和连续体系。简支体系是通过铸钢拉力支座或球面橡胶支座与下部结构连接而成，主要应用在日本、韩国、中国等国家的城市，常用标准跨径有 22 m、24 m、30 m 等。连续刚构体系则是通过湿接头将预制轨道梁和下部结构连接，并利用二次张拉预应力实行结构体系转换而成，主要应用在马来西亚、阿联酋、巴西、印度等，常用跨径是 30 m、35 m 等。

轨道梁根据车辆构造的不同，其截面宽度有 850 mm（日立、中车长客）、800 mm（斯高密）、700 mm（比亚迪）、690 mm（庞巴迪）等尺寸。不同截面图如图 2.1-1 所示。

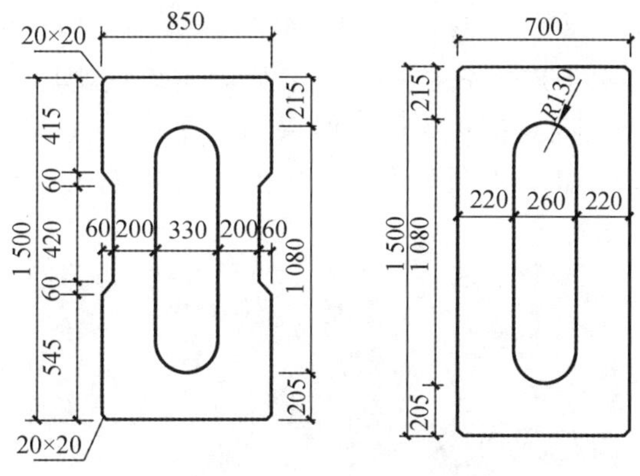

图 2.1-1 不同截面图

目前我国国内已成功建设并投入正式运营的仅有重庆轨道交通 2 号线和 3 号线的简支体系。在建的跨座式单轨交通工程还有芜湖、柳州、广安、桂林、西安跨座式单轨工程等，同时万州、承德、涪陵等城市都欲建设跨座式单轨交通，且前期筹划工作已相继开展。

2.1.1 不同体系技术经济对比

结合世界上应用较多的国家和地区的跨座式单轨系统的梁桥结构、跨度、施工工艺、工程造价等方面，进行如下几个方面比选。

1. 技术成熟度方面

目前，世界各地的简支体系以 22 m、24 m 为主，主要运用在日本、中国等国家，日本单轨线路以 22 m 简支轨道梁为主，中国重庆 2 号线较场口—新山村段作为我国第一条跨座式单轨交通工程，沿用日本的技术采用最大跨度为 22 m 简支轨道梁。为了减少建设投资、增强城市景观效果，重庆自主研发了 24 m 简支轨道梁，并成功运用于随后的 2 号线（二期、南延）、3 号线（一期、二期、南延伸段、北延伸段）单轨工程中，在建设和运营方面积累了丰富的工程实践经验，取得了较好的社会经济效益，并在我国其他地区得到广泛应用。

30 m 及其以上跨度的简支体系和连续刚构体系轨道梁，可以在线路条件较好（平曲线为直线、纵坡较小）的局部路段采用，此时可增大跨径、在一定程度上减少桥墩数量，国内外对此也有成功的工程实践案例（如韩国、马来西亚、阿联酋，中国芜湖和柳州）。但是 30 m 及其以上跨度轨道梁在轨道梁制作、吊装及架设过程也体现出诸多问题，如制作过程中梁体结构线形精度控制难度较大，制造和存储场地较大，运输沿线道路线形条件和桥梁承载能力要求高，对起吊运输设备要求较高，吊装过程占用道路时间较长，体系转换过程中技术较复杂，目前这些问题的解决还处于技术优化和完善过程中。

2. 建设工期方面

简支体系轨道梁和连续体系轨道梁的工期差别主要体现在轨道梁架设工期和架设方式选择上。简支体系轨道梁经日本、中国、韩国的工程实践证明，可根据工程实际情况灵活选择汽车吊、人工移梁、门型吊、架桥机等多种方式，无结构体系二次转换过程，当受节点工程影响时，可跳跃式架设，故施工周期较短，节点工期可控（详见第 4 章）。连续体系存在湿接头浇筑、二次预应力张拉等工艺，从而实现结构体系的二次转换，每榀梁需搭设临时施工平台和轨道梁固定措施，且只能采用汽车吊方式吊装，受地形和主体结构干扰多，施工期间对沿线交通组织协调难度大，因此施工周期长，节点工期难以保障。连续体系轨道梁架设如图 2.1-2 所示。

图 2.1-2　连续体系轨道梁施工

3. 投资方面

由于 22 m 和 24 m 简支体系轨道梁截面较小（梁高不大于 1.5 m），梁体较轻（最大自重小于 64 t），故梁体自身制造、运输、安装成本较低，但是由于其跨度较小，每千米桥墩数量较多，故简支体系的下部结构投资一般较大。30 m 及其以上跨度的简支体系和连续体，梁体自重较大，其制造、运输及安装成本较大，临时施工措施费用不可控制，但下部结构投资较低。因此，对地势起伏大、地质条件差、年温差大、交通拥堵、沿线拆迁较大的城市，采用 24 m 简支结构体系的工程总体投资较小；对地势平坦、地质条件好、年温差较小或新建新区，城市规划较好、拆迁工作量少、施工条件较好的城市采用 30 m 及以上的简支体系和连续刚构体系工程总体投资较小。

4. 后期运营

简支体系轨道梁实行工厂化预制生产，制作和养护条件好，精度高，成桥后经过线形调整后的线形与设计线形吻合度高，列车运营安全、舒适度高，尤其是 24 m 以下简支体系，轨道梁的施工荷载与运营荷载基本一致，但 30 m 简支轨道梁横向刚度较弱，列车运行时横向晃动较大，舒适性较差，简支梁需进行后期支座等附属构件的维护。

连续体系的优点是取消了中间墩无梁缝和接缝板，故后期维修费用相对较低。其缺点是湿接头质量不易控制，容易出现开裂，从而影响结构的耐久性，同时在预应力二次张拉过程中，轨道梁所产生的二次变形既不可控制，又无法修复，从而导致成桥后的轨道几何线位难以保障，列车运营舒适度稍差，对单轨橡胶轮胎的磨损较大，能耗较高。

2.1.2 案例分析

以重庆现有单轨车辆为例进行技术经济比较。梁宽为 850 mm，我们把简支梁的标准跨度假定为 25 m（重庆单轨的实际跨度为 24 m），梁高为 1.5 m 的等截面梁，把连续刚构的标准跨度假定为 25 m 和 30 m，支点梁高分别为 1.8 m 和 2.3 m，跨中梁高为 1.5 m 和 1.8 m 的变截面梁（见图 2.1-3、图 2.1-4）。

1. 结构特点

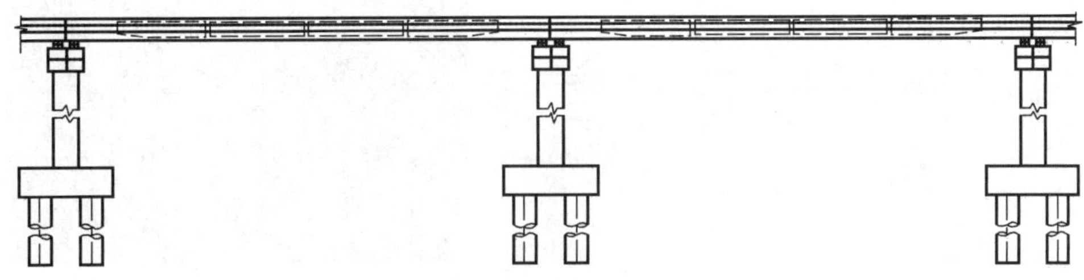

图 2.1-3 25 m 简支梁桥体系

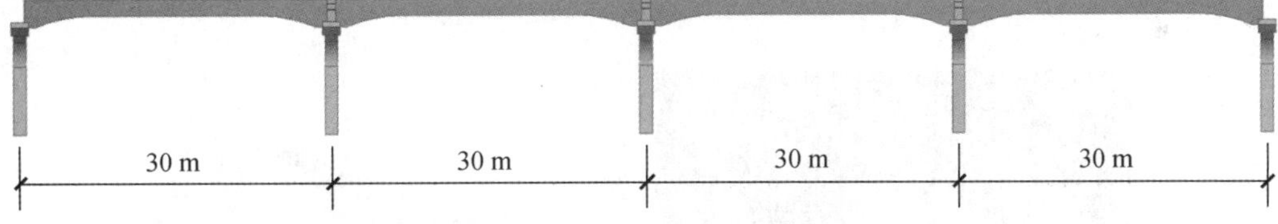

图 2.1-4 30 m 连续刚构体系

2. 施工工艺

简支梁和连续梁施工工艺如图 2.1-5 ~ 图 2.1-10 所示。

图 2.1-5 简支梁和连续梁预制

图 2.1-6　连续梁和简支梁存梁

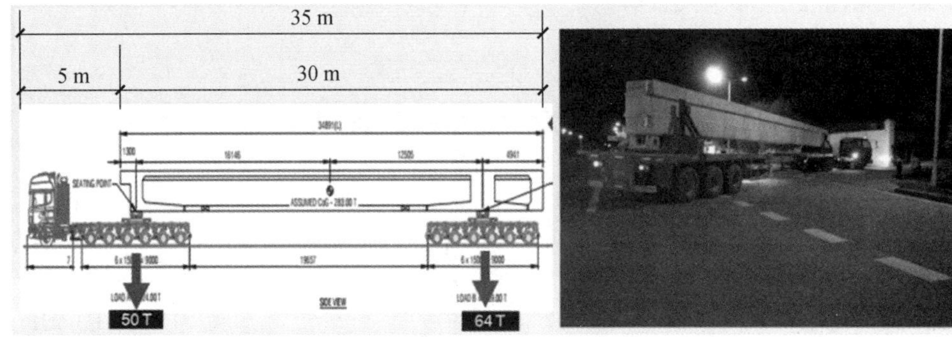

图 2.1-7　简支梁和大跨度连续梁的运输

图 2.1-8　简支轨道梁的架设

图 2.1-9　连续轨道梁的架设

（a）PC 梁的预制

（b）PC 梁的张拉

（c）线形调整

（d）通车

图 2.1-10　简支轨道梁成桥线形和运营线形

简支梁的线形是通过工厂化流程严格控制一次成型，安装时也可通过支座锚箱、指形板进行局部修正，运营后的线形还可通过支座、指形板进行微调矫正。因此，在全寿命周期内，其运行的舒适性是有保障的。连续轨道梁成桥线形和运营线形如图 2.1-11 所示。

PC 轨道梁吊装

采用临时固定设施固定轨道梁

湿接头浇筑及二次张拉

图 2.1-11　连续轨道梁成桥线形和运营线形

连续体系：需二次张拉钢绞线，其成桥线形难以保障，后期运行过程中，各种因素还会使轨道梁的变形继续恶化。因此，在全寿命周期内，连续梁体系的线形是不可修复的，最终导致运行舒适性较差。简支体系和连续体系的特点和工程直接费用对比如表 2.1-1 和表 2.1-2 所示。

表 2.1-1　主要特点对比分析表

体系	简支体系	连续刚构体系
跨度/m	25	30
截面/m	0.85 m×1.5 m/等截面	0.85 m×（2.3～1.8）m/变截面
支座	铸钢拉力支座	无

续表

体系	简支体系	连续刚构体系
接缝板	每榀梁有一套指形板	每一联有一套指形板
施工工艺	预制+吊装+线调	预制+吊装+线调+后张法
吊装方式多样性	架桥机 人工移梁 门吊 汽车吊	门吊 汽车吊
模具	简单	复杂
存储梁	单层/双层	单层
运输难度	容易	困难
吊装难度	简单	复杂
现场施工时间	较短	较长
施工复杂程度	简单	复杂
环境适应性	好	差
线形可修复性	可修复	不可修复
梁缝数量	较多	较少

表 2.1-2　工程直接费用对比分析表

项目	单位	25 m 简支体系/km	25 m 连续体系/km	项目	单位	25 m 简支体系/km	30 m 连续体系/km
梁重（含支座）	t	64	67	梁重（含支座）	t	64	84
铸钢拉力支座、指形板	万元	480	0	铸钢拉力支座、指形板	万元	480	0
下部结构	万元	0	0	下部结构	万元	360	0
梁体	万元	0	2.1	梁体	万元	0	237.9
架设固定工装	万元	0	9	架设固定工装	万元	0	6
吊装费	万元	0	0	吊装费	万元	0	40
张拉工艺	万元	0	107.8	张拉工艺	万元	0	86.2
湿接头	万元	0	63.0	湿接头	万元	0	50.4
连续梁边跨支座	万元	0	120.0	连续梁边跨支座	万元	0	96
梁片运输	万元	0	0	梁片运输	万元	18.7	
连续梁伸缩缝	万元	0	30.0	连续梁伸缩缝	万元	0	24
小计	万元	480	331.9	小计	万元	858.7	540.5
正线双线每千米差值	万元	148.1		正线双线每千米差值	万元	318.2	
34 千米正线总差值	万元	5 035.4		34 千米正线总差值	万元	10 818.8	

3. 结　论

（1）针对技术经济指标而言：25 m 跨度是连续体系和简支体系的一个平衡点，当跨度小于 25 m，简支体系的优势明显，反之，当跨度大于 25 m 时，连续体系的技术经济指标更优。

（2）就施工风险控制、线形控制、列车运行轨道平顺性和乘坐舒适度而言，简支体系明显优于连续体系。

（3）就地域环境而言：对地势起伏大、地质条件差、年温差大、交通拥堵、沿线拆迁较大的城市，建议以 25 m 及以下简支结构体系为主；对地势平坦、地质条件好、年温差较小或新建新区，城市规划较好、拆迁工作量少，施工条件较好的城市，建议以 30 m 及以上的连续刚构体系为主。

（4）就同一工程而言，简支和连续应根据工程实际，灵活选用。如穿越市政桥梁、铁路、车站以及曲线地段、折返段、出入段等地段等应采用简支梁。

2.2　轨道梁设计

轨道梁既是车辆、随梁敷设的系统设备和梁体自身的承重构件，又是引导单轨列车运行的轨道；既要满足结构承载要求，又要满足列车运行轨道梁几何线位。轨道梁作为单轨列车的走行轨道，其成桥精度和质量对列车运行的平稳性，后期维护保养成本等至关重要，因此其设计精度及制造精度要求非常高。轨道梁设计必须要确保轨道的整体线形要求以及较高的结构强度、刚度、竖向挠度、横向抗扭转变形要求。另外，轨道梁的设计不仅要考虑牵引供变电、接触网、通信信号控制、避雷器、自动监控、综合接地等电气设施装置的要求，同时要考虑敷设于轨道梁体上的电缆、内部管道等附属物的接口安装和维护条件，以及支座、伸缩缝等的安装。各种复杂的接口关系和高精度要求导致设计参数众多。

2.2.1　轨道梁的特点

跨座式单轨交通轨道梁（见图 2.2-1）作为跨座式单轨交通技术的三大关键技术之一，与其他桥梁的梁体相比具有以下特点：

（1）轨道梁采用空心工字形或矩形截面，宽 690 ~ 850 mm，高 1 500 ~ 2 200 mm，梁腰两侧为供电轨，梁底悬挂电缆桥架，敷设供电、通信、信号等缆线。正线最小曲线半径为 100 m，车辆基地最小曲线半径可达到 50 m。

（2）轨道梁既是承载梁，又是车辆运行轨道，单榀轨道梁的设计参数均不同，同时对梁断面、长度、跨度、预埋件安装、线形几何尺寸精度要求高，因此要求轨道梁的制造模具必须是横向可弯曲、扭转，竖向可调整的专用模具。

（3）轨道梁预埋件种类繁多（如接缝板、铸钢拉力支座、绝缘子、馈线电缆、避雷电缆和电缆桥架等），并且精度要求高，技术要求高，因此要从技术上正确指导，从工艺上科学优化，从质量上严格控制。

（4）轨道梁设计使用年限长、质量要求高，因此采用高强度混凝土施工，施工过程中要加强原材料检验，确保原材料各项指标满足要求。

图 2.2-1　轨道梁实景图

2.2.2　轨道梁的分类

轨道梁根据材料和制造工艺不同可分为预制混凝土轨道梁（PC 轨道梁）、现浇混凝土轨道梁（RC 轨道梁）和钢轨道梁。

（1）PC 轨道梁是在专业的预制梁厂内，按专业设计的梁体工法指导书，将模板体系塑造成尺度精确的模具，再浇筑混凝土而形成的预应力混凝土梁或钢筋混凝土梁，最后利用专用运输设备将其运至现场安装形成梁桥体系。PC 轨道梁的工厂化作业程度高、制造精度可控、制造或维护成本较低，故在实际工程中应用最为广泛。

（2）钢轨道梁（见图 2.2-2）一般在钢结构加工厂内，通过焊接或螺栓等连接方式，将多个钢结构构件拼装而成跨度较大的轨道梁。由于其防腐要求高、摩擦系数较 PC 轨道梁低，在气候潮湿、大气腐蚀性较强的地区，主要应用在 PC 轨道梁难以跨越的路口、桥涵或为减轻大跨度组合桥的二期恒载等地段；但在气候干燥，腐蚀性较低的地区，也被广泛采用。为提高单轨列车牵引和制动的摩擦系数，也可在轨道梁的走行面敷设复合混凝土等材料，形成钢-混组合轨道梁。

图 2.2-2　重庆 2 号线谢家湾立交钢轨道梁

（3）RC 轨道梁（见图 2.2-3）是通过现场搭设支架和支模浇筑而成的预应力混凝土 RC 轨道梁或钢筋混凝土 RC 轨道梁。预应力混凝土 RC 轨道梁主要应用在跨度较大、地形较为复杂、难以采用吊装设备将 PC 轨道梁或钢轨道梁安装到位的地段。普通钢筋混凝土 RC 轨道梁主要应用在衔接道岔的短梁。由于其跨度较小、支座间距较小，难以采用 PC 轨道梁模板体系制作，故在道岔平台上预留钢筋并现浇而成。RC 轨道梁的制造精度较低，行车舒适性较差，故其应用极少。

图 2.2-3 重庆 2 号线马蹄形 RC 轨道梁

2.2.3 轨道梁设计

1. 设计原则

轨道梁设计应保证列车安全、平稳运行。其构造应具有足够的强度、稳定性和耐久性，并满足减振和防噪声的要求。轨道梁应满足车轮走行面的要求，预制和安装均应达到精度要求，其行走面还应具备一定的粗糙度，为列车驱动和制动提供足够的摩擦力。

为保证列车在轨道梁上平稳运行，减少振动与噪声，轨道梁的接缝采用齿形钢板，其安装精度应达到轨道梁的要求。轨道梁制作与架设时，应为其预留安装条件，腰部的刚性接触网应满足高精度验收标准的要求。

考虑轨道梁使用功能的特殊性和结构的复杂性，轨道梁桥型结构应优先采用标准跨度的预制 PC 简支梁方案，符合设计标准化、制造工厂化、施工机械化的方向。预制 PC 轨道梁的标准跨径根据技术经济比较确定，高架直线段可以采用汽车起重机进行架设处采用跨径 $L_p = 24$ m，其余地段根据曲线半径采用跨径 $L_p = 20 \sim 22$ m，平面曲线半径 $R>700$ m 时跨径 $L_p = 22$ m，$R \leqslant 700$ m 时 $L_p=20$ m。

2. 荷载类型

单轨交通轨道梁桥结构设计，应根据其结构特性，按表 2.2-1 所列荷载，就其可能出现的最不利组合情况进行计算。

表 2.2-1 轨道梁桥荷载类型表

主力	恒载	结构自重
		附属设备和附属建筑自重
		预加应力
		混凝土收缩及徐变影响
		基础变位的影响
		土压力
		静水压力及浮力

续表

主力	活载	列车竖向静活载
		列车竖向动力作用
		列车离心力
		列车横向摇摆力
		列车活载产生的土压力
		人群荷载
附加力		列车制动力或牵引力
		风荷载
		温度影响力
		流水压力
特殊荷载		车挡的影响力
		汽车的撞击力
		地震力作用
		施工临时荷载

注：

（1）如杆件的主要用途为承受某种附加力，则在计算此杆件时，该附加力应按主力计。

（2）流水压力不与制动力或牵引力组合。

（3）计算中要求考虑的其他荷载，可根据其性质，分别列入上述 3 类荷载中。

（4）列车横向摇摆力不与离心力组合。

（5）地震作用与其他荷载的组合应按照现行国家标准《铁路工程抗震设计规范》GB 50111 的规定执行。

（6）轨道梁桥设计仅需考虑主力与一个方向（纵向或横向）的附加力组合。

3. 荷载组合及容许应力提高系数

桥梁结构设计应根据结构特性，可按荷载分类的要求，就荷载可能的最不利组合情况进行计算。主要荷载产生的结构各部分应力不得超过《铁路桥涵设计基本规范》规定的材料容许应力；考虑附加荷载时的容许应力，可以将材料基本容许应力乘以不同的荷载组合提高系数。

荷载组合及提高系数如表 2.2-2 所示。

表 2.2-2　荷载组合及提高系数

荷载组合		提高系数
1	恒载+列车竖向静活载+列车竖向动力作用+列车横向摇摆力或离心力	1.00
2	（1）+温度影响力	1.15
3	（1）+风荷载	1.15
4	（1）+温度影响力+风荷载	1.25
5	（1）+列车制动力或牵引力	1.25（1.00）
6	（1）+车挡的影响	1.70

续表

荷载组合		提高系数
7	（1）+汽车或船只撞击力	1.70
8	恒载+列车竖向静活载+人群荷载	1.70
9	轨道梁运输、架设工况荷载组合	1.25
10	恒载+雪荷载	1.15
11	恒载+列车竖向静活载+列车竖向动力作用+地震力+温度影响力	1.70

注：

（1）曲线上离心力与列车横向荷载取不利者计算。

（2）对于钢结构和框架结构支柱等受温度变化影响较大的结构，应计入温度变化的影响；对钢筋混凝土结构，应计入混凝土干燥收缩的影响；对预应力混凝土结构，应计入预应力、混凝土徐变及干燥收缩的影响；其计算应符合国家现行标准《铁路桥涵钢筋混凝土和预应力混凝土结构设计规范》（TB 10002.3）的规定。

（3）组合 3 还应考虑恒载+风荷载（无车）的情况。

（4）组合 5 中括号内为高架车站的提高系数。

（5）曲线上的荷载组合应考虑车辆行驶时轨道超高的影响及曲线停车状态的影响。

（6）高架车站考虑地震力时，可不计列车竖向动力作用。

（7）对超静定结构，计算支点位移的影响时，容许应力不提高；但能保证完全恢复时，提高系数可为 1.15。

4. 设计计算荷载

（1）列车竖向静活载（单轨车辆设计荷载）应符合下列规定：

列车竖向静活载图式按轴重 P=110 kN 考虑，8 辆编组，如图 2.2-4 所示。

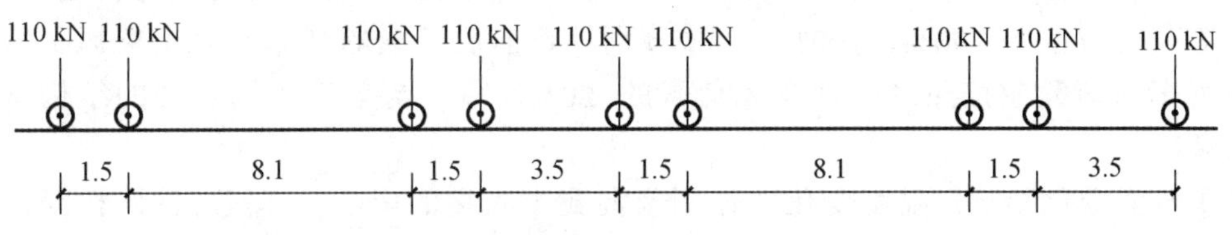

图 2.2-4 跨座式单轨车辆设计荷载图式（长度单位 m）

正线、出入段线及基地内试车线单轨车辆设计荷载按超员荷载（轴重 110 kN）考虑，基地内其余库线单轨车辆设计荷载按定员荷载（轴重 90 kN）考虑，疲劳检算按定员荷载计算，考虑车挡影响，按照空车状态计算。

（2）动力作用：单轨车辆设计荷载应考虑其冲击作用。列车竖向动力作用时，列车竖向静活载应乘以动力系数（$1+\mu$），μ 值按照下式进行计算：

$$\mu=20/(50+L)$$

式中，L 为桥梁跨度（m）。

（3）车辆横向荷载：列车横向摇摆力应按列车设计荷载单轴重的 25%计算，一列车以一个水平集中荷载取最不利位置，在轨道梁顶面作用于垂直轨道轴线方向。

（4）离心荷载：位于曲线上的轨道梁桥应考虑列车产生的离心力，其大小等于列车静

活载乘以离心力率 C，C 值按下式计算：

$$C=\frac{v^2}{127R}$$

式中，v 为本线设计最高列车速度（km/h）；R 为曲线半径（m）。

离心力作用于轨道梁顶面上的车辆重心处，车辆重心高度可按高出轨面 1.3 m 计，并水平地作用于垂直轨道的方向。

轨道梁设计时，离心力的作用位置应考虑轨道梁设置超高后的影响。曲线上车辆的离心荷载作用于车辆的重心高度并水平地作用于垂直轨道的方向。

（5）列车制动力或牵引力：列车制动力或牵引力作用于车辆重心位置，应按列车竖向静活载的 15%计算。轨道梁设计按单线计算列车制动力或牵引力。轨道梁桥下部结构设计时制动力或牵引力应移至支座中心处，双线时应采用二线的制动力或牵引力；三线或三线以上时按照最不利情况考虑，不做折减。

列车制动力或牵引力在固定支座和活动支座的分配按照下列公式计算：

固定端：$P_1=T-0.1R$

活动端：$P_2=0.1R$

式中，P_1 为作用于支座固定端的水平荷载；P_2 为作用于支座活动端的水平荷载；T 为作用于梁跨内的水平荷载；R 为作用于支座上的荷载反力；0.1 为摩擦系数。

（6）风荷载：轨道梁桥风荷载强度按照《铁路桥涵设计基本规范》规定计算，基本风压为 0.5 kN/m^2。轨道梁设计应按单线计算轨道梁与列车风荷载。轨道梁桥下部结构设计，双线轨道梁桥，线路等高时应按照 100%、50%分别计算迎风面前后两线的列车与轨道梁风荷载；不等高时应按照 100%分别计算两线的列车与轨道梁风荷载。三线及以上轨道梁桥，线路等高时应按照 100%、50%、25%分别计算前后排列三线的列车与轨道梁风荷载；线路不等高时应按照 100%、100%、50%分别计算前后三线的列车与轨道梁风荷载。高架车站内列车风荷载应按照区间列车风荷载的 50%计算。与单轨车辆重叠的结构体不再计算风荷载。

（7）温度变化影响：温度变化的作用及混凝土收缩的影响，可按《铁路桥涵设计基本规范》（TB 10002.1）执行。混凝土结构随温度升降宜用当地月平均气温为参照来确定，一般取±20 °C；混凝土收缩应按照降温 15 °C 考虑；混凝土结构不均匀日照温差可按±3 °C。

设计时采用的基准温度，钢结构应以合龙时温度为准，温度变化范围-10 ~ +50 °C，日照部分与背光部分的温差取值为 15 °C。钢结构线膨胀系数取 12×10^{-6}；混凝土结构线膨胀系数取 10×10^{-6}。

5. 结构设计

（1）钢筋混凝土及预应力混凝土结构，钢筋和混凝土材料应符合《铁路桥涵钢筋混凝土和预应力混凝土结构设计规范》（TB10002.3—2005）和国家现行有关混凝土结构耐久性设计规范的规定。

（2）工程材料的容许应力、钢筋混凝土的最小配筋率、计算裂缝宽度、结构安全系数、结构计算方法及构造要求等设计参数应满足《铁路桥涵钢筋混凝土和预应力混凝土结构设计规范》的要求。

（3）钢筋混凝土及预应力混凝土结构应按容许应力法计算，其构件内力按弹性阶段确定。结构变形计算满足《铁路桥涵钢筋混凝土和预应力混凝土结构设计规范》的要求。

（4）预应力混凝土结构应从以下几个方面检算其强度、抗裂性、应力及变形：

按破坏阶段检算构件截面强度；按破坏阶段检算构件截面抗裂性，但运营阶段计算应计入受拉塑性变形的影响；按弹性阶段检算在预加应力、运送、安装和运营等阶段构件内的应力；按弹性阶段计算梁的变形（挠度和转角）。

（5）预应力混凝土轨道梁还应用以下荷载组合验算正截面强度：1.3×（恒载）+2.5×（列车竖向静荷载+列车动力作用+车辆横向荷载）；1.8×（恒载+列车竖向静荷载+列车动力作用+车辆横向荷载）；1.3×（恒载+列车竖向静荷载+地震力）。

（6）预应力及钢筋混凝土轨道梁应进行弯扭、弯剪扭的强度计算。有关受扭构件的计算可参照《公路钢筋混凝土及预应力混凝土桥涵设计规范》。

（7）预应力及钢筋混凝土轨道梁设计应满足梁体内安装系统设备缆线布置要求，并应考虑其对截面的削弱。

6. 轨道梁的计算要求

（1）轨道梁受力复杂，梁体刚度要求高，其制造尺寸精度及竖向、横向、扭转的变形和位移等应严格控制，以确保行车安全。除对轨道梁进行各项强度、变形计算外，还应检算其弯扭稳定性和横向稳定性，保证足够的安全度。

（2）桥梁结构在计算荷载最不利组合作用下，横向和弯扭稳定系数不应小于 4.0；在施工架设阶段，其横向和纵向倾覆稳定系数不应小于 1.5。

（3）在列车静活载作用下，轨道梁最大竖向挠度不应超过其跨度的 1/800。组合桥的竖向挠度按现行铁路桥规规定执行。根据道岔系统对道岔桥变形的要求，道岔桥由于挠度产生的梁端竖向折角应不大于 1/1 250 rad。钢轨道梁和组合桥梁部的竖向挠度按现行《铁路桥涵设计基本规范》执行。

（4）轨道梁及单轨车道桥梁应设置预拱度。预拱度值取恒载与静活载产生挠度的 1/2 相加，在计算时应考虑预应力、干燥收缩及徐变的影响。

（5）PC 轨道梁的徐变上拱值应严格控制。轨道梁架设后，后期徐变上拱值不应超过 12 mm。

PC 轨道梁按破坏阶段考虑其抗扭强度，有关受扭构件的计算可参照《公路桥梁设计规范》。

（6）轨道梁的横向自振频率应不小于 $70/L$，L 为桥梁跨径；对于组合桥，按《铁路桥涵设计基本规范》（TB 10002.1）规定执行。

7. 支　座

（1）轨道梁支座的设计应具有足够的横向抗倾覆能力，以确保轨道在行车时的横向稳定。

（2）考虑轨道梁具有轨道的走行、导向及车辆横向稳定的作用，其支座应在竖向、横向、倾斜度方向具有调整的功能，以保证轨道的所需线形。

（3）轨道梁桥、组合桥和道岔桥应考虑轨道梁支座负反力，设置相应的抗力装置。轨道梁支座负反力取以下两个公式计算的最不利值：

$$R=R_1+R_2+R_{3/1.5}+R_4$$

$$R=R_2+R_{3/1.5}+R_5$$

式中，R 为支座反力（kN）；R_1 为包括列车动力作用的动载所产生的最大负反力（kN）；R_2 为加在使支座产生负反力部位上的静载所产生的支座反力（kN）；R_3 为加在使支座产生正反力部位上的静载所产生的支座反力（kN）；R_4 为风荷载产生的最大负反力；R_5 为地震产生的最大负反力。

（4）支座应按其横向受力状态，予于分类定型化。轨道梁支座采用抗拉力支座，支座分为活动和固定两种。

2.2.4 工程实例

以重庆跨座式单轨交通轨道梁为实例，简要说明 PC 轨道梁的设计方案。

1. 轨道梁的工程材料

主梁混凝土强度等级采用 C60，混凝土弹性模量不得小于 $E_c=3.75\times10^4$ MPa。普通钢筋采用 HRB400、HPB300 级钢筋。预应力钢筋采用 7ϕ5（公称直径 15.24 mm）预应力钢绞线，每束由 3 ~ 5 根钢绞线组成，锚具采用成套 M15-3、M15-4 和 M15-5（锚具型号以 M 示意）等群锚体系。管道形成采用内径 ϕ50 mm 波纹管，张拉设备采用相应型号的千斤顶。预应力钢绞线：f_{pk}=1 860 MPa，符合《预应力混凝土用纲绞线》（GB/T 5224—2003）要求。锚具应符合《预应力筋用锚具、夹具和连接器》（GB/T 14370—2007）的规定，并具有良好的耐疲劳性能。

2. 轨道梁截面

跨中采用空心工字形截面，梁高 1.500 m，梁宽 0.850 m，中间需合理设置横隔板。标准梁缝宽 30 mm，支承中心距设计墩中线 400 mm。轨道梁标准断面如图 2.2-5 所示。

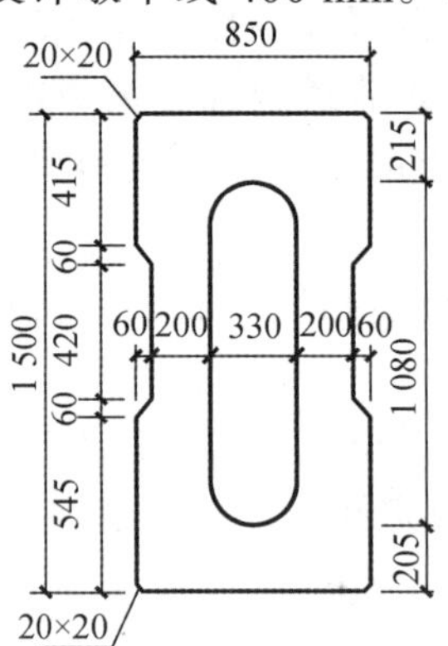

图 2.2-5 轨道梁标准断面

3. 跨径选择和适用范围

为保障轨道梁的制造精度，规范轨道梁的标准化设计和施工，提高设备利用率，重庆单轨建设者按跨度和曲线半径等关键要素，将 PC 轨道梁进行了定型化设计，并分为了标准跨径（应用较多）和非标准跨径（以调节过渡）两大类别，每种定型化轨道梁的参数及适用条件如表 2.2-3、表 2.2-4 所示。

表 2.2-3　标准跨径轨道梁

梁型编号	梁跨/m	梁长/m	支承间距/m	适用曲线半径/m
1	24	23.97	23.2	—
2	22	21.97	21.2	100 ~ 700
3	22	21.97	21.2	700 ~ 4 000
4	22	21.97	21.2	4 000 ~ ∞
5	20	19.97	19.2	100 ~ 400
6	20	19.97	19.2	400 ~ 4 000
7	20	19.97	19.2	4 000 ~ ∞

表 2.2-4　非标准跨径轨道梁

梁型编号	梁跨/m	梁长/m	支承间距/m	适用曲线半径/m
8	18.000	17.970	17.200	100 ~ ∞
9	17.000	16.970	16.200	100 ~ ∞
10	16.000	15.970	15.200	100 ~ ∞
11	15.000	14.970	14.200	100 ~ ∞
12	14.000	13.970	13.200	100 ~ ∞
13	13.000	12.970	12.200	100 ~ ∞
14	12.000	11.970	11.200	100 ~ ∞
15	10.000	9.970	9.200	100 ~ ∞

2.3　区间结构设计

2.3.1　桥跨布置原则

桥跨布置时，应首先以沿线的道路交叉口、出入通道、市政桥涵、地下通道、市政管网等构筑物或设施作为控制点，进行桥跨布置和下部结构形式的选择。对于非控制地段，应根据地形地貌、各区段的线路长度，结构设计，施工作业条件等因素优先选择较大跨度的轨道梁，其余地段选择变化较为均匀的中小跨度进行过度，并应考虑下列条件：

（1）以区间为单位统筹考虑，相邻跨度差不宜过大，使沿线桥墩间距、墩身尺寸呈较为均匀的分布或变化，以提高区间结构的整体景观效果。

（2）应充分考虑沿线道路通行和交通组织、运输条件和架设方式等施工组织方案。

（3）直线段地段布跨时，宜采用标准的大跨径 PC 轨道梁，以提高轨道梁的通用性。

（4）曲线地段布跨时，应考虑线路的曲线要素（曲线长度、曲线半径、超高等），当同一榀梁上具有两种以上线形时，梁端部的线形长度宜小于 2 m。

2.3.2 桥梁景观设计

1. 桥梁景观设计原则

（1）技术美学原则。桥梁景观不能为景观而景观。桥梁首先是解决通行功能并在技术可能与经济之间进行优化，考虑景观设计，这是桥梁设计的基本要求。桥梁景观的这种以功用与技术为重的特点即为其技术美学特性。

桥梁美学的基础首先应该是技术美学，现代桥梁已不纯粹以满足功能为目的。桥梁的形态也从最初的拱桥、梁桥到斜拉桥、悬索桥，桥梁形态的这些变化反映了科学的发展，体现了技术的进步，同时也给人以美的感受。技术美学在桥梁景观中得到了淋漓尽致的体现，因此，尊重桥梁的技术美学是桥梁景观设计的先决条件。

（2）功能优先原则。桥梁首先是为满足功能需要而建的，这些功能包括桥梁的交通功能与桥梁的跨越功能，其中交通功能又包括桥面交通与水域交通。

桥梁景观设计应在充分满足功能的条件下进行，景观设计不仅不能对桥梁的交通功能与跨越功能造成影响，反而应对桥梁的各项功能起到完善作用。

（3）景观创新原则。轨道交通的高架桥是一条运输乘客的空中走廊，是一道风景线，是展示当地人文风情的舞台，因此其景观设计需结合桥梁所处的地域文化，比一般的桥梁美学景观有更高的要求。

（4）环境与生态的保护原则。随着生活水平的提高，人民的环境保护意识越来越强，在桥梁建设过程中应对桥位周边环境以及流域的生态系统进行妥善的保护，而不应以生态平衡的破坏和环境的退化为代价，避免对环境和生态造成不可修复的硬伤。

2. 景观设计分析

（1）桥梁整体比例关系。从美学的角度，高架桥的桥梁跨度和桥高之比为 1∶1.618 或 $\sqrt{3}$ ∶ $\sqrt{5}$ 比较符合人的视觉习惯。对于常用的 25 m、30 m、40 m 跨度来说，桥高 10 m、12 m、14 m 为佳。

从桥梁工程专业的角度来说，梁高一般为跨度的 1/20 ~ 1/14，不同跨径梁与梁高关系如表 2.3-1 所示。

表 2.3-1　不同跨径梁与梁高关系

跨度	25 m	30 m	40 m
梁高	1.25 ~ 1.8 m	1.75 ~ 2.15 m	2 ~ 2.85 m

梁高与桥高的比例为 1/5 ~ 1/4。

桥墩的宽度与梁高的比例应该接近黄金分割比，不同跨径梁与墩宽关系如表 2.3-2 所示。

表 2.3-2　不同跨径梁与墩宽关系

跨度	25 m	30 m	40 m
墩宽	1.5 m	1.5 ~ 1.8 m	1.8 ~ 2.1 m

（2）人们常规视点及桥梁整体比例关系的修正。在实际环境中，桥梁在视野中所占的比例随着视线距离的增大而减少，而地表地貌的变化所占视野比例增大，地表地貌的变化

对桥梁的外轮廓有着修饰和修改的作用。

人距离桥梁越远，对于桥梁的高跨比例判定能力越低；人近距离观察桥梁时，由于桥梁对人视线角度的遮挡,空间视线的切割影响较明显,因此会对人的视觉心理产生压抑感,压抑感的主要控制因素是桥梁高度和梁底板面的宽度。

在保证了将桥梁在近距离范围内对人的心理压抑感减小到最小之后,对之前研究所得的高跨比例做一个适当的调整，使之尽可能地与实际现场观感效果接近。

位于中央绿化带上，人们对高架线常规的视点及视角主要有以下 3 种：

① 远距离的眺望；

② 在人行道上距桥 25 ~ 30 m 的平视、仰视及沿桥纵向远视；

③ 在桥下仰视及在行走汽车内沿桥纵向远视。

人们在远眺高架桥时，之前研究所得的高跨比例给人以平衡、稳定、协调的美感。

人们在距桥 25 ~ 30 m 平视时，高架桥梁对人的视觉最直接的一个影响因素，就是桥墩的间距——跨度，不同跨度的桥梁对人的视线遮挡和视觉效果影响程度是不一样的，因此有必要对在不同跨度条件下人的视线通透受影响的程度进行比较和分析,以便对于跨度的选择进行优化。

① 当人站在不同距离以外观察桥梁时，不同跨度桥梁的桥墩在视野中出现的连续程度：桥墩重复的次数越多，人对于桥梁连续性的感知度越高，桥梁对视线的遮挡效果就越强烈，视线通透度越低。

② 当桥梁开始完全进入人眼视野范围的时候，不同跨度桥梁的桥墩此时对于视野边界的限定影响：人的视野边界受的限制越大，有效视觉区域感觉越狭隘，受边界限制的心理感觉越强烈，视觉效果越差，水平方向的视角遮挡程度就越大，视线通透度越低。

在 30 m 距离外不同跨度桥墩连续性对视线通透度的影响分析如图 2.3-1 所示。

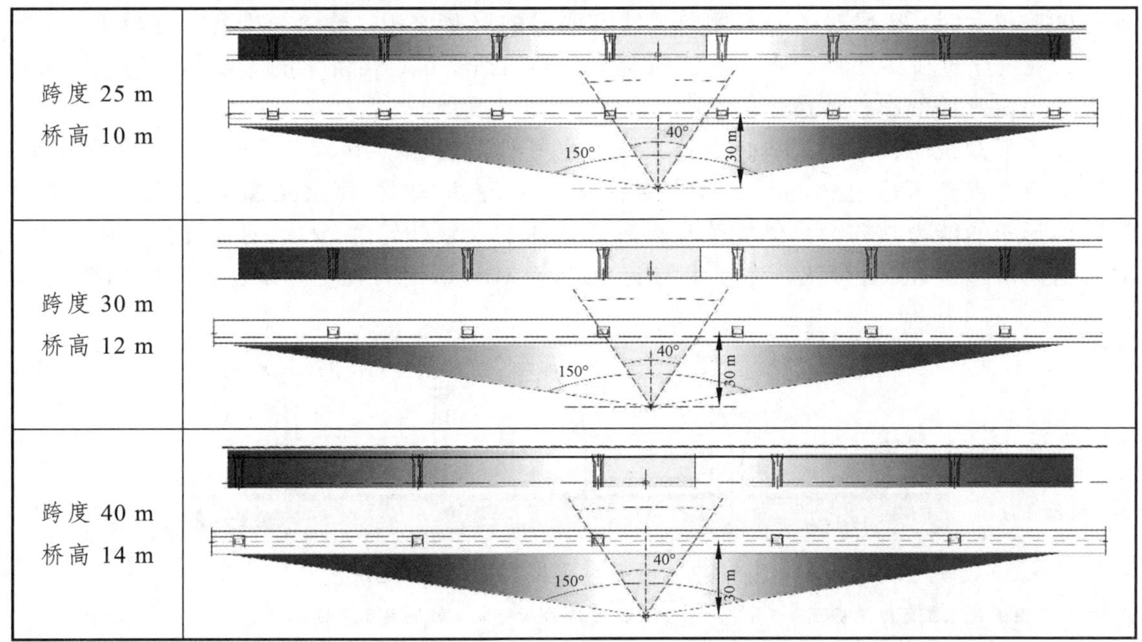

图 2.3-1　侧向观察桥梁时，跨度/桥墩对侧向视觉效果的比较示意简图

由图 2.3-1 中可以看出，跨度大的桥梁，桥墩重复出现的次数相对来说要少于桥墩密的桥梁。桥梁跨度连续性越强，对于人眼视觉的水平遮挡越严重，视线通透度越低，因此桥梁跨度越大，对于提高视线的通透程度就越有帮助。

当桥梁开始完全进入人眼视野范围的时候，不同跨度的高架桥梁、桥墩此时对于视野边界的限定影响分析如图 2.3-2 所示。

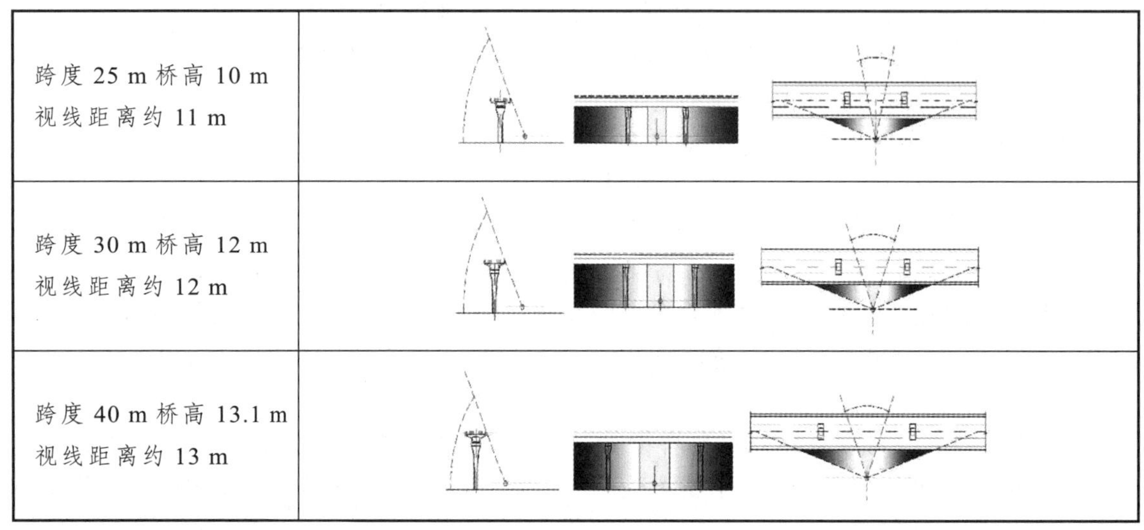

图 2.3-2　跨度、视线距离对视觉效果比较简图

由图 2.3-2 中可以看出，当桥梁开始完全进入视野范围的时候，桥墩越密的桥梁、桥墩对视野边界的限定越强烈，就越容易使人在视觉心理上产生受边框限制、不开阔的感受。

跨度对于视觉效果的影响从上面的几个示意简图中可以比较直观地看到，当桥墩的排列密度比较大时，桥梁对于人的侧向视线有明显的屏蔽作用。桥墩的排列密度越小，跨度越大，视线穿过桥梁底部所看到的区域越大。换句话来说，当桥梁的跨度越大时，桥梁对于人的视线遮挡的影响就越小。

在桥下仰视时，人的视线特点：人眼的水平视角为 30°～40°（正常中央视角区域），人眼的余光视角可达 150°左右，但是超过正常视角以外的两侧余光视角范围内，人眼辨认物体形状的能力减弱而只能凭感觉去感知物体的大致外轮廓。人眼的垂直视角在-15°～60°，当俯角超过 60°时辨认物体形状的能力迅速减弱。墩高对视觉效果比较简图如图 2.3-3 所示。

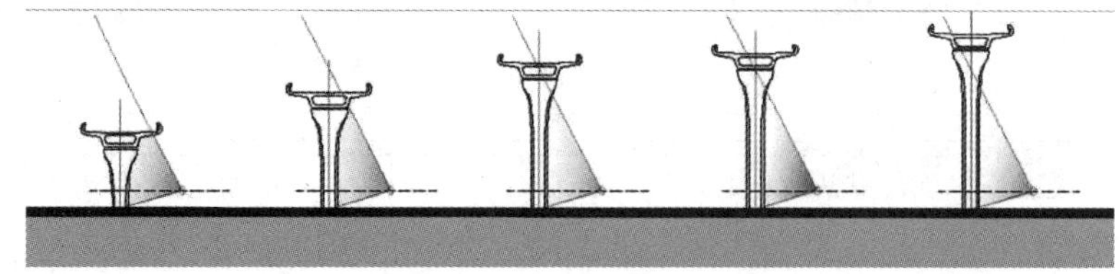

图 2.3-3　墩高对视觉效果比较简图

注：图中视点距离桥梁桥墩为 5 m，相当于桥墩旁边的人行道上对桥梁观察的正常距离。

当桥高在 10～14 m 时，对视觉效果压抑的影响不明显，当桥高低于这个范围时，对人的视线有明显的压抑作用，而当桥高高于这个范围时，对于减轻视线压抑的作用并不明显。

在行走汽车内沿桥纵向远视时，人的正常视野范围中，人的注意力通常集中在视野的中心，越处于视野边缘的物体，人就越容易忽视。对于桥梁来说，桥梁的高度越低时，桥梁与视平线之间的夹角越小，桥梁在视野中的位置就越居中，对视线的水平切割效果就越明显，因此对视角产生的遮挡作用就越明显，从而使人更加容易觉察到桥梁的存在与高度上的影响，从而造成桥梁对视觉心理上产生的消极影响。

整体比例关系的分析结论：

经以上分析，桥梁的高度、跨度、梁高、墩宽之间的比例关系，建议根据技术经济和施工方法比较后确定，如表 2.3-3 所示。

表 2.3-3　桥梁的高度、跨度、梁高、墩宽之间的比例关系表

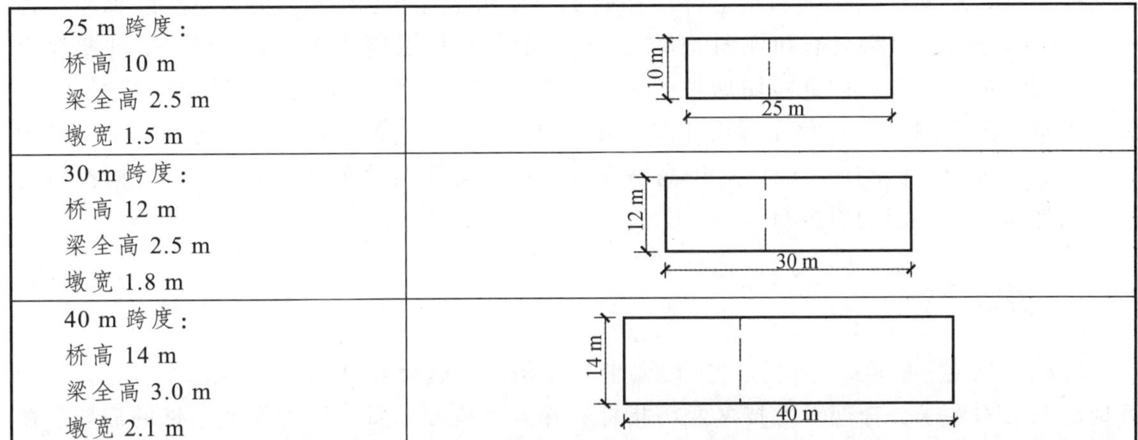

25 m 跨度： 桥高 10 m 梁全高 2.5 m 墩宽 1.5 m	10 m 25 m
30 m 跨度： 桥高 12 m 梁全高 2.5 m 墩宽 1.8 m	12 m 30 m
40 m 跨度： 桥高 14 m 梁全高 3.0 m 墩宽 2.1 m	14 m 40 m

（3）对桥梁环境和绿化的处理建议及桥梁周边环境绿化实例分析。除了考虑桥身绿化、桥梁周围环境绿化以外，对于桥梁自身构配件的细部尺寸也应该加以更多视觉观赏效果上的考虑以达到优化桥梁景观效果的目的。桥梁的建设是和环境景观、绿化处理紧密结合的。

墩身绿化：桥身绿化可以使桥梁产生与周围的环境共生的互动关系，其处理方式包括在墩身种植爬藤植物、在桥底和柱墩周围铺植草坪，修建花池、绿化带，并种植喜阴的绿色植物，在有条件的地段，结合柱墩设计竖向的花槽或者竖向的片状绿化，提高桥梁的绿化覆盖程度。

桥梁周围环境绿化：在桥梁周围设置一定范围的绿化隔离带或者更大面积的绿色草坪，使桥梁的景观有一个更加优美的背景环境衬托，从而提高桥梁的景观欣赏指数，达到优化桥梁景观设计的目的。

梁身、桥梁细部优化处理：桥梁的环境处理包括桥梁构配件的尺度对于周围环境的影响处理，因此在满足桥梁使用功能的前提下，不妨对桥梁的构配件例如柱身、梁身等细部尺寸进行更加细致的调整，并加以装饰手法的运用以提高桥梁细节的可观赏性，从而达到对桥梁周围环境优化处理的效果。

桥梁的造型美观主要通过桥梁自身的造型、尺度来体现，在梁身的绿化处理方面，虽然可以提高桥梁的整体绿化，但是一方面绿化的维护成本很高，另一方面，由于桥梁高度的影响，一般人都不会注意到梁身上花槽的绿化生长，而列车内的乘客也由于车速影响无

暇观赏。

城市景观不是单一的，而是由城市中的地形、植物、建筑物、绿化等共同组成的，我们除了尽量把桥梁本身的造型做得美观，同时也可以增加桥底或附近的绿化加以衬托，这样可以达到优化桥梁景观的效果。

桥梁和城市绿化的关系可扫描右方的二维码。

桥梁和绿化的关系

3. 景观设计

近年来，随着城市桥梁的发展，各种墩形不断涌现，人们在享受着桥梁带来的便利的同时，也在感受着桥梁的美。桥墩的造型要与上部结构相匹配，相映生辉，给人以美感。高架桥梁墩形的选择除必须满足上部结构的受力要求，满足结构本身强度、刚度和稳定性外，还要配合地面道路交通和规划的要求，要与上部结构及周边环境和谐统一，并要注重当地人文景观的特点，因此桥墩墩柱的外形美观在初始方案设计中非常重要。根据计算，墩顶水平纵向线刚度对桥墩外形尺寸起主要控制作用，除增加基础的纵向刚度外，也必须相应增大桥墩的纵向刚度，因此对于高墩而言，其截面的纵横向尺寸均较大，这给桥墩的景观设计增加了一定的难度。

2.3.3　桥墩设计

墩柱的强度、刚度、稳定性、抗震要求及其构造、裂缝宽度、结构构造等均应满足相关规范及技术要求，合理考虑技术经济指标；并满足桥面布置、施工作业条件的需要。在满足上述要求外，其造型力求简洁、美观。

一般普通墩柱应优先采用 T 形标准墩，特殊地段可采用倒 L 形墩和门式刚架墩等形式，以实现单轨线路与市政、公用设施，工业与民用构筑物的合理衔接。

由于跨座式单轨通常沿市政道路敷设，桥墩应充分利用市政道路的中央绿化带或人行通道布置，因此墩柱的整体景观要求较高。桥墩选型力求美观大方，简洁流畅，强调桥梁简约流畅的形态与造型，以表现桥墩自身的结构美感，避免过于烦琐的造型与装饰。桥梁景观应与周边环境、地形地貌等城市景观协调，以简单而富于韵味的手法充分展现出城市的历史文化、风土人文。

桥墩设计时，结合施工组织，考虑施工的先进性、便捷性，以利于提高施工效率，节约工期，降低工程投资。在有腐蚀性气候、湿度较大的地区，应优先采用钢筋混凝土，减少后期运营维护成本。

1. 桥墩类型及适用条件

跨座式单轨的墩柱通常位于道路中央分隔带上，以 T 形标准墩为主，当线形由路中转路侧或由路侧转路中时还应适当设置门形墩、倒 L 形墩等。

（1）T 形标准墩。下部结构区间以 T 形标准墩为主，该墩形主要用于墩柱与轨道中心线无偏心或较小偏心（不大于 0.2 m）地段，该墩形的优点是占地面积较小，缺点是在线路与墩柱中心有较大偏心时无法使用，如图 2.3-4 ~ 图 2.3-5 所示。

图 2.3-4　T 形标准墩

图 2.3-5　重庆 3 号线南延标准 T 形独柱墩实景图

T 形标准墩根据墩柱高度的不同，墩柱截面尺寸相应变化，以满足受力要求及景观效果。各类型墩柱尺寸如表 2.3-4 所示。不同墩高的下部结构图如图 2.3-6 ~ 图 2.3-10 所示。

表 2.3-4　各类型墩柱尺寸

墩型	墩高 H/m	墩顶尺寸/m	墩底尺寸/m
A	$H<10$	5.4×2.3	1.5×1.5
B	$10\leqslant H<15$	5.4×2.3	1.8×1.8
C	$15\leqslant H<20$	5.4×2.3	2.1×2.1
D	$20\leqslant H<25$	5.4×3	2.5×2.5
E	$H\geqslant 25$	5.4×3	2.8×2.8

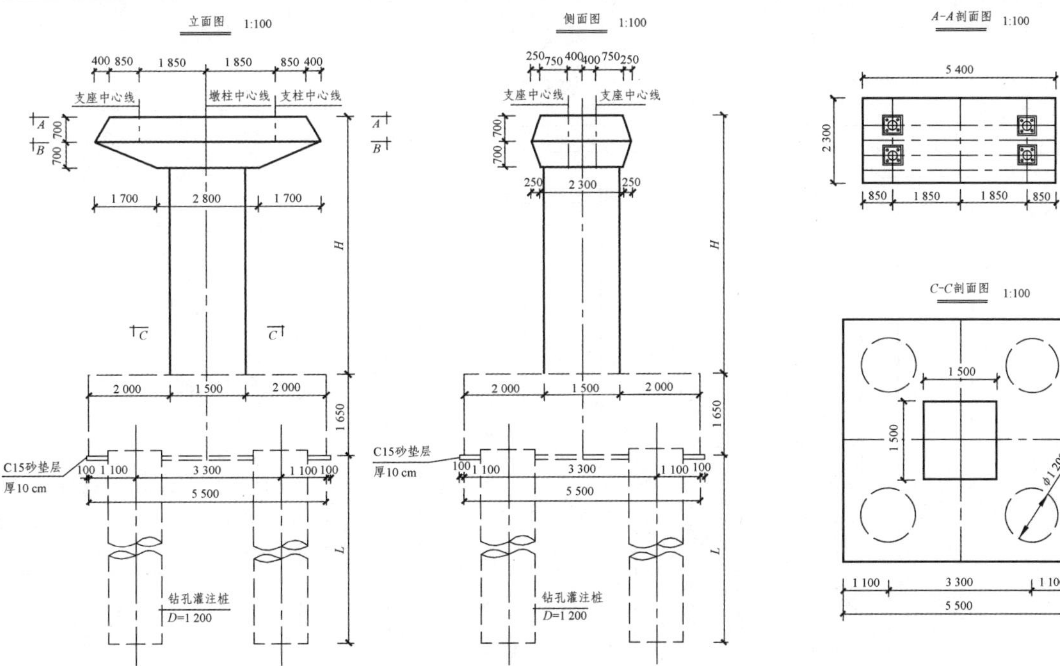

图 2.3-6　墩高 < 10 m 下部结构图

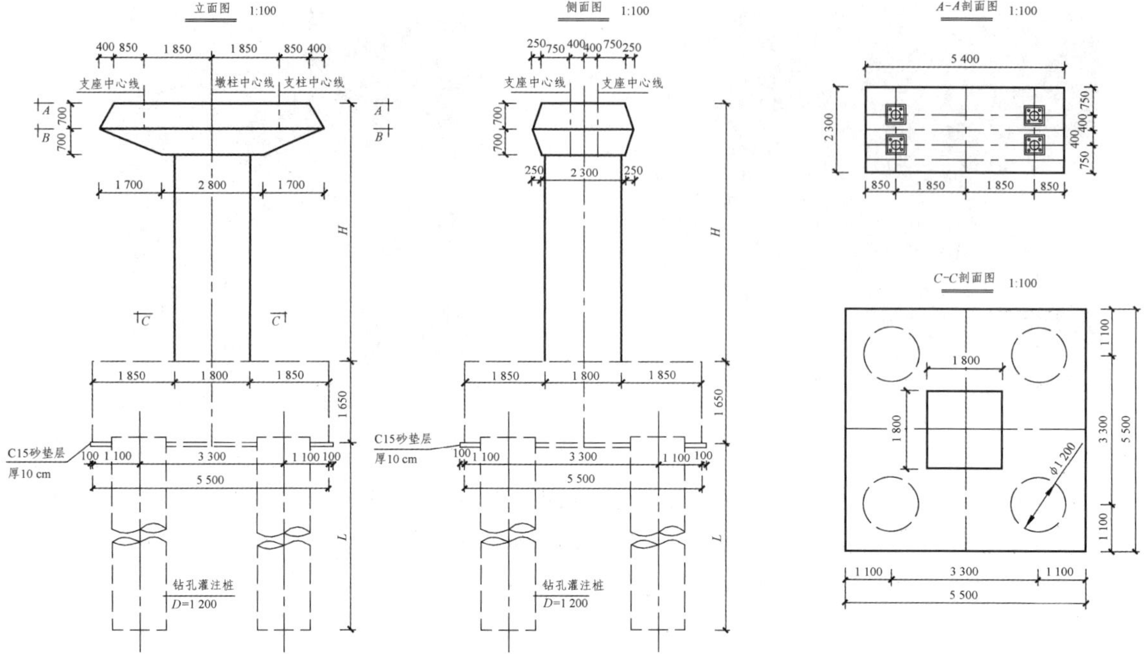

图 2.3-7　10 m≤墩高＜12.5 m 下部结构图

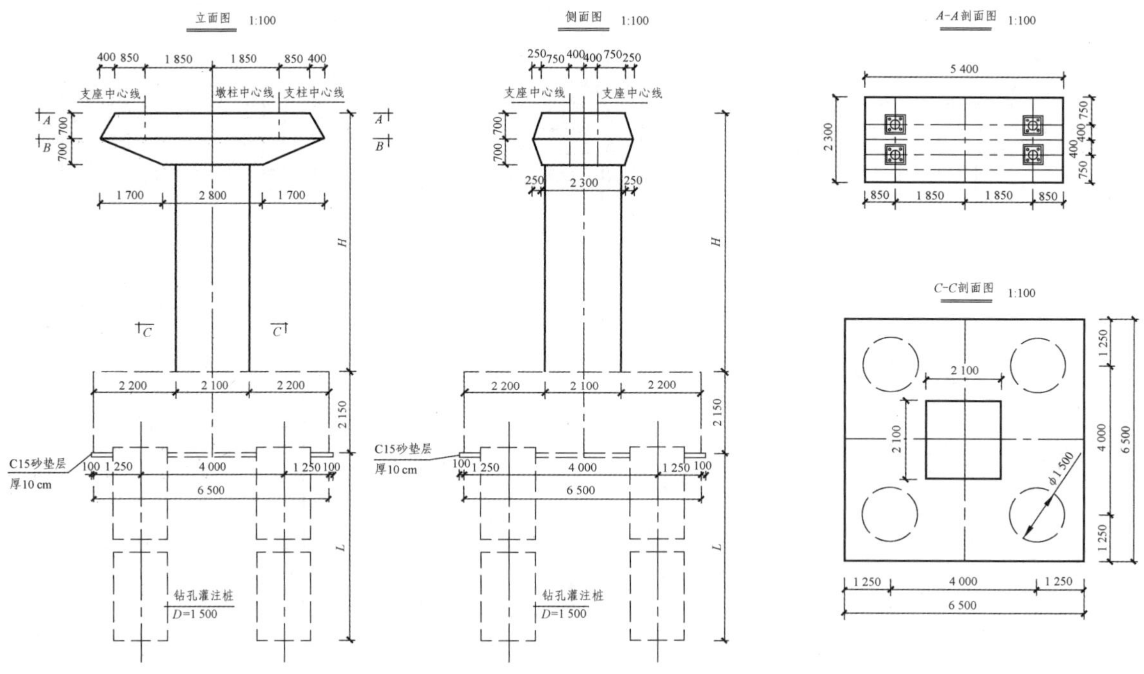

图 2.3-8　15 m≤墩高＜20 m 下部结构图

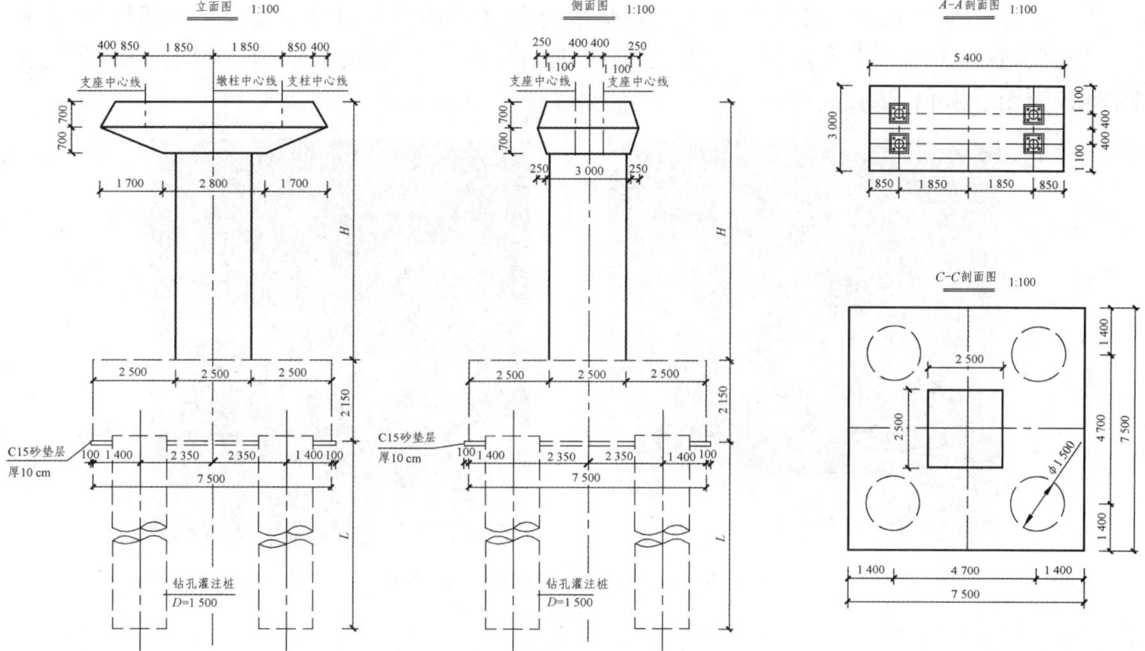

图 2.3-9 20 m≤墩高＜25 m 下部结构图

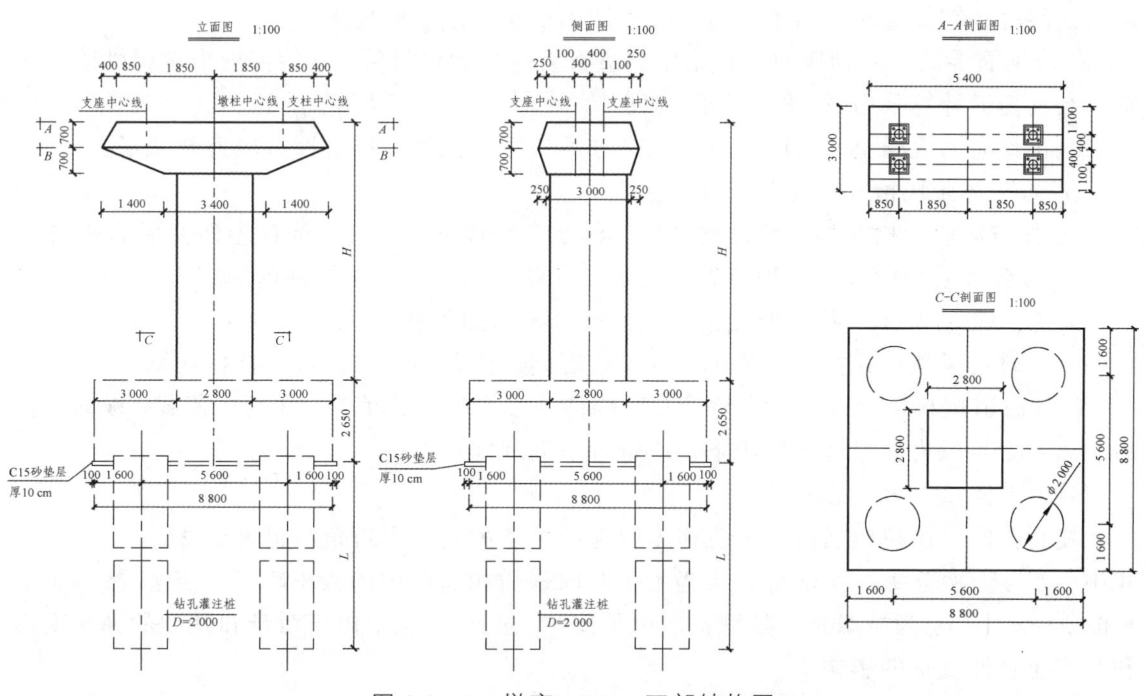

图 2.3-10 墩高≥25 m 下部结构图

（2）倒 L 形墩。倒 L 形墩适用于线路中心与墩柱中心有较大偏距，一般偏距为 2 m 以内，局部也有超过 2 m。在偏心距大于 2 m 并在具有条件布置时，采用大偏心倒 L 形墩。

（3）门式刚架墩。当线路跨越较宽的城市道路又不能在道路中间设置桥墩时，可设置门式刚架墩，结构形式采用预应力钢筋混凝土结构或钢筋混颖土结构。倒 L 形墩和门式刚架墩如图 2.3-11 所示。

图 2.3-11　倒 L 形墩和门式刚架墩

2. 结构设计

（1）钢筋混凝土及预应力混凝土结构，钢筋和混凝土材料应符合《铁路桥涵钢筋混凝土和预应力混凝土结构设计规范》。

（2）工程材料的容许应力、钢筋混凝土的最小配筋率、计算裂缝宽度等设计参数应满足《铁路桥涵钢筋混凝土和预应力混凝土结构设计规范》的要求。

（3）钢筋混凝土及预应力混凝土结构应按容许应力法计算，其构件内力按弹性阶段确定。结构变形计算采用 0.8 倍全截面刚度。

（4）预应力混凝土结构应从以下几个方面检算其强度、抗裂性、应力及变形：

① 按破坏阶段检算构件截面强度。

② 按破坏阶段检算构件截面抗裂性，但运营阶段计算应计入受拉塑性变形的影响。

③ 按弹性阶段检算在预加应力、运送、安装和运营等阶段构件内的应力。

④ 在变形计算中，构件刚度采用全部换算截面的刚度。

（5）轨道梁独柱式桥墩应按压弯构件进行斜截面校核，并应进行抗扭计算。

（6）轨道梁桥墩台顶及组合桥下部结构的弹性水平位移值 Δ，在列车荷载、横向摇摆力、离心力、风力和温度的作用下，应符合下列规定：

顺桥方向：$\Delta \leqslant 5\sqrt{L}$ mm。

横桥方向：由桥墩横向水平位移差引起的轨道梁端水平折角不得大于 2‰。

式中，L 为桥梁跨度，以 m 计；当为不等跨时采用相邻跨中的较小跨度，当 L<25 m 时，L 按 25 m 计；Δ 为桥墩顶面处顺桥向水平位移（mm），包括由于墩身和基础的弹性变形和基底土弹性变形的影响。

（7）对于桥墩较高的桥，必要时在计算中应考虑车桥体系的横向耦联振动。车辆运行的振动特性由试验确定。

（8）大跨高墩等特殊桥跨结构，宜按空间结构进行动力和静力分析。

（9）轨道梁桥的桥墩应计算颠簸扭矩和冲击作用。

（10）处于交通要道上的桥墩应进行防撞设计。

（11）桥墩的墩帽平面尺寸、构造、受力应满足施工架梁的需要。

（12）桥墩的抗震措施按《铁路抗震设计规范》进行桥梁强度、刚度和稳定性验算。

（13）在高架桥墩上按照相关专业要求设置避雷器和检修道的预埋件。

2.4 疏散检修通道设计

2.4.1 疏散救援原则

列车在运行途中发生车辆、接触网故障以及火灾、爆炸或毒气袭击时，首先应积极组织“列车自救”。在主风缸风压正常、制动效能良好、不危及行车安全的情况下，尽量利用列车速度或坡道，运行到前方车站或退回后方车站疏散乘客。

当列车发生火灾、爆炸或遭遇毒气袭击时，在高架站和地下站之间的列车应尽量往高架车站方向运行。担任救援的列车，必须在车站清人后才能担任救援任务，严禁载客救援（已经进入同一站间区间的续行列车除外）。纵向连挂救援可以及时将乘客接回车站，同时又可以腾空区间，将故障列车牵引（推进）运行到故障车停留线或车辆段，恢复正常行车，减少事故损失，这是单轨列车故障救援的首选方案。

当列车被迫停在区间等待救援时，司机应利用车内广播安抚乘客。在进行乘客疏散救援时，司机和车站工作人员要进行监护。在故障救援时，要根据现场情况，全面考虑各种救援方案的利弊得失，选择安全、有效的救援方案。

2.4.2 疏散救援模式

目前城市轨道交通的救援疏散方式从救援方向上大致可分为纵向、横向、竖向。

1. 纵向疏散

在接触网有电且因为车辆发生电器、机械设备等故障不能继续自行运行时，行车调度员可指挥开行救援单轨列车从前（后）方向接近故障列车，在按有关规定与故障列车连挂、试拉、试风和电气连接后，准许将故障列车牵引（推进）运行到前方（后方）车站，疏散乘客（见图 2.4-1）。

当正线出现大面积长时间停电时，在工作车（救援机车）能够到达的区间，行车调度员可指挥开行工作车（救援机车）从前（后）方向接近单轨列车，并按有关规定与单轨列车连挂和试拉后，准许将单轨列车牵引（推进）运行到前方（后方）车站，疏散乘客。

在接触网有电且因为车辆发生故障、全列车制动不缓解或者列车无法继续运行时，行车调度员可指挥开行救援列车从前（后）方向接近故障列车，并按有关规定与故障列车连挂。两车连挂完毕后，司机在司机室之间搭建救援渡板，帮助乘客从不能运行的列车全部引导转移到救援列车上，然后收回救援渡板，将两车解钩。救援列车运行回车站，疏散乘客（见图 2.4-2）。

图 2.4-1　纵向连挂救援

图 2.4-2　纵向疏散救援

2. 横向救援

当等待救援的列车所在的下（上）行线接触网无电、而上（下）行线接触网有电时，行车调度员可指挥开行救援列车，从有电的线路到不能运行列车的平行位置停车。司机将横向救援渡板搭建于对应的两车客室门之间，将全部乘客从不能运行的列车引导转移到救援列车上后，再收回救援渡板。救援列车运行回车站，疏散乘客。如果列车被迫停在线间距离超过标准线间距 3.7 m 或列车在单洞单线隧道内时，则不能采用横向疏散救援（见图 2.4-3）。

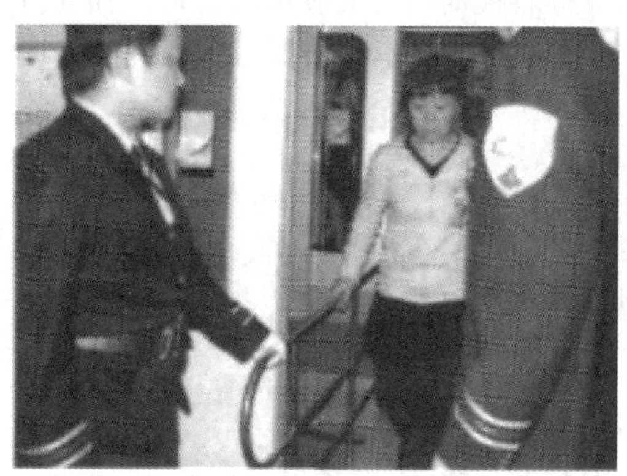

图 2.4-3　横向疏散救援

3. 竖向救援

重庆轨道交通 2 号线高架部分线路大部分从公路中间的隔离带上通过，还有一部分从山坡旁和江边穿过。当出现接触网大面积长时间停电、列车被迫停在高架区间时，可以利用社会力量，采取竖向救援。

（1）轨道下为公路。当列车被迫停在轨道下方有公路可供消防车到达的区间时，应立即通知消防、公安部门人员携带相关工具赶赴现场，协助疏散乘客。消防、公安部门人员将消防云梯车搭于列车客室门上，下方铺上救生气垫，司机配合指挥，监护乘客有序从消防云梯车上全部降至地面（见图 2.4-4）。

（2）轨下无公路。当列车被迫停在轨道下方没有公路可供消防车到达的区间时，在车门距地面高度不超过 12 m 处，应立即通知消防、公安部门人员携带相关工具赶赴现场，协助疏散乘客。消防、公安部门人员和司机利用人工拉梯、软梯、缓降设备和救生气垫等，指挥监护乘客有序全部降至地面。

图 2.4-4　消防云梯车竖向救援

（3）轨下为水体。当列车被迫停在轨道下方为江、河、湖泊等较大水域地段时，应立即通知航道管理、消防、公安部门人员，携带相关工具赶赴现场，协助疏散乘客。航道管理局人员开行救生船到达列车下方，司机利用缓降设备，配合消防、公安部门人员，指挥监护乘客有序全部降至救生船上。

2.4.3　单轨疏散检修通道基本形式

跨座式单轨交通线路车辆运行在高架区间，一旦发生事故乘客需要紧急疏散时，通常采用的方法有竖直救援、横向救援和纵向救援方式。从上节分析可知采用上述方法救援，不论是消防救援或救援列车均需要一定时间才能到达现场。由于重庆轨道交通 2 号线较场口—新山村工程是国内第一条高架跨座式单轨工程，在疏散救援方面没有任何经验，故沿用世界通用的模式。

在线路条件较差的一些地方，垂直救援难以实现，如果列车出现火灾情况或供电系统也发生故障时，无法采用横向救援和纵向救援，这给疏散救援带来困难。随着国民经济水平的提高，为提高跨座式单轨交通的服务水平，防灾和应急疏散能力，跨座式单轨建设者们结合我国实际国情，在其后的单轨项目中，率先在轨道梁下方，沿线路方向敷设了型钢结构的纵向平台——疏散检修通道，提出了一种新的疏散救援模式。

将以前随梁吊装的供电、通信信号等线缆敷设在疏散通道体内，改善了城市景观效果，增强了线缆设施的使用寿命；在施工期间，为轨道梁架设、安装、调试等施工作业提供了便利的操作平台；在运营期间，为单轨运营维护人员提供了便捷的通道，提高了运营维护效率，保障了运营维护人员的安全。跨座式单轨疏散检修通道如图 2.4-5 所示。

图 2.4-5　跨座式单轨疏散检修通道图

2.4.4 疏散检修通道一般要求

重庆于 2006 年开始轨道交通 3 号线工程设计时,《城市轨道交通技术规范》正在编制过程中，疏散检修通道工程在国内没有先例可循。但业主、设计、施工及监理单位在考察总结了国外已运营的单轨线路后，结合重庆 3 号线具体情况，组织国内外专家进行了相关论证。在考虑了 8 辆编组列车载客 1 292 人/列的情况下，从运营维护的安全、可用性上综合分析后，形成了高架区间设置疏散检修通道的统一要求。

（1）以人为本，整体运营的安全性进一步得到保障。西雅图发生列车相撞事故时，用云梯将 84 名乘客疏散到地面花了将近一个小时。通过区间疏散检修通道的设置，增加了区间事故救援的及时性和方便性。

（2）从长期运营维护考虑代替线缆桥架，既方便维护又提高了工作效率，保障了高空作业人员的安全。线缆在检修通道下通过，不占用额外空间。检修人员可以从车站出发，通过检修通道到达各检修点，打开通道面板即可进行作业。增加了维护工作整体的可靠性。

（3）从施工安全及工作效率考虑便于高架区间段设备安装、维修。高架区间的小型设备同样可安装于检修通道面板下面，安装电缆非常方便。同时 PC 梁调整定位工作也有了作业面，多个专业的可用性得到了充分的发挥。

2.4.5 疏散检修通道设计

疏散检修通道的设计原则为:不影响线间距及限界,尽量减少对轨道梁和景观的影响,要综合考虑检修通道、紧急疏散以及电缆通道的功能，并全线贯通。

1．疏散检修通道结构组成

疏散检修通道位于高架区间轨道梁之间，以检修平台和电缆桥架功能为主，兼有紧急情况下乘客疏散和应急抢险的功能，本身具有一定的景观工程效果。标准段的检修通道主体结构由 3 根 H 型钢梁并排组合而成，主体材质为 Q345B，H 型钢梁规格为 550 mm×250 mm，每根 H 型钢梁标准间距为 875 mm，顺线路方向每隔 800 mm 安装角钢横撑，以便作为区间电缆敷设通道使用，检修通道每跨的长度约 20 m，总质量约 12 t，检修通道单跨俯视效果图如图 2.4-6 所示。

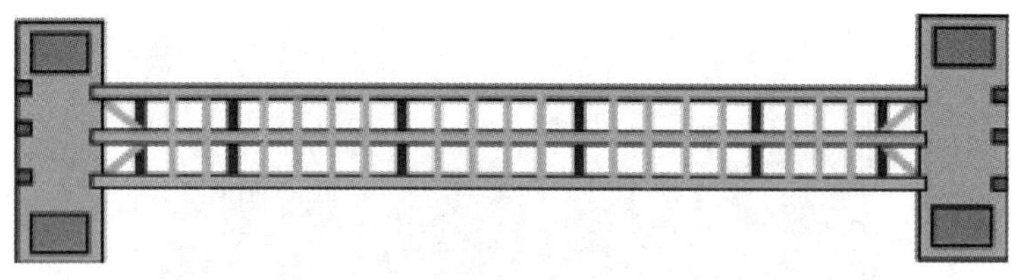

图 2.4-6 检修通道单跨俯视效果图

跨座式单轨检修通道位于轨道梁之间，钢梁上敷设普通钢格板（Q235 钢）作为行走面，钢格板用铰链及锁扣固定，对电缆进行检修时，可方便打开锁扣，将钢格板向上掀起。跨座式单轨轨道梁高度为 1 500 mm，底面距盖梁面 650 mm，车辆限界距轨道梁顶面

1 750 mm，故要求检修通道 H 型钢梁从端部 1 070 mm 处将高度由 550 mm 缩小至 175 mm 后简支搁在桥墩上（见图 2.4-7）。支座采用直径 150 mm 的球冠橡胶支座，可有效抵消纵坡的不利影响，有利于检修通道构件的统一，并能提高生产速度。预埋件采用不锈钢材质，杜绝该部分腐蚀现象的产生，同时对橡胶支座起到保护作用。钢梁上设置挡块，与预埋件上的挡块配合，防止检修通道发生窜动。

图 2.4-7　检修通道端头示意图

跨座式单轨标准段线间距为 3.7 m，检修通道宽 2.5 m；当线间距大于 4.2 m，检修通道宽度大于 3 m 时，组成检修通道的 H 型钢梁由 3 根变为 4 根；当轨道梁外分，线间距大于 5.2 m 时，检修通道分为 2 股并设置安全防护栏，每股宽度为 1.8 m（见图 2.4-8 ~ 图 2.4-10）。

图 2.4-8　线间距 3.7 ~ 4.2 m 时检修通道

图 2.4-9　线间距 4.2 ~ 5.2 m 时检修通道

图 2.4-10　线间距大于 5.2 m 时检修通道

检修通道 H 型钢梁主体由上翼板、下翼板和腹板组成，上、下翼板采用 25 mm 厚钢板制成，腹板采用 16 mm 厚钢板制成，为确保承重满足要求，钢梁中间位置 6 m 范围内不得分段，钢板之间拼接焊缝质量为一级，接缝的焊接采用埋弧焊接的方法，确保焊接质量。

2. 其他形式的检修通道

重庆轨道交通 3 号线检修通道直接支撑在墩柱盖梁上，由于列车车厢门距离检修通道平台垂直距离过高，当列车发生紧急事故乘客仍需借助辅助工具如钢爬梯才能疏散到通道平台上。而随着单轨技术的发展，轨道梁结构跨度将进一步加大，结构形式将更加多元化（如大跨度连续刚构），检修通道若继续使用简支在墩柱盖梁上的钢结构形式，从经济性、适用性及运营维护等多方面已不能适应单轨发展的需求。一种既能满足大跨度轨道梁的发展，又能方便乘客在紧急事故中从列车车厢门直接抵达的疏散检修平台是今后发展的方向。

新型检修通道方案利用梁下空间，在 1 500 mm 高轨道梁底预埋螺栓底座，检修通道钢梁下挂在轨道梁底部。检修通道横向钢梁采用 200 mm×200 mm×8 mm×12 mm 的 H 型梁，间距最大 2 m（可适当放大，考虑轨道梁单点集中荷载承载力限制）设置。检修通道横向一共分 3 个区域：梁底部分的连接区域、靠近两边的两侧检修区域（兼疏散）及中间的电缆区域。检修作业面距轨顶 1 800 mm，工作人员在检修通道上能完全检修内侧部分构件。中部预留 900 mm 宽，250 mm 高的电缆空间，电缆空间可设置分仓满足强弱电的不同要求，同时大小也可按照不同线路要求适当调整。

双线轨道梁区段，检修通道下挂在两根轨道梁下方，其横断面如图 2.4-11 所示。

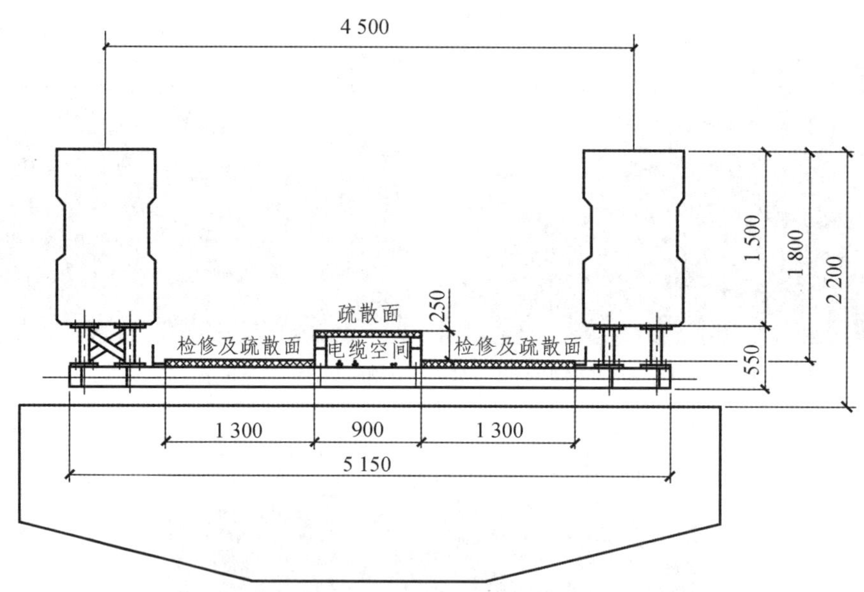

图 2.4-11　双线检修通道横断面图（每延米 780 kg）

单线轨道梁区段，检修通道下挂并悬挑在一根轨道梁下方，其横断面图如图 2.4-12 所示。

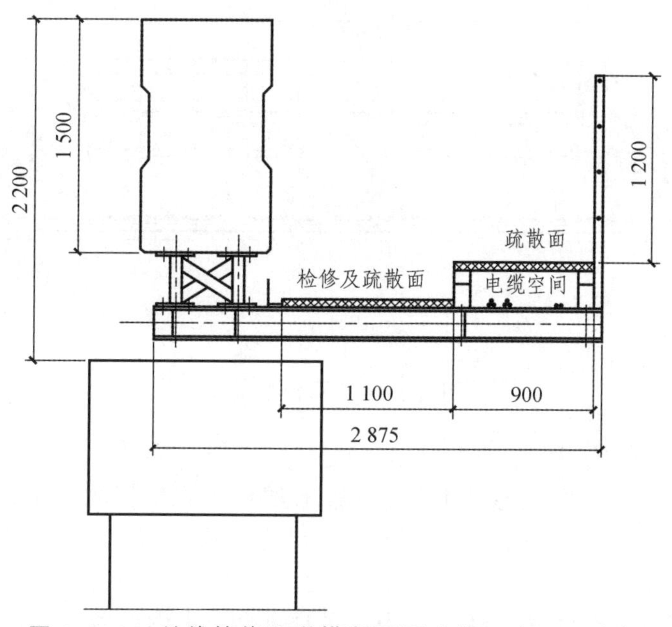

图 2.4-12　单线检修通道横断面图（每延米 503 kg）

为解决单轨车辆地板至检修通道疏散面的 2 930 mm 高差，使乘客能安全高效地从车辆上疏散至相邻车站，需在区间内部分墩柱上设置疏散平台。疏散平台固定在墩柱盖梁上，平台长度 11.5 m，该长度能覆盖至少一个车门。平台顶面与客车底板面有 250 mm 高差（可调整），平台宽度>800 mm，满足双线疏散要求。在疏散平台的两侧设置两个爬梯，使乘客能到达下方的检修通道面，并能快速地疏散。平台的设置间距可按照车辆编组实际设置，使区间内车辆在任意一处时至少有一扇车门与疏散平台对齐。按 8 节编组首末两端车门间距约 109 m 及轨道梁 25 m 跨来计算，每隔 4 个墩柱设置一个平台。按 6 节编组首末两端车门间距约 80 m 及轨道梁 25 m 跨来计算，每隔 3 个墩柱设置一个平台。平台横断面和立面如图 2.4-13 和图 2.4-14 所示。

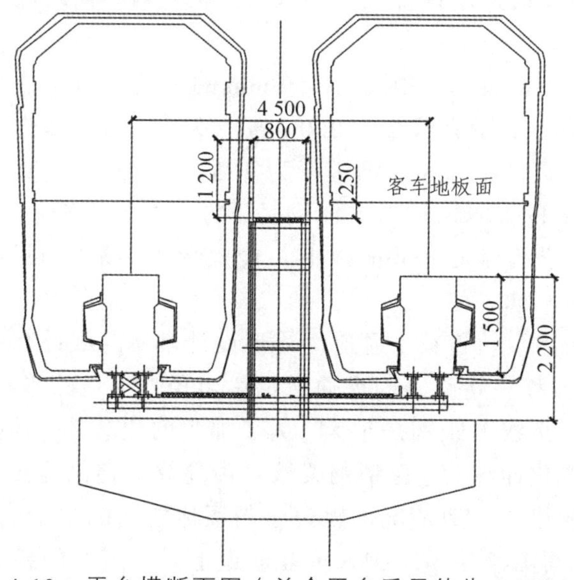

图 2.4-13　平台横断面图（单个平台质量约为 3 720 kg）

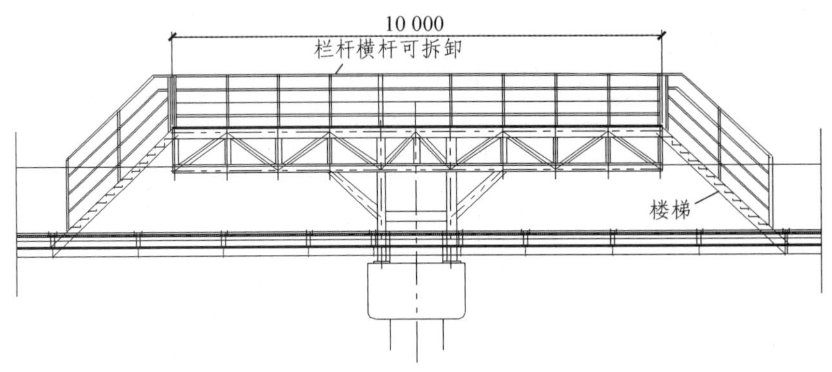

图 2.4-14 平台立面图

3. 检修通道防腐要求

检修通道除了有检修和应急功能外，还兼有城市景观工程的作用，因此对油漆内在质量和油漆外部感观效果上有着相当高的要求。结合重庆地区气候及检修通道的使用环境，使用油漆需满足以下要求。

（1）检修通道会有检修人员经常行走，同时也会有电缆等物资从上面拖动，所以要求防腐蚀涂料要具备防滑、耐磨的功能。

（2）检修通道钢格板棱柱向上，电缆、检修人员在上面行走接触点小，压强大，对油漆的附着力、耐磨性要求很高，否则很容易从接触点及周边开始锈蚀。

（3）重庆地区环境湿度大、酸雨重且检修通道施工完毕后会受到阳光的照晒、雨水的浸润，很难进行二次涂装维护，要求使用的涂装材料具有很强的防腐蚀要求。

4. 检修通道与各专业关系

通道设置需考虑综合电缆桥架、检修及紧急情况下乘客疏散的功能。由于整体结构为直接吊装，施工期间将对交通、轨道梁的保护造成一定的影响，且后期维护工作量比较大，造价也会直线上升。所以通道的设计是一项较复杂的过程，在设计中需要考虑与各相关专业的协调。

（1）检修通道与限界。通道采用高为 550 mm 的 H 型钢安放在区间两个盖梁之间。由于轨顶至盖梁顶面的最小限界要求是 2 200 mm，故需将通道结构部分进行变截面处理以满足限界要求。端部梁高从 550 mm 渐进变为 175 mm，并使在盖梁上通道的安放高度为 282 mm，既能满足限界的要求，同时又能满足下方电缆通道净高 250 mm 的要求。直线状态下通道离开设备限界至少 290 mm 以上，12%最大超高下与设备限界也有 130 mm 以上的间隙，满足限界的要求。

（2）检修通道与线路及轨道梁。通道的线形设计基本与线路保持一致。当线路半径小于 900 m 时，由线路偏移一定距离即为通道钢梁半径；当线路半径大于 900 m 时，此时通道钢梁设计成曲线与直线差距不是很大，为了加工的便利性，均按直线设计。每跨通道的宽度是随线间距的变化而变化，H 型钢梁数量由检修通道的宽度决定。正线上轨道梁内侧均设置了疏散检修通道，一般情况下轨道梁与通道之间的水平间隙约为 175 mm，垂直间隙约为 400 mm，此间隙满足了维护人员在通道上对轨道梁的检查空间。

2.5 车站结构设计原则

2.5.1 高架车站结构设计原则

（1）高架车站结构应考虑其结构形式对城市景观的影响。

（2）高架车站结构设计应根据使用功能要求，结合站点周边环境、城市规划、道路交通、地下管线及工程地质、水文地质条件等对结构和基础形式进行综合比选确定。

（3）高架车站结构设计应考虑轨道梁、供电、通信、信号、给排水、空调等相关工程结构、系统设备及管线的设置，并应采取防水、防雷击、防腐蚀等措施。

（4）高架车站抗震设防分类应为重点设防类，结构安全等级应为一级。

（5）当轨道梁与车站结构完全分开布置形成独立轨道梁桥时，其孔跨布置及结构设计宜与区间高架结构相同；车站高架结构设计应按国家现行有关建筑设计规范执行。

（6）轨道梁支承于车站结构或站台梁等车站结构构件支承于轨道梁桥上形成“建桥合一”结构体系时，轨道梁、支承轨道梁的横梁、支承横梁的墩柱等构件及基础，应按现行铁路行业相关规范进行结构设计。当轨道梁简支于横梁布置时，内力分析可按平面刚架假定进行；当轨道梁与横梁刚结布置时，内力分析宜按空间刚架假定进行，并应根据影响线加载计算由活载产生的内力。除上述构件外的其余构件，应按国家现行有关建筑结构设计规范进行结构设计。

（7）站台层结构设计时应考虑桥墩盖梁的竖向位移和相对纵、横向水平位移的影响。

（8）高架车站结构宜采用钢筋混凝土结构或预应力混凝土结构，在条件许可的情况下，宜优先采用“建桥分离”的结构形式。

（9）高架车站的墩柱布置应顾及道路现状交通，以及远期道路按规划道路红线实施的可能，并应采取防撞措施。

（10）车站站台与站厅层大跨度纵向框架梁在施工时应预先起拱，并应按国家现行有关规范控制其挠度和裂缝宽度值。

（11）高架车站应按国家现行有关建筑结构设计规范设置变形缝，变形缝间距不宜大于 50 m。

（12）高架车站站厅层、站台层不宜采用大悬臂结构，最大悬臂长不宜大于 6 m。设计时应按最不利荷载组合验算悬臂端的竖向位移，并应按国家现行有关建筑结构设计规范的规定进行控制。

（13）高架车站的纵向柱距宜采用 10 ~ 15 m，最大柱距不宜超过 20 m。

（14）高架车站屋面雨水应采用有组织排水，落水管直径不宜小于 150 mm，并应通过管道排至城市排水系统。排水设施应便于检查、维修与更换。

（15）高架车站结构一般构件混凝土强度等级不宜低于 C30。

（16）台层、站厅层现浇板厚度不宜小于 120 mm，并宜双层双向配筋。

（17）钢结构构件应做好防锈、防腐和防火处理。

2.5.2 地下车站结构设计原则

（1）明挖施工的地下结构宜采用整体式钢筋混凝土结构。主体结构与支护结构之间，可根据结构特点、地层状况、使用要求等因素综合比较，选用复合式、叠合式等结构形式。

（2）矿山法施工的地下结构宜采用复合式衬砌，其中二次衬砌应采用钢筋混凝土结构。结构断面形状、衬砌形式和尺寸应根据围岩状况、水文地质条件、埋置深度、使用要求和施工方法，通过工程类比和结构计算确定。经结构计算分析、条件许可时单线隧道结构断面形状宜选用直边墙形式。

（3）地下结构中采用明挖施工的结构应按概率极限状态法进行设计计算；采用矿山法施工的结构可按现行行业标准《铁路隧道设计规范》（TB 10003）及相关规范进行设计。

（4）地下结构应分别按施工阶段和正常使用阶段进行强度、刚度、稳定性计算，以及裂缝控制验算。当计入偶然荷载作用时可不验算结构的裂缝宽度。

（5）当钢筋混凝土结构构件在一般环境中按荷载效应准永久组合并考虑长期作用影响时，构件的最大裂缝宽度允许值应按表 2.5-1 中规定的允许值进行控制；处于冻融环境和侵蚀环境等不利条件下的结构，其最大计算裂缝宽度允许值应根据具体情况另行确定。

（6）当地下结构构件直接承受列车荷载时，应考虑动力作用的影响，其计算及构造应符合现行行业标准《铁路桥涵钢筋混凝土和预应力混凝土结构设计规范》（TB 10002.3）的有关规定。

表 2.5-1　钢筋混凝土构件的最大计算裂缝宽度允许值（mm）

环境条件	允许值
水中环境、土中缺氧环境	0.3
洞内干燥环境或洞内潮湿环境	0.3
干湿交替环境	0.2

注：（1）当设计采用最大裂缝宽度计算，保护层的厚度超过 30 mm 时，可将保护层厚度的计算值取为 30 mm；
（2）厚度不小于 300 mm 的钢筋混凝土结构可不计干湿交替作用；
（3）洞内潮湿环境指环境相对湿度为 45%～80%。

（7）地下结构变形缝的设置应符合下列规定：

① 地下结构应根据施工工艺、围岩条件、气温变化、结构变形等确定温度变形缝的设置。变形缝的间距和构造可参照类似工程的经验确定。

② 当结构纵向因刚度突变、荷载和地基发生变化，可能引起较大的差异沉降而在结构中设置变形缝时，应采取可靠措施，保证变形缝两边的沉降差控制在允许变形范围内，并不影响正常的使用和行车安全。

③ 在车站结构与出入口通道等附属结构、出入口通道与周边地下建筑物、区间隧道与地面或高架结构的结合部应设置变形缝。

④ 在设有轨道梁支座部位和道岔平台区段不应设置变形缝。

（8）钢筋混凝土构件中钢筋的混凝土保护层的厚度不得小于钢筋的公称直径，并应符合现行国家标准《地铁设计规范》（GB 50157）的有关规定。

（9）钢筋混凝土结构构件中纵向受力钢筋的截面最小配筋率应按现行国家标准《混凝土结构设计规范》（GB 50010）的有关规定执行。

（10）地下结构中的梁、柱、板、墙等混凝土构件的构造应符合现行国家标准《混凝土结构设计规范》（GB 50010）的有关规定。当按规定的人防抗力等级设防时，尚应符合现行行业标准《轨道交通工程人民防空设计规范》（RFJ 02）的有关要求。

（11）地下结构抗震设计应符合现行国家标准《建筑抗震设计规范》（GB 50011）、《地铁设计规范》（GB 50157）、《铁路工程抗震设计规范》（GB 50111）的有关规定。

2.6 其他结构设计原则

（1）为跨越宽度较大的交叉路口或地下构建筑物，避免在交叉口或地下构建筑物上设置桥墩，在这些特殊地段布置纵向组合 T 构以实现一跨跨越，如图 2.6-1 所示。

图 2.6-1 纵向组合 T 构

（2）为跨越山谷、河流、公路和铁路等构筑物，单跨轨道梁无法跨越，需设置较大跨度的连续梁或连续钢构作为轨道梁的支撑结构，如图 2.6-2 所示。

图 2.6-2 连续钢构组合桥

（3）为实现车辆行驶中的转线、折返运行、救援避让及在车辆基地内调车作业，在跨座式单轨交通正线、配线和车辆基地内的线路上应根据需要设置道岔。在高架线路需设置道岔桥作为道岔的支撑结构，如图 2.6-3 所示。

图 2.6-3 道岔桥

2.7 基础设计

基础的作用是承受上部结构传来的全部荷载，并把它们和下部结构荷载传递给地基。跨座式单轨交通轨道梁桥基础主要采用矩形或圆形人工挖孔桩、钻孔灌注桩等基础形式。承台是桩与墩柱联系部分，承台把几根，甚至十几根桩联系在一起形成整体的桩基础。

轨道梁桥基础常见的形式有群桩基础、单桩基础和扩大基础。基础形式的选择应根据地质情况和轨道梁桥受力情况综合确定。

（1）按桩的受力特性可分为摩擦桩、柱桩和嵌岩桩。

① 摩擦桩的容许承载力由桩周土的极限摩阻力、桩身截面周长、桩尖土的极限承载力和桩底支承面积确定。

② 柱桩的容许承载力由岩石单轴抗压强度、桩底面积和岩石的破碎程度确定。

③ 嵌岩桩的容许承载力由岩石单轴抗压强度、桩底面积、桩基嵌入岩石的深度、岩石的破碎程度和清底情况确定。

（2）按成孔方法可分为人工挖孔灌注桩和机械成孔灌注桩。

（3）桩的直径应根据受力大小、桩基形式和施工条件确定。钻孔灌注桩的设计桩基不宜小于 0.8 m；挖孔灌注桩的直径或边宽不宜小于 1.25 m。

（4）钻（挖）孔灌注摩擦桩的中心距不应小于 2.5 倍成孔桩径，钻（挖）孔灌注桩的中心距不应小于 2 倍成孔桩径。各类桩的承台板边缘至最外一排桩的净距，当桩径 $d\leqslant 1$ m 时，不得小于 $0.5d$，且不得小于 0.25 m；当桩径 $d>1$ m 时，不得小于 $0.3d$，且不得小于 0.5 m。

（5）钻（挖）孔灌注桩可按桩身内力要求分段配筋。主筋直径不宜小于 16 mm，净距不宜小于 120 mm。主筋的净保护层不应小于 70 mm。桩身混凝土强度等级不得低于 C30。

（6）承台板的厚度和配筋应根据受力情况确定。厚度不宜小于 1.5 m，混凝土强度等级不得低于 C30。承台板底部应布置一层钢筋网。当桩顶主筋伸入承台板联结时，钢筋网在越过桩顶处不得截断。

（7）嵌入新鲜岩面以下的钻（挖）孔灌注桩，其嵌入深度应根据计算确定，但不得小于 0.5 m。

2.8 车场布置原则

跨座式单轨交通的车辆基地应包括车辆段（停车场）、综合维修中心、物资总库、培训中心和必要的办公生活等设施。

（1）车辆基地的功能、布局和各项设施的配置，应根据运营需要、城市轨道交通线网车辆基地的规划、既有车辆基地分布和工程具体情况综合确定，并应资源共享。

（2）车辆基地的设计应按设计年限初期、近期、远期结合，统一规划，分期实施。车辆的配备宜按初期运营需要配置。站场线路、房屋建筑和机电设备等应按近期需要设计；用地范围应在站场线路和房屋规划布置的基础上按远期规模确定。

（3）车辆基地选址应符合下列要求：

① 用地应与城市总体规划相协调。

② 与线路和车站应有良好的接轨条件。

③ 宜避开工程地质和水文地质不良地段。

④ 宜具有良好的自然排水条件。

⑤ 应便于城市电力线路、给排水等市政管道的引入和城市道路的连接。

⑥ 用地面积应满足功能和布置的要求，并应具有远期发展余地。

（4）车辆基地的设计应节约用地、节约能源。

（5）车辆基地应有完善的消防设施。总平面布置、房屋设计和材料、设备的选用等应符合国家现行防火规范的有关规定。

（6）车辆基地设计应对所产生的废气、废液、废渣和噪声等进行综合治理，并应符合国家现行有关规范的规定。

（7）车辆基地内应有运输道路及消防道路，并应有不少于两个与外界道路相连通的出口。

（8）车辆基地设计涉及既有河道、水利设施，既有道路、规划道路及重要管线迁改时，应取得水利、水务及市政相关部门的认可，相关迁改设施应与本工程同时施工。

（9）当在车辆基地内进行物业开发时，物业开发内容应符合城市总体规划要求，并应进行技术经济比较和经济、社会效益分析。物业开发应在保证车辆基地功能和规模基础上进行，且宜利用轨道交通资源优势，功能相对独立。在总图布置、场内道路、厂房建筑及相关设施设置时，应做好通风、采光、消防、排烟、降噪及防止其他灾害的设计。

（10）车辆基地的功能、规模及总平面设计应根据线路工程特点和其在线网中的地位及功能定位，选择全面检修模式或重点检修模式，并应符合下列规定：

① 全面检修的作业范围应包括车辆全面检修及以下修程内的检修和其他系统设备检修。

② 重点检修的作业范围应包括车辆换轮及大部件的换修作业。

③ 停车场的作业范围应包括列检及停车，必要时可承担换轮、三月检和临修作业。

（11）车辆基地规模，应根据车辆技术条件、配属列车编组和数量、检修周期和检修时间计算确定。

（12）车辆基地的总平面布置应以车辆段或停车场为主体，并应根据车辆运用、检修的作业要求和段（场）址的地形条件，综合维修中心、物资总库和培训中心等设施的布局及道路、管线、绿化、消防、环保等要求，结合当地气象条件，按有利生产、方便管理和生活的原则进行统筹布置。

（13）车辆段生产房屋的布置应以运用及检修厂房为核心，各辅助生产房屋应根据生产性质按系统布置；与运用和检修作业关系密切的辅助生产房屋宜分别布置在相关厂房的侧跨内或附近，性质相同或相近的房屋宜合建；生活、办公房屋宜集中布置。

（14）车辆基地的空气压缩机间、变配电所、给水所和锅炉房等动力房屋，宜靠近相关的负荷中心布置。

（15）产生噪声、冲击振动或易燃、易爆的车间宜单独设置；检修车间排出的有害气体、粉尘、废液等应符合国家现行有关环境保护及卫生标准的规定。

（16）车辆段生产机构应根据运营管理模式确定，可设运用车间、检修车间和设备车间。

（17）车辆基地应设围蔽设施，其设计宜结合当地的环境和要求，选用安全、实用、美观的结构形式和材料。

第 3 章　轨道梁桥施工

跨座式单轨交通土建施工的关键部分是轨道梁桥，在实际工程中，往往将轨道梁桥拆分成多个子单位工程，由对应专业施工团队按施工流水作业完成，这些作业通常在不同的场地开展，其中预埋件、轨道梁、疏散检修通道一般在专业化的工厂内完成，而基础、桥墩、盖梁、T 构、道岔平台等支承轨道梁和疏散检修通道的下部结构一般采用现场浇筑的方式完成。待各专业的作业完成并达到轨道梁架设安装条件后，再由架设团队拼装轨道梁和疏散检修通道，形成轨道梁桥体系，然后由线路调整专业调整轨道梁的整体几何线位，以满足列车运行的要求。最后是电务专业安装和调试单轨列车的供电、通信及信号设施设备。

在施工作业中，轨道梁的制造、预埋于下部结构上的轨道梁连接构件的定位、轨道梁的架设和线调是重要环节。本章将重点讨论预埋件制造、轨道梁制造、下部连接构件的定位，对于其余部分的施工作业与土木工程施工基本类似，本章仅简要说明。对于轨道梁的安装和调试，将在第 4 章中讨论。

3.1　概　述

为了满足单轨列车安全舒适的运行，确保轨道梁桥上的设施设备的工作性能正常发挥，我国自引入跨座式单轨交通系统以来，不断探索和总结工程实践经验，对轨道梁桥系统的钢铁构件制造、轨道梁预制、预埋件定位等关键专业建立了较为完善的质量控制体系，形成了国家、地方和企业质量验收和评估标准，为跨座式单轨交通工程在我国的发展奠定了坚实的理论基础和实践经验。

3.2　预埋件制造

轨道梁上通常有下列预埋件：用于连接梁体与下部结构的铸钢拉力支座（简支体系）、临时定位调节梁体装置（连续体系），用于列车平稳通过轨道梁之间的缝隙而设置的梁缝衔接装置，用于供电接触轨安装的基座、通信信号安装基座和线缆安装的管道，当疏散检修通道为横向传力体系时，轨道梁底应预埋吊装疏散检修通道横梁的基座。上述构件需在轨道梁制造时预埋在梁体内。

在下部结构上通常有下列预埋件：用于连接铸钢拉力支座的锚箱（简支体系）、临时固定梁体的装置（连续体系），供电、信号通信、防雷接地、动力照明等设施的基座板，上部结构及锚箱排水管道，当疏散检修通道为纵向传力体系时，下部结构上还有疏散检修通道纵梁的连接装置。上述构件需在下部结构浇筑时预埋其内。

3.2.1 铸钢拉力支座

铸钢拉力支座主要是将简支轨道梁连接在盖梁上，并将上部荷载传递到下部结构上的特殊支座，这种支座受力复杂，需承受梁体传来的弯矩、剪力、扭矩等多向荷载，还要协调上部结构和下部结构的变形情况。铸钢拉力支座按是否有纵向滑移，可分为固定支座(只有平面内转动)、活动支座(有平面内转动和纵向滑动)。铸钢拉力支座由锚固钢筋、上摆、下摆、辊轴(铰轴)、基座板等承拉压连接件组成[30]。其构造如图 3.2-1 ~ 图 3.2-4 所示。

随着跨座式单轨交通的发展，为解决和适应各种地形、线路条件、气候环境及运营维护需求，也创新出了其他类型的支座，如在重庆轨道交通 2 号线延伸段天堂堡改造区段，使用了盆式橡胶支座；在重庆轨道交通 2 号线延伸段鱼洞长江大桥上，使用了钢轨道梁大位移铸钢拉力支座；在重庆轨道交通 3 号线北延伸段工程观月路前道岔平台上，使用了 T 形滑槽大位移铸钢拉力支座。

图 3.2-1 铸钢拉力支座示意图

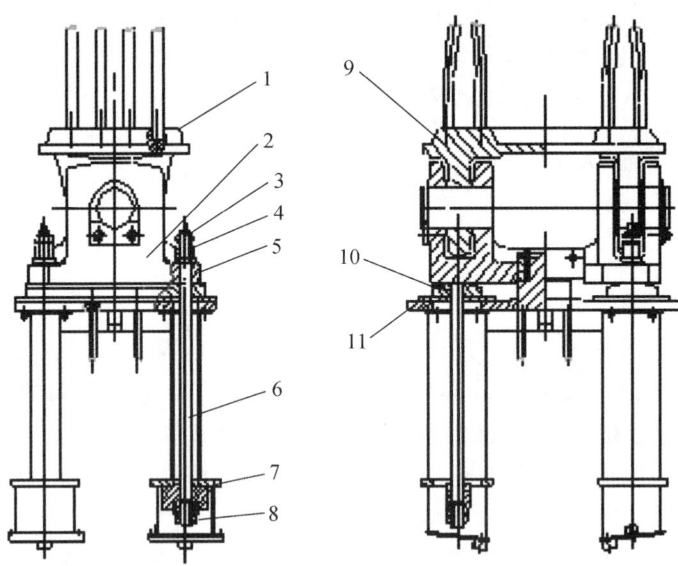

图 3.2-2 固定支座产品示意图

1—上摆；2—下摆；3—防松螺母；4—球面螺母(1)；5—球面垫圈；6—锚固螺栓；
7—球面螺母座；8—球面螺母(2)；9—铰轴；10—凸轮；11—基座组成

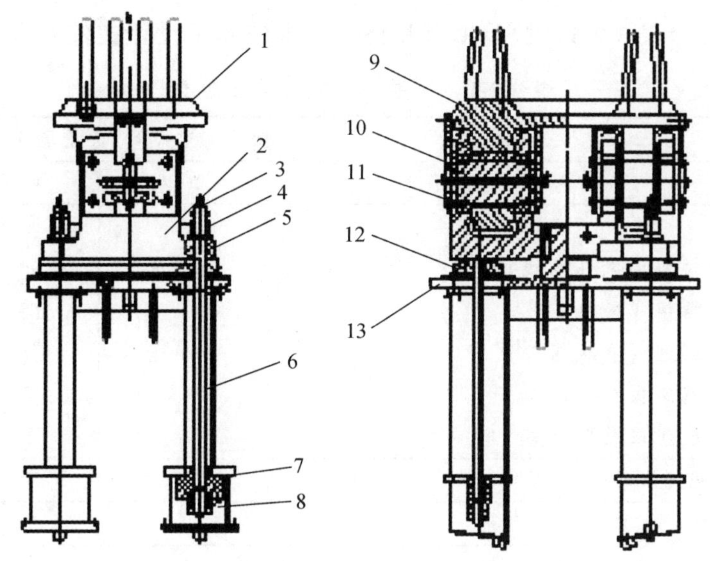

图 3.2-3　活动支座产品示意图

1—上摆；2—下摆；3—防松螺母；4—球面螺母；5—球面垫圈；6—锚固螺栓；7—球面螺母座；8—球面螺母（2）；9—承压板；10—辊轴；11—承压板；12—凸轮；13—基座组成

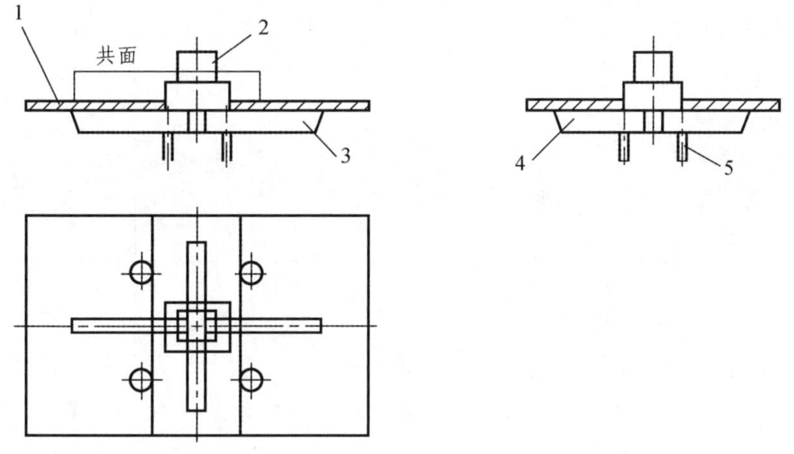

图 3.2-4　基座组成示意图

1—基座板；2—抗剪榫；3—加强筋（1）；4—加强筋（2）；5—基座锚固钢筋

1. 技术要求

铸钢拉力支座工艺流程为：铸钢→补焊→热处理→机加→焊接→热处理→镀锌→涂装→检查→构件装配→检查→出厂。

铸钢拉力支座必须采用良好的表面处理措施，提高支座的防腐性，耐受环境带来的不利影响。

支座上摆和下摆材料采用 ZG270-480H 钢，铸造模具采用金属模或塑料模。

支座上摆与锚固钢筋的焊接、基座板与抗剪榫、加强筋和基座锚固钢筋的焊接采用 CO_2 或惰性气体保护焊。

铸钢拉力支座是轨道梁的重要组成构件，在加工完成后，应进行型式试验和例行试验。

具体检验分类应符合表 3.2-1，检验项目和检验要求应满足设计文件要求。

表 3.2-1　铸钢拉力支座检验分类

序号	项　目	检验分类	检验要求
1	外观检查	TS	一般项目
2	结构检查 1. 上、下摆铸钢毛坯划线检查 2. 上、下摆组成检查 3. 上、下摆组成立板组装间隙 4. 锚箱和基座板装配的检查 5. 锚固螺栓组成装配检查	 S* TS TS T T	 一般项目 主控项目 主控项目 一般项目 一般项目
3	支座的静强度和疲劳试验	T	主控项目
4	支座锚固螺栓组成的疲劳试验	T	主控项目
5	支座锚固螺栓组成的拉伸试验	T	主控项目
6	锚固螺栓、辊（铰）轴、锚固钢筋、球面螺母、承压板、抗剪榫的原材料化学成分和机械性能试验	TS	主控项目
7	基座组成和锚箱的表面处理 1. 镀层厚度检查 2. 外观检查 3. 附着力检查 4. 力学性能检查 5. 表面处理的盐雾腐蚀试验 6. 表面处理的 SO_2 腐蚀试验	 TS TS T T T T	 一般项目 一般项目 一般项目 主控项目 主控项目 主控项目
8	无损检测试验 1. 上、下摆铸件磁粉探伤检查 2. 上、下摆机械加工后立板机械加工面超声波检查 3. 基座组成中：加强筋与基座板焊缝的超声波探伤检查 4. 辊轴（铰轴）的磁粉探伤检查 5. 辊轴（铰轴）的超声波探伤检查 6. 锚固螺栓的磁粉探伤检查 7. 锚固螺栓的超声波探伤检查	 TS TS TS TS TS TS TS	 主控项目 主控项目 主控项目 主控项目 主控项目 主控项目 主控项目
9	标记检查 上、下摆的铸造标记和刻线；辊轴（铰轴）外端面、锚固螺栓扁方处标记、抗剪榫上平面标记	TS TS	主控项目 主控项目

注：S——例行试验项目；T——型式试验项目；S*——简化了的例行试验项目。

2. 支座验收

（1）产品验收包括首件验收、中间验收和最终验收。

（2）验收的产品应是经制造单位自检合格后的成品件。

（3）产品验收时，制造单位除提供该批次产品的全部实物件外，还应提供包括产品批次号、质量检验报告、产品合格证明书等完整属实的资料文件。

（4）如检查项目有一项不合格，应加倍复检，若复检合格，则判定该批产品合格；若复检不合格，则判定该批产品不合格。

（5）支座取得《产品合格证明书》后方能出厂使用。

为规范跨座式单轨交通PC轨道梁铸钢拉力支座的制造、安装及验收，做到技术先进、经济合理、安全可靠、确保质量，重庆市城乡建设委员会于2017年批准发布了《跨座式单轨交通PC轨道梁铸钢拉力支座制造、安装及验收规范》（DBJ50/T-263—2017）。

3.2.2 接缝装置

为确保跨座式单轨列车平顺通过相邻两榀轨道梁间的缝隙，避免单轨列车车轮对梁端结构的冲击损伤，适应梁桥体系的伸缩，在轨道梁端部设置了梁缝连接装置。轨道梁上的接缝装置形状如人的手指，故俗称“指形板”（见图3.2-5）。接缝装置由接缝面板、接缝板座、锚固螺栓、紧固螺栓等零部件组成[31]，如图3.2-6所示。

（a）导向面和稳定面指形板

（b）走形面指形板

图3.2-5 “指形板”示意图

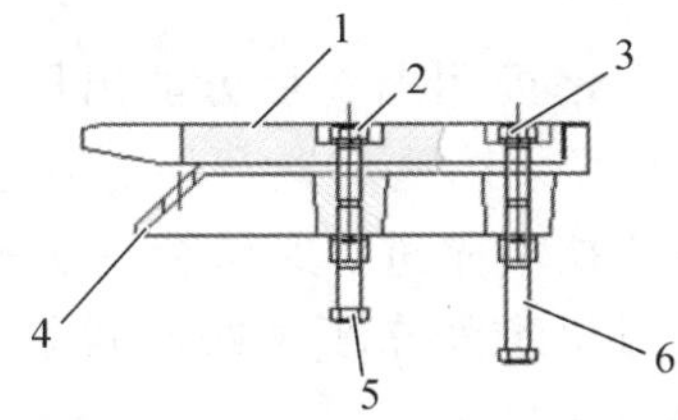

图3.2-6 接缝板产品剖面示意图

1—接缝面板；2，3—面板紧固螺栓；4—接缝板板座；5，6—锚固螺栓

1. 接缝板类型

重庆跨座式单轨交通工程的接缝板根据相邻轨道梁间的梁缝宽度以及与道岔梁相接等不同情况，目前有6种，如表3.2-2所示。

2. 接缝板制造技术要求

接缝面板采用Q235材质的热轧钢板，也可采用Q345材质钢板。工艺流程为：数控切割→刨面→车面→铣面→倒角→钻孔→镗孔→倒角→涂装。

接缝板板座采用QT400-15球墨铸铁件，工艺流程：铸造→划线→刨面→铣边→钻孔

→攻丝→涂装。接缝板必须采用良好的表面处理措施，提高支座的防腐性，耐受环境带来的不利影响。

接缝板板座锚固螺栓的装配采用专用定位工装，用扭力扳手锁紧螺母与弹簧垫圈，紧固力矩为 110 ~ 130 N · m。安装后，应保证接缝板板座螺纹孔的预留深度，走行面板座不得小于（34+1）mm，稳定面及导向面板座不得小于（32+1）mm。以保证接缝板安装时紧固螺栓的安装深度以及保证接缝板座预埋件在轨道梁混凝土内不易松动。

表 3.2-2　重庆跨座式单轨交通工程的接缝板型号

型号	梁缝宽度/mm	应用类别
1 型	30	轨道梁与轨道梁相接
2 型	60	
3 型	90	
4 型	120	
5 型	160	轨道梁与道岔梁相接
6 型	30	

3. 接缝装置产品验收

（1）产品验收包括首件验收、中间验收和最终验收。

（2）验收的产品应是经制造单位自检合格后的成品件。

（3）产品验收时，制造单位除提供该批次产品的全部实物件外，还应提供包括产品批次号、质量检验报告、产品合格证明书等完整属实的资料文件。

（4）中间验收时，应取该批次 5% ~ 10%的产品重点检查外观质量、涂层厚度、平面度、螺纹完好、预留螺纹孔深度、螺栓沉孔深度等项目。

（5）如检查项目有一项不合格，应加倍复检，若复检合格，则判定该批产品合格；若复检不合格，则判定该批产品不合格。

（6）接缝装置应取得《产品合格证明书》后方能出厂使用。

为规范跨座式单轨交通 PC 轨道梁接缝装置产品的制造、安装及验收和制造单位承接接缝板产品生产的基本要求，做到技术先进、经济合理、安全可靠、确保质量，重庆市城乡建设委员会于 2017 年 5 月 31 日批准发布了《跨座式单轨交通 PC 轨道梁接缝板制造、安装及验收规范》（DBJ50/T-262—2017）。

3.2.3　系统预埋件

为满足供电、通信、信号的需要，在轨道梁制造时根据设计图纸要求，轨道梁上要预留预埋的主要系统预埋件有以下几种：

（1）轨道梁腰部两侧供电接触轨安装所需的绝缘子固定预埋管，如图 3.2-7 所示。

（2）在车站和车辆基地用于车体接地，安装在轨道梁负极侧的车体接地板固定预埋管，如图 3.2-8 所示。

（3）高架轨道梁的梁底安装有电缆桥架，作为供电和通信等电缆安装和通道的支承架。

（4）梁体内，梁顶面下两侧安装有信号系统 ATP/TD 环线预埋件管，若采用 CBTC 信号系统时，在梁稳定面负极侧预埋计轴引下管，如图 3.2-9 所示。

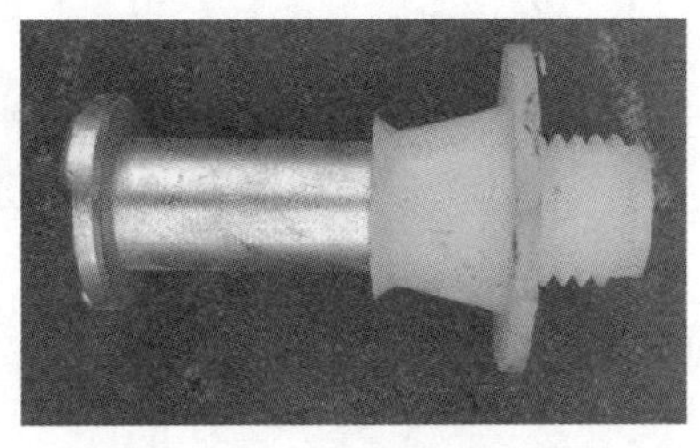

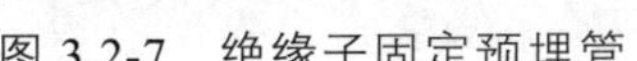

图 3.2-7　绝缘子固定预埋管　　图 3.2-8　车体接地板固定预埋管　　图 3.2-9　计轴引下管

（5）部分轨道梁内还安装有从电缆桥架上引入的电缆上网的馈线电缆预埋管、避雷器电缆预埋管和车体接地电缆预埋管，如图 3.2-10 所示。

图 3.2-10　电缆预埋管、避雷器电缆预埋管和车体接地电缆预埋管

3.3　PC 轨道梁制造工艺

3.3.1　技术要点

跨座式单轨 PC 轨道梁与其他桥梁结构的主梁存在根本的区别，它既是车辆的承载构件，又是车辆行驶的轨道，对其几何尺寸和安装精度要求极高，它囊括了桥梁结构专业与轨道专业的施工内容，轨道梁的制造精度直接影响到行车的安全及乘客的舒适性，其施工工艺、施工质量、试验检测均较其他桥梁结构的预制构件复杂。

（1）PC 轨道梁应在专业的预制梁厂内，采用特制的可调节模具体系，进行严格的动态监测养护，确保轨道梁在各阶段按设计目标形态发展。

（2）PC 轨道梁预制场应设置专门观测点，定期对制梁台座及存梁台座的沉降变形进行观测。

（3）PC 轨道梁梁体混凝土设计强度不应低于 C60，使用年限 100 年，为保障其形态精度满足要求，应选用优化混凝土配合比设计，合理控制每立方米混凝土中胶凝材料的最低和最高用量，控制混凝土中碱含量和氯离子含量，提高混凝土的耐久性。在满足施工和易性、强度等级的前提下，以混凝土密实性、抗渗透性能、抗裂性能和抗碳化性能为主要控制指标。

（4）PC 轨道梁生产，模板是关键。选取专业模板生产厂家进行加工，对进场模板安排专人进行调试安装。生产前，按照设计图纸对模板进行直曲梁的归零调试。

（5）应按要求对调模进行归零校核和复位。

（6）PC 轨道梁预埋件众多，形式多样，施工容错率低，每榀梁具有唯一性。因此，施工前必须认真分析图纸，对每榀梁下发技术交底。

3.3.2 预制混凝土轨道梁模具体系

PC 轨道梁模板由侧模总成、千斤顶总成、中模总成、底模台车总成、线模总成、端模总成和钢结构组成，如图 3-3-1 所示。

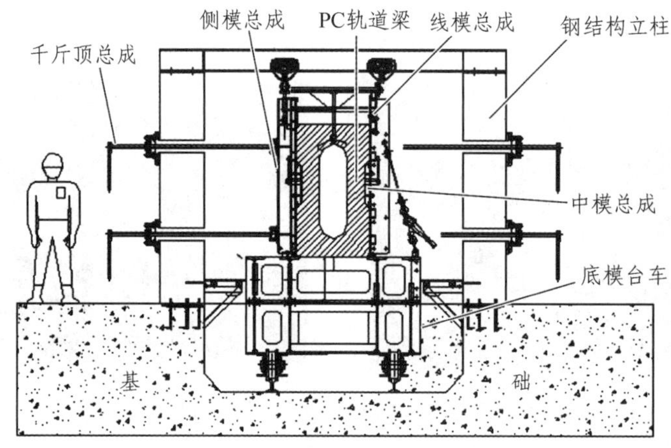

图 3.3-1　PC 轨道梁模板

模板采用双侧多组带有标尺的高强度螺旋拉杆组成的千斤顶总成单点调节模板，拉杆每 2 根为一组，通过独立调节每个拉杆实现 PC 轨道梁平曲线线形；通过可调节的线模总成实现 PC 轨道梁竖曲线线形。

1. 各系统组成

1）端模总成

端模总成包含端模、端模调节支撑系统、接缝板板座固定工装等。端模调节支撑系统由 4 个螺栓调节端模倾角、转角等各部尺寸以满足精度要求，如图 3.3-2 ~ 图 3.3-4 所示。

2）底模总成

底模总成（见图 3.3-5）包含支座调节系统、活动平台、支撑系统、行走轮等。底模台车顶面采用可拆装的活动平台以适用不同跨度梁片的生产；底模台车应配支座调节系统，以满足支座精度要求；底模台车必须满足设计荷载，并具备良好的压弯变形值和残余变形值。

图 3.3-2　接缝板板座固定工装

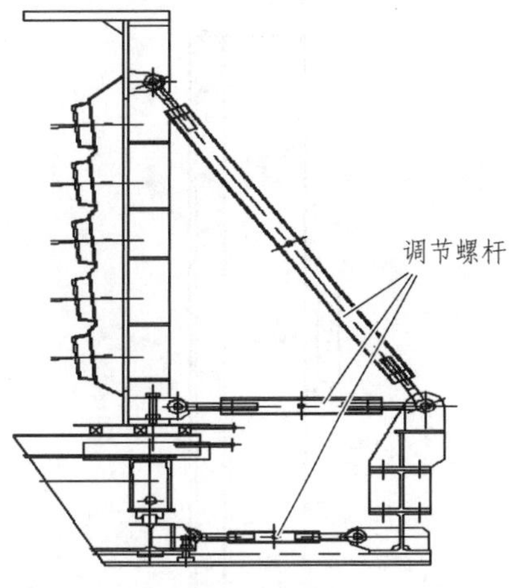

图 3.3-3　端模调节支撑系统

图 3.3-4　端模

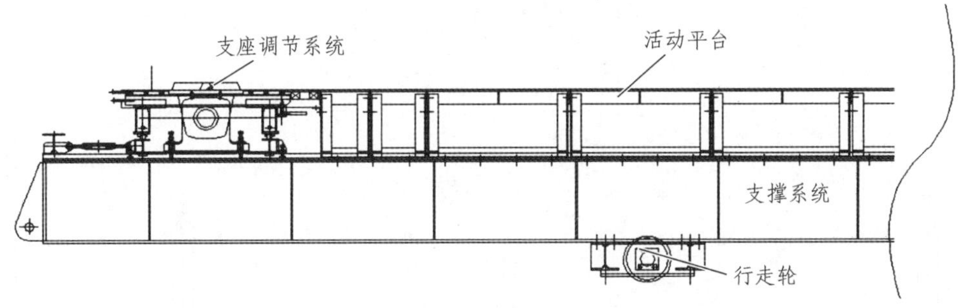

图 3.3-5　底模总成

3）侧模总成

（1）侧模由侧模总成、中模总成、线模总成和千斤顶总成以及密封、防止内模上浮的系统组成。

（2）侧模总成由长度不一的钢板组装而成；侧模应有足够的承载力和刚度，并具有可调节性，以满足不同梁型的生产，如图 3.3-6 所示。

（3）中模上应预留安装系统预埋件的孔洞，如图 3.3-7 所示。

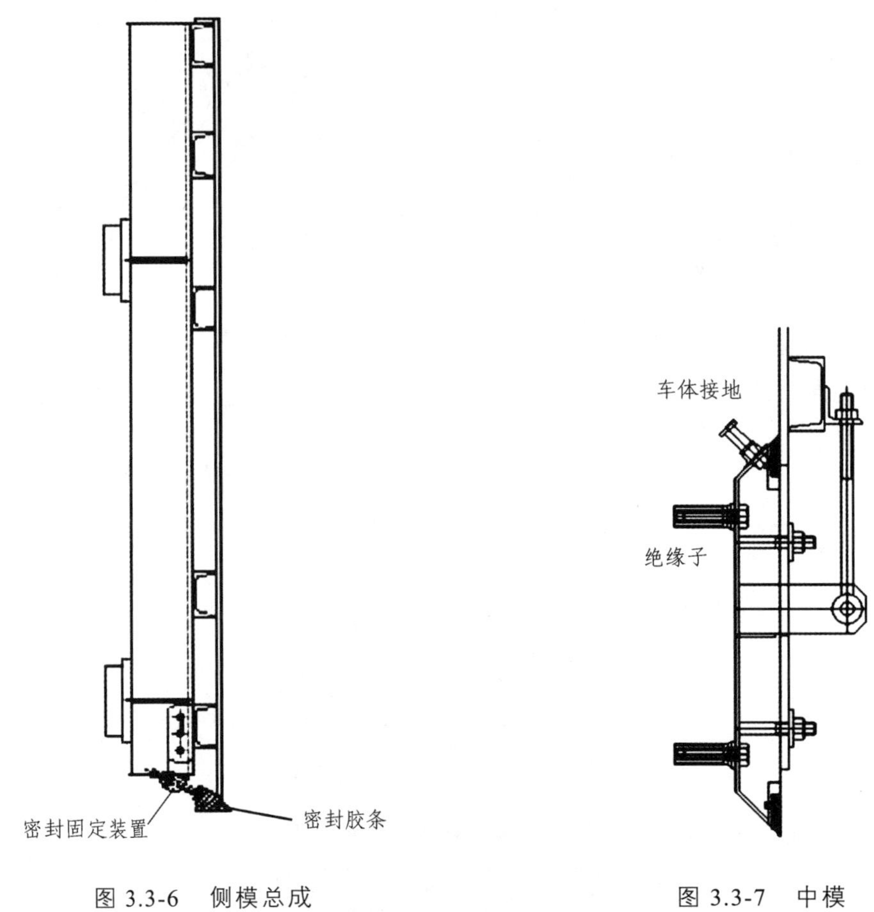

图 3.3-6 侧模总成

图 3.3-7 中模

（4）线模采用钢板组成，长度应与加力器（千斤顶）的布置尺寸相对应，如图 3.3-8 所示。

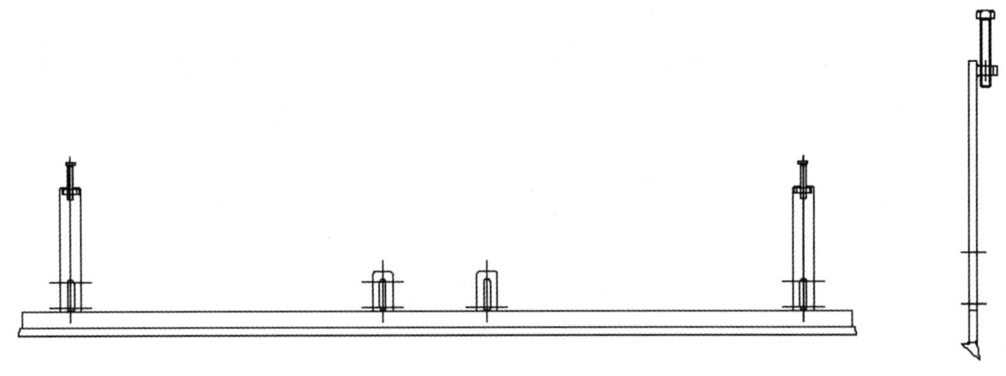

图 3.3-8 线模

（5）千斤顶总成与侧模连接可采用销接或者球头连接两种方式；千斤顶总成应配备标尺，便于施工过程中调节尺寸的测量，如图 3.3-9 所示。

（6）侧模还应配有密封用的胶条和固定密封胶条用的固定工装。

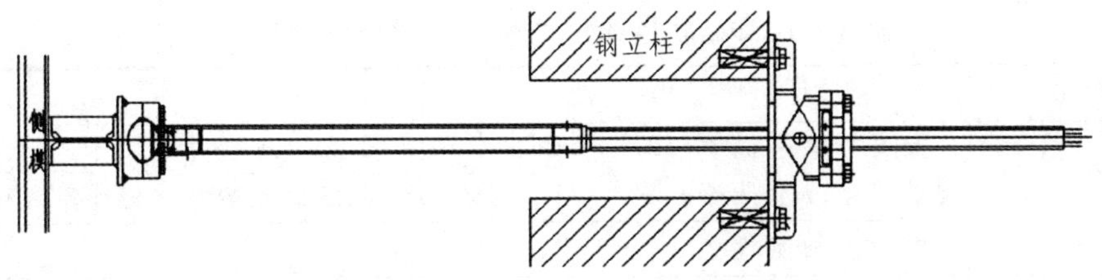

图 3.3-9　千斤顶总成与侧模连接

2. 模板技术要求

（1）模板系统：应具有适当的强度、刚度和稳定性；应能满足不同梁长、不同线形条件；应能保证梁各部形状、尺寸及预埋件的精度要求；应具有有效调整平面曲线、竖曲线的装置；模板接缝不应漏浆；各部焊缝质量良好；工作表面无锈蚀，无油污。

（2）侧模板：底刀口的整体直线度≤1 mm；工作面表面平整度≤1 mm/m。

（3）中模板：纵向与横向垂直度≤1 mm；宽度、厚度误差≤1 mm；各边直线度≤2 mm；各节中模接缝处密封良好，无漏浆可能。

（4）线模板：直线度≤1 mm/4m。

（5）密封装置：密封装置密封有效，倒角纵向顺直，倒角尺寸（20±3）mm。

（6）底模台车：顶面不平整度≤2 mm/m；前后轮距误差≤10 mm；轮对中心线与台车顶面中心线重合，误差≤5 mm；活动平台之间及活动平台与车体接缝（顶面）≤3 mm；活动小车顶面与车体顶面应在同一平面，允许偏差≤1 mm；台车全长误差±10 mm，宽度误差±3 mm，顶面与行走钢轨面高差允许误差±2 mm。

（7）端模：端模长、宽、高尺寸误差≤0.5 mm；指形板预埋座槽尺寸误差≤0.5 mm；预应力筋孔位置误差≤2 mm；接缝板预埋件铁座应能与端模配合良好，接缝板预埋件应能与预埋件铁座贴合紧密；锚具支承板应能与端模连接密贴、良好；端模倾角、转角等各部尺寸调整功能应能满足精度要求，稳定可靠。

（8）千斤顶：丝杆与螺丝的配合公差符合设计要求；各加工件形位公差符合设计要求；锁紧装置与丝杆的配合间隙 < 0.5 mm。

（9）支座安装各部尺寸调整功能应能满足以下精度要求：支座纵横向中心线偏差±1 mm；支座纵向中心线与梁体中心线偏差±1 mm；支座顶面与台车面高差±1 mm；两支座中心距与设计值偏差±2 mm；两端支座中心位置高低相差允许误差≤2 mm；每端支座水平误差（支座四角高低）≤1 mm；曲线支座横向中心线应垂直于曲线切线，斜度≤5/1 000 rad；接缝处密封良好，无漏浆可能。

3.3.3　原材料要求

施工前要把好原材料的进场检验关，特别是混凝土原材料要选用优质的水泥，性能优良的矿粉、粉煤灰等掺和材料，或者选用复配形式的复合型胶凝材料，尽量减少胶凝材料中水泥的用量以达到 PC 轨道梁使用年限长、混凝土高性能、高耐久性的要求。所有原材料必须有合格证明书和检测报告，不合格者不得使用[32]。PC 轨道梁生产所需主要材料规格如表 3.3-1 所示。

表 3.3-1　PC 轨道梁生产所需主要材料规格表

序号	材料名称	规　格	备　注
1	水泥	强度等级不低于 52.5 硅酸盐水泥或普通硅酸盐低碱水泥	压浆和封端时可以采用强度等级不低于 42.5 的硅酸盐水泥或普通硅酸盐水泥
2	砂	中砂，细度模数 2.3～3.0	
3	碎石	级配 5～10 mm 和 10～20 mm	母岩强度≥120 MPa
4	钢筋	HPB300 直径 8 mm、HRB400 直径 12 mm、14 mm 和 16 mm	非预应力的轨道梁还可能用到 HRB400 直径 25 mm 的钢筋
5	钢绞线	7ϕ5 钢绞线、强度级别 1 860 MPa、Ⅱ级松弛	
6	锚具	FM15-3、FM15-4、FM15-5	
7	接缝板板座	BZ1～BZ6（即 1 型～6 型）	
8	支座	活动支座和固定支座	根据设计不同，还可能用到特殊支座
9	系统预埋件	绝缘子、车体接地固定预埋管、避雷器电缆管、车体接地电缆管、馈线电缆管、信号预埋件和电缆桥架等	

（1）水泥应采用强度等级不低于 52.5 的硅酸盐水泥或普通硅酸盐低碱水泥。其性能应符合《通用硅酸盐水泥》（GB 175）的规定，初凝时间不得早于 45 min，终凝时间不得迟于 390 min，碱含量≤0.6%，氧化镁含量不得超过 5.0%，三氧化硫含量不得超过 3.5%。水泥自生产之日到使用时应有 7 天以上 2 个月以下的储存期。每批进料后应由试验人员取样进行安定性、强度、凝结时间、强度快速测定、用水量等常规试验。

（2）粉煤灰采用 I 级粉煤灰。其必须符合标准《用于水泥和混凝土中的粉煤灰》（GB/T 1596），如表 3.3-2 所示。

表 3.3-2　拌制混凝土和砂浆用粉煤灰技术标准表

项　目		技术要求
		I 级
细度（45 μm 方孔筛筛余）不大于/%	F 类粉煤灰	12.0
	C 类粉煤灰	
需水量比/%≤	F 类粉煤灰	95.0
	C 类粉煤灰	
烧失量/%≤	F 类粉煤灰	5.0
	C 类粉煤灰	
含水量/%≤	F 类粉煤灰	1.0
	C 类粉煤灰	
三氧化硫/%≤	F 类粉煤灰	3.0
	C 类粉煤灰	
游离氧化钙/%≤	F 类粉煤灰	1.0
	C 类粉煤灰	4.0
安定性（雷氏夹沸煮后增加距离）/mm≤	F 类粉煤灰	5.0
	C 类粉煤灰	

（3）矿粉采用 S95 级。其必须符合标准《用于水泥和混凝土中的粒化高炉矿渣微粉》（GB/T 18046），如表 3.3-3 所示。

表 3.3-3　用于水泥和混凝土中的粒化高炉矿渣微粉技术标准表

项　目		技术指标
		S95
密度/（g/cm^3）≥		2.8
比表面积/（m^2/kg）≥		400
活性指数/%≥	7 d	75
	28 d	95
流动度比/%≥		95
含水量（质量分数）/%≤		1.0
三氧化硫（质量分数）/%≤		4.0
氯离子（质量分数）/%≤		0.06
烧失量（质量分数）/%≤		3.0
玻璃体含量（质量分数）/%≥		85
放射性		合格

（4）细骨料采用硬质洁净的中砂，其技术要求应符合《建筑用砂》（GB/T14684）的规定，其中含泥量≤2.0%；坚固性指标：损失重量≤8%。每批进料后应由试验人员取样进行细度模数、表观密度、堆积密度、空隙率、含泥量等常规检验，如表 3.3-4 所示。

表 3.3-4　细骨料技术标准表

项　目	质量指标
云母含量（按重量计%），≤	0.5
轻物质（按重量计%），≤	0.5
硫化物及硫酸盐含量（折算成 SO_3 按重量计%），≤	0.5
有机物含量（用比色法试验）	颜色不应深于标准色，如深于标准色，则按水泥胶砂强度的方法，进行强度对比试验，抗压强度比不应低于 0.95

（5）粗骨料采用坚硬耐久的碎石，最大粒径 25 mm，其技术要求应符合《建筑用卵石、碎石》（GB/T 14685）的规定。其中，母材立方体抗压强度≥120 MPa，含泥量≤0.5%，针、片状颗粒含量按重量计≤8%，坚固性指标：损失重量≤8%。每批进料后应由试验人员取样进行筛分析、表观密度、堆积密度、空隙率、含泥量、针片状颗粒含量、压碎指标等常规检验，如表 3.3-5 所示。

表 3.3-5　粗骨料技术标准表

项　目	质量要求
硫化物及硫酸盐含量/%≤	0.5
有机物含量（用比色法试验）	颜色不应深于标准色，如深于标准色，则应配制成混凝土进行强度对比试验，抗压强度比不应低于 0.95

（6）外加剂采用经试验证明合格的高效减水剂，严禁掺入氯盐类，其技术标准应符合《混凝土外加剂》（GB 8076）的规定要求，掺量一般为 0.8%～1%，具体由试验人员试配确定，如表 3.3-6 所示。

表 3.3-6　外加剂技术标准表

试验项目		技术指标
减水率/%≥		20
泌水率比/%≥		20
凝结时间之差/min	初凝	−90～+120
	终凝	
抗压强度比/%≥	1 d	140
	3 d	130
	7 d	125
	28 d	120

（7）任何水源用于预应力混凝土的拌合用水，应在使用时对水的技术要求（pH 值、氯化物、硫酸盐、硫化物、有害物质、油脂、糖类等）进行试验和水质化学分析，应符合《混凝土用水标准》（JGJ 63）的规定，如表 3.3-7 所示。

表 3.3-7　水技术标准表

项　目	含量限制
pH 值	4.5
不溶物/（mg/L），<	2 000
可溶物/（mg/L），<	2 000
氯化物（以 Cl^- 计）/（mg/L），<	500
硫酸盐（SO_4^{2-} 计）/（mg/L），<	600
硫化物（以 S^{2-} 计）/（mg/L），<	100

（8）非预应力钢筋（HPB300、HRB400 钢筋）应符合 GB 1499 系列的有关规定，且其中碳当量≤0.5%。对每批进场的非预应力钢筋除检查其表面质量和尺寸外，还应进行拉伸强度、冷弯试验、延伸率等常规试验，如表 3.3-8 所示。

表 3.3-8　钢筋技术标准表

项　目	屈服点/MPa	抗拉强度/MPa	伸长率/%
	不小于		
HPB300	300	420	25
HRB400	400	540	16

（9）预应力钢绞线，强度级别 1 860 MPa，Ⅱ级松弛，其技术条件应符合《预应力混凝土用钢绞线》（GB/T 5224）的要求。对每批进场的预应力钢绞线应逐盘检查外观质量，其表面应无裂纹、毛刺、机械损伤、氧化铁皮，无折断、断裂和焊接。并对钢绞线进行常

规力学性能试验，包括破断负荷、屈服负荷、伸长率，如表 3.3-9 所示。

表 3.3-9　钢绞线技术标准表

<table>
<tr><td rowspan="3">项目</td><td>整根钢绞线
最大负荷/kN</td><td>屈服负荷/kN</td><td>伸长率/%</td><td colspan="2">1 000 h 松弛率/%，≤</td></tr>
<tr><td colspan="3" rowspan="1"></td><td colspan="2">初始负荷</td></tr>
<tr><td colspan="3">≥</td><td>70%公称最大负荷</td><td>80%公称最大负荷</td></tr>
<tr><td>标准</td><td>259</td><td>220</td><td>3.5</td><td>2.5</td><td>4.5</td></tr>
</table>

（10）锚具应符合《预应力筋用锚具、夹具和连接器》（GB/T 14370）中的有关规定，并具有良好的耐疲劳性能。使用前应对硬度、回缩量、静载锚固性能分批抽检试验，符合要求的才能使用。

3.3.4　轨道梁制造主要流程及工序控制基本要求

1. 轨道梁制造主要流程

施工准备→台车放线→支座安装定位→绑扎钢筋、安装内模→预埋件安装及管道定位→安装端模、穿钢绞线束→底模台车牵入模具场→调整侧模→浇筑混凝土→蒸汽养生或自然养护→脱侧模、检测→第一批张拉→梁体吊离底模台车存放→第二批张拉→管道压浆→封锚、封端→存梁→检测合格→出厂。

2. 轨道梁制造各工序控制基本要求

1）模板调试

（1）侧模最小半径曲线调试、归零后模板平整度及归零数值比较。

（2）底模台车静荷载压弯试验，荷载不小于 1.2 倍的梁体质量，测压弯变形值及残余变形值。

（3）轨道中心线、混凝土浇筑区中心线、台车中心线、侧模中心线保持一致。

（4）轨道高度、台车表面高度、侧模刀口高度要保持对应。

（5）侧模板的表面平整度、归零和曲线调节工作性能。

2）台车放线

台车放线是采用经纬仪、钢卷尺、直角尺按照 PC 轨道梁制作工法指导书的要求，在底模台车上做出梁体中心线、底面边线、梁端边线、支座中心线以及底部预埋件位置的方法，台车放样误差控制标准如表 3.3-10 所示。

表 3.3-10　底模台车放线尺寸允许误差表

序号	检验项目	允许误差/mm	检测工具	检查频次
1	全长	±2	钢卷尺　管式测力器	全检
2	跨度	±2	钢卷尺　管式测力器	全检
3	梁宽	±1	钢卷尺	抽检两端、$L/4$、$L/2$、$3L/4$ 共 5 处（L 为梁长）
4	预埋件	±2	钢卷尺 管式测力器 钢直尺	全检

3）支座安装

支座安装是将支座按设计要求定位在底模台车，支座安装完成后，应复测各项尺寸，满足设计要求，支座调整机构如图 3.3-10 所示，其安装精度如表 3.3-11 所示。

图 3.3-10　支座调整机构图

表 3.3-11　支座安装技术标准表

序号	检验项目	标准	检测工具
1	支座纵横向中心线偏差	±1 mm	钢直尺、游标卡尺
2	支座纵向中心线与梁体中心线偏差	±1 mm	钢直尺
3	支座顶面与台车面高差	±1 mm	水平尺、塞尺
4	两支座中心距与设计值偏差	±2 mm	钢卷尺、管式测力器
5	接缝处密封良好，无漏浆可能	良好	

4）内模（胎膜）制作

为减轻轨道梁自重、提高轨道梁的使用性能，需按设计要求在 PC 轨道梁体内安置内膜，使轨道梁成型后形成一定的有效空腔。内膜施工技术标准如表 3.3-12 所示。

表 3.3-12　内模制作技术标准表

序号	检验项目及方法	标准	检查频次
1	全长	±10 mm	每节内模测上、下两边
2	宽	−5 ~ 0 mm	每节内模检查两端及中心共 3 处
3	高	−10 ~ 0 mm	每节内模两端
4	曲线矢高	±3 mm/节	每节内模

5）钢筋绑扎

钢筋笼是轨道梁的骨架构造，由于轨道梁截面较小，体内密布有预应力波纹管、信号供电等专业的预埋件，因此在施工过程中要严格控制钢筋笼的绑扎质量，确保各预埋件定位准确，波纹管线形设计一致，钢筋绑扎技术标准如表 3.3-13 所示，钢筋绑扎如图 3.3-11 所示。

表 3.3-13　钢筋绑扎技术标准表

序号	检验项目	标　准
1	波纹管顺直，且与任何方向的偏差	≤5 mm
2	钢筋与设计位置偏差	≤10 mm
3	钢筋混凝土保护层与设计偏差	±5 mm
4	钢筋搭接长度	≥30*d*（*d* 为钢筋直径）
5	钢筋搭接绑扎或段焊	不少于 3 处，双结绑扎，段焊牢固
6	混凝土垫块间距	500 ~ 800 mm
7	内模安装位置偏差	任何方向≤10 mm
8	钢筋绑扎或点焊点牢固	良好

图 3.3-11　钢筋绑扎

6）系统专业预埋件的安装

轨道梁作为供电、信号、接地等专业线路的载体，在预制时需预埋上述专业的连接接口或管道。不同类型的预埋件，其安装要求有不同。

（1）电缆桥架连接预埋件一般安装在底模台车顶面上，其安装误差为横向±20 mm、纵向±10 mm。

（2）绝缘子连接预埋件可定位在中模上，并用螺栓将其固定，安装误差为上部距梁顶（525±8）mm，上下预埋件间隔（320±3）mm，预埋件与梁侧面相对的埋入角度±3°，相邻预埋件间的高低误差±l/1 000。

（3）车体接地板连接预埋件一般固定在中模板上，其允许误差为：埋入间隔（1 000±10）mm，与梁侧面相对的埋入角度±3°，安装位置中心距安装面边缘距离±2.5 mm。绝缘子和车体接地板如图 3-3.12 所示。

（4）避雷器电缆保护管及车体接地电缆保护管一般固定在梁的底部钢筋和侧面箍筋上，其定位允许误差为±30 mm。

（5）馈电电缆保护管一般固定在梁的底部钢筋和侧面箍筋上，其定位允许误差为±30 mm。馈线电缆保护管定位必须满足进口端背向最近绝缘子的距离大于 500 mm，顺向最近绝缘子的距离大于 1 100 mm。

（6）信号系统接口预埋件一般与梁体钢筋进行多点焊接或绑扎固定，其安装误差为：纵向±10 mm、横向±2 mm。

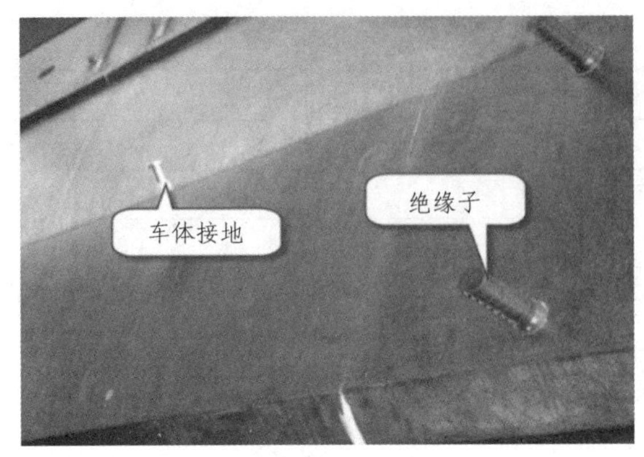

图 3.3-12　绝缘子和车体接地板

7）端模安装

预应力锚垫板、接缝板板座一般固定在端模上，应在确定好端模型号后，应将对应的接缝板板座、锚垫板通过螺栓连接的方式将其固定。梁体端面处的预设反拱和梁高是通过端模调节工装，调节端模的倾角、转角和端模底部边线等参数实现的。接缝板板座安装及支座、台车和端模安装如图 3.3-13 ~ 图 3.3-14 所示。端模安装技术要求如表 3.3-14 所示。

3.3-13　接缝板板座安装图

图 3.3-14　支座、台车和端模安装图

表 3.3-14 端模安装技术标准表

序号	检验项目	标 准
1	梁长（顶部测两组值，底部测两组值，取平均值）	±5 mm
2	端模倾角、转角与梁体中心线夹角误差	±2/1 000 rad
3	端模预埋件应紧贴密合，且垂直于端模	无间隙

8）侧模调整

侧模是形成 PC 轨道梁侧面和顶面几何线形的关键构件，它一般由侧面模板、千斤顶体系、悬吊体系、侧向抗倾斜体系组成，根据预制梁的长度、高度和纵向截面形式，侧模千斤顶体系一般分 2 ~ 3 层，每层包括 15 ~ 18 个千斤顶。

轨道梁的侧面线形是通过调节侧面千斤体的进程，使侧模板扭曲成连续变化的空间曲面，这一作业过程叫合模。由于轨道梁侧模千斤顶体系较多，为了保障模板受力均匀，不发生过大的应力集中现象，延长模板的使用寿命和保障精度，合模过程一般分 2 ~ 3 批次逐步调整，且同一次应调节对称位置上的千斤顶。

侧模初步调整到位后，需用精准度较高的测量仪器对模板线形进行复测，在满足要求后，再安装底部密封胶条和底模胶条压紧机构。侧模模板安装技术标准如表 3.3-15 所示。

表 3.3-15 倒模模板安装技术标准表

序号	检验项目	标 准
1	梁长（顶部两个值、底部两个值）	±5 mm
2	跨端模倾角、转角与梁体中心线夹角误差	±2/1 000 rad
3	端模预埋件应紧贴密合，且垂直于端模	良好
4	跨中处线形板台面与台车面高差	（1 500±3）mm
5	各设计位置预留反拱值与设计值偏差	±3 mm
6	各节中模两端至相应线形板台面距离	（415±3）mm
7	各中模接缝处密封良好，无漏浆可能	良好

9）混凝土施工

PC 轨道梁混凝土坍落度控制在 9 ~ 15 cm，混凝土拌合时间不得小于 120 s，水泥、水、附加剂计量误差为±1%，砂、石计量误差为±2%（均按质量计）。

每榀 PC 轨道梁至少应作 6 组 150 mm×150 mm×150 mm 抗压试件、6 组 100 mm×100 mm×100 mm 抗压试件和 4 组 100 mm×100 mm×300 mm 弹性模量试件。

PC 轨道梁混凝土浇筑应从一端开始到另一端结束，沿梁长方向斜向分层，分层厚度不大于 300 mm，连续一次灌注完毕，一次成型。采取插入式振捣器振动工艺，避免振捣器碰撞预应力波纹管、内模及预埋件。灌注时安排专人看模，防止模板变形或漏浆。混凝土冬季入模温度不低于 5 °C，夏天入模温度不高于 30 °C。

当已灌注段振实后达到线形台面时，应对走行面进行初始抹面。当混凝土表面接近初凝时，用专用洁净毛刷在梁体顶面横向轻刷，使混凝土表面形成均匀的细长纹路，以达到设计的粗糙度。

10）梁体初期养护

根据气候条件，PC 轨道梁的初期养护可以选择蒸汽养护和自然养护两种。

蒸汽养护：采用电发生器或锅炉产生蒸汽来进行养护，在浇注窑和养护窑中设置蒸汽管道，通过两端供汽，调节管道中的供汽量，保证蒸养窑内温度的均匀性，控制养护温度及升、降温速度，在养护人员的严密监控下实现蒸汽养护。为加快侧模和底模台车的周转率，梁体会分别在浇注窑和养护窑两次蒸养。

自然养护：自然养护时，洒水次数以能使混凝土表面保持充分潮湿为度。养护时间不少于 14 d；冬季养护应采取保温措施，当环境温度低于 5 °C 时，不得对混凝土洒水；30 °C 以上天气逐段覆盖并洒水养护。

11）脱　模

（1）脱侧模时必须按“先装后拆、后装先拆”顺序进行，对称位置千斤顶应同步拆除，主要模板脱离顺序是：侧模→端模→底模。

（2）当梁体混凝土强度≥50%设计强度，且梁体混凝土表面温度与环境温度差不大于 15 °C 时，可以将侧模和端模与梁体分离。

（3）脱侧模前须拆除固定在侧模上的预埋件与侧模紧固螺栓，并拆除侧模与底模间的防浆条。

（4）端模拆除前应先对端部波纹管密封处进行清理，卸下接缝板板座和锚垫板座紧固螺栓，在脱端模过程中，避免端部混凝土损坏。

（5）当梁体混凝土强度≥75%设计强度，且梁体自身强度能抵抗自重和吊运荷载时，方能脱离底模。

（6）模型拆除过程中，应安排专人指挥，以防损伤梁体混凝土及使模型变形。

12）预应力施工

梁体预应力张拉的龄期、张拉数量和张拉力，需按设计要求和工艺要求进行。其中首批张拉时，混凝土应达到 75%设计强度及相应的弹性模量。

张拉前，应释放梁端底部的约束。张拉预应力时，应做到“三同心”，即预留孔道、锚具、千斤顶三者同心，同束钢绞线应由两端对称同步张拉。

张拉过程中，应采用专人查看或仪器检测方式，检测轨道梁体线形变化，防止梁体出现裂纹、表层混凝土剥落等现象。

当在预应力张拉结束后（12 h 内，最迟不超过 24 h），应及时对管道进行压浆。压浆前先用高压风将管道内的积水、杂物吹出。采用真空泵将管道内的空气吸出，管道内真空度稳定在-0.06 ~ -0.08 MPa，采用压浆泵连续压浆。在整个压浆作用过程中，必须保证孔道的密封性。压浆完成后，压浆管道需在 4 h 后且待管道内水泥浆压力消失后方可拆卸管道密封装置。

压浆作业宜在环境温度≥5 °C 的条件下进行，否则应采取保温措施或按冬季施工方法办理。在气温高的环境，应避开高温时间作业。

水泥浆采用不低于 M40 的水泥浆，水灰比为 0.4 ~ 0.45；在量筒内注入 500 cm^3 水泥浆，3 h 后泌水量不得超过 2%；流动度为（20±4）s。水泥浆搅拌至压入管道的间隔时间不得超过 40 min，应根据不同的气温条件而定，一般气温不高于 25 °C 时 40 min，气温高于 25 °C 时不超过 30 min。

封端前应将梁端凹面距锚具 50 mm 外的混凝体进行凿毛处理，并清洗干净。固定封端钢筋应定位牢固缝，封锚混凝土不应低于 C45，封锚混凝土应采用浇水养护，且养护时间不低于 10 d。

13）梁体的存放

为便于识别，需对 PC 轨道梁在脱模后应进行挂牌标识，在 PC 轨道梁出场前在梁端头进行喷漆标识。PC 轨道梁存梁区应平整坚实，排水良好。移、吊、运和存梁支点与实际成桥支点的距离不宜大于一倍梁高，当采用多层存梁时，各层梁体临时支点中心重合。对于曲线半径较小的梁片还要防止梁体失稳或倾斜。图 3.3-15 和图 3.3-16 为吊梁和存梁图。

图 3.3-15　吊梁图

图 3.3-16　存梁图

3.3.5　试验与质量控制

1. 质量控制要点

（1）对于每一榀梁上预埋件的型号、数量、安装位置应严格按设计图要求安装定位，并仔细复核。

（2）钢筋焊接时应避免损伤波纹管，焊接完成后必须检查波纹管是否破损。

（3）台车放线、端模安装和侧模合模应实行双人计算，多人多次独立复核的方式，避免因人为原因而造成质量问题。

（4）预应力张拉满足应力、应变和龄期的要求，做到三同心（即管道、锚具和千斤顶同心），发现问题必须立即停止作业直至查明原因后方可继续进行。常见质量问题及预防措施如表 3.3-16 所示。

表 3.3-16　常见质量问题及预防措施表

控制要点	易出现的质量问题	预防措施
梁体混凝土	梁体外观色差、起皮、裂纹	1. 严格控制混凝土坍落度，浇筑时试验室人员必须全程监控，前 3 盘混凝土应测试坍落度； 2. 浇筑顶面时，严禁洒水； 3. 抹面要及时，实行两次抹面（粗抹及精抹）； 4. 派专人进行养护，保证养护的及时性
梁体尺寸	外观尺寸超标	1. 台车放线时，按设计梁长设置负公差； 2. 实行双人计算，交叉独立复核制度，确保顶面反拱数值及侧面千斤顶拉压量准确； 3. 定期校验测量仪器

续表

控制要点	易出现的质量问题	预防措施
铸钢制品	接缝板板座脱空	1. 浇筑前确保固定工装及接缝板板座出气孔通畅； 2. 浇筑前检查接缝板板座螺栓是否牢固； 3. 混凝土浇筑时，安排技术人员全程监控，特别在浇筑端模接缝板板座处，必须振捣密实
预埋件	预埋件漏装、堵塞、精度不达标	1. 在安装梁体各种预埋件时，技术人员必须现场指导； 2. 根据技术部下发的梁体预埋件图，在台车放线时应做好预埋件的种类、位置以及安装方向的标识； 3. 安装完毕后进行检查； 4. 浇筑过程中应防止振捣器碰撞预应力波纹管、内模及预埋件

2. 轨道梁常规试验

1）施工过程中混凝土常规检验

每一榀 PC 轨道梁均应进行混凝土检验，在灌注时，混凝土运输到灌注窑时应进行坍落度试验，同时应做试件已备施工过程控制及产品质量控制。试件制备数量在工序中已做详细说明。试验项目包括：坍落度、强度、弹性模量。

2）静载试验

范围：分批次按不同跨度类型随机抽检。

数量：每 60 榀检查 1 榀。

当本次抽检中有不合格品时，应加倍抽检，若仍有不合格品时，本批次梁应按试验要求逐个项目全部检查。静载试验如图 3.3-17 所示。

图 3.3-17　静载试验

3）CT 试验

范围：随机抽检。

数量：CT 试验按规定要求抽检 5%。

梁体 CT 试验应满足跨中及两端支座断面无直径大于 30 mm 的空洞。

3. PC 轨道梁形态演变检测

为监测和引导 PC 轨道梁的形态沿设计目标发展，需对 PC 轨道梁各控制龄期几何形态进行动态检测，检测的项目有梁长（曲线梁外侧为弧长，内侧为弦长）、跨度、梁高、梁端转角、梁端倾角、轮迹面线形等几何形态控制参数，此外还需对梁体上的预埋件进行检测。监测的常用仪器设备有：

（1）钢卷尺：尽量使用同一品牌的钢卷尺，并在具有平铺、悬空检测资质、能力的国家法定检测机构检定。

（2）管式测量器：0 ~ 300 N。

（3）U 形尺：测量垂直度、梁体宽度所有的自制仪器，内径为 1 500 mm，要求具有足够的刚度、抗变形能力。图 3.3-18 所示为 U 形尺。

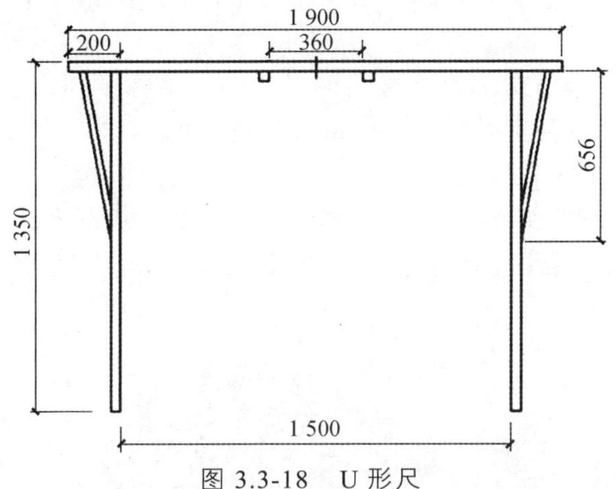

图 3.3-18　U 形尺

（4）钢直尺和直角尺：300 mm、500 mm、1000 mm。

（5）等高块：自制，尺寸为 40 mm×40 mm×40 mm 的立方体。

（6）经纬仪、水准仪、塞尺、水平尺、吊线锤、游标卡尺等。

检测标准及检测频次如表 3.3-17 所示。

表 3.3-17　PC 轨道梁检测标准及检测频次

序号	检验项目	检测标准	检测频次
1	梁长（弦长）	±10 mm	脱模后、28 d 和出厂前
2	跨度	±10 mm	
3	端面倾斜度	±5/1 000 rad（±7 mm）	
4	工作面线形	≤L/2 000 mm（L 为梁长）	
5	梁宽	端部±2 mm 中部±4 mm 腰部−4 mm	脱模后
6	走行面垂直度	±5/1 000 rad （±7 mm）	
7	梁高	±10 mm	
8	局部不平度	±2 mm（实测值减去水平尺长度范围内的设计线形矢高）	
9	两端面中心线的夹角	≤5/1 000 rad（±7 mm）	
10	接缝板板座与梁表面高差	±2 mm	
11	预埋件	符合设计要求、安装牢固、无破损	
12	梁端距支座中心线距离	−3 ~ 0 mm	

3.4 钢轨道梁制造工艺

由于钢轨道梁的初期投资大，后期防腐要求高，特别是在腐蚀性环境地区维护保养难度极大，因此在国内外应用较少，如重庆市跨座式单轨交通仅在2号线谢家湾立交和鱼洞长江大桥主桥，以及3号线菜园坝长江大桥的主桥上采用了钢轨道梁，其数量不到总数的1%。

钢轨道梁设计采用Q345qD钢焊接箱形梁断面，绝缘子固定板采用Q235A；钢轨道梁底板与支座采用4个高强度螺栓连接，每段轨道梁两端均设一活动支座和一固定支座，支座埋设于桥面上基础内；轨道梁与轨道梁之间采用接缝板连接，接缝板与钢轨道梁采用若干高强度螺栓相连；每段钢轨道梁在箱体的一端底板上开设人孔，以实现轨道梁节段间腹板的连接及箱内的检查维护，在端部横隔板上也开设人孔，供箱内进人通行。图3.4-1所示为钢轨道梁。

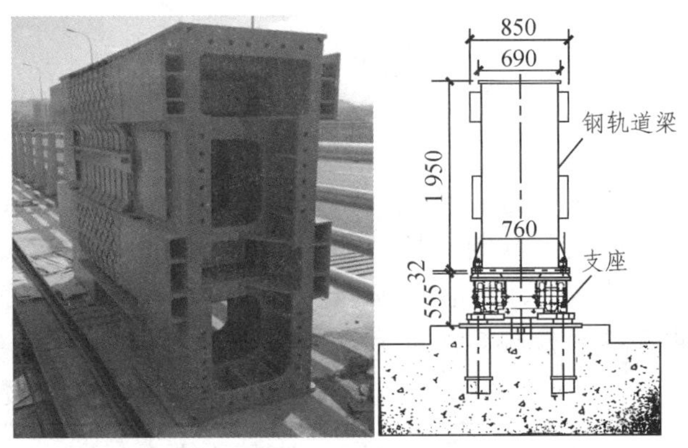

图3.4-1 钢轨道梁

1. 制作加工

(1)制造厂应对施工图进行工艺审查，并提供钢材和其他材料质量证明书或试验报告；钢轨道梁用的高强度螺栓、螺母及垫圈应按照设计强度级别选用，其技术要求和施工工艺应符合现行国家、行业的相关规定，并应有防松动和防腐蚀措施。

(2)放样、制作、检验所用的量具应采用经计量部门鉴定过的统一量具。

(3)样板制作的允许偏差应符合《公路桥涵施工技术规范》(JTJ 041)的有关规定。

(4)号料前应检查钢料牌号、规格和质量，确认合格后方可下料。

(5)焊缝应进行无损探伤检测，对接焊缝还应进行X射线探伤检测。主梁的对接焊缝应达到一级焊缝质量要求，其余焊缝应达到二级焊缝质量要求。

(6)切割尽可能使用剪板机，切割过程中随时控制割矩的摆动、调整断面垂直度及坡口角度，零部件与号料的允许公差应符合《公路桥涵施工技术规范》(JTJ 041)的有关规定。

(7)钢轨道梁应在工厂内整体加工完毕，现场架设时不允许将钢轨道梁截断拼装。

(8)钢轨道梁的装卸、运输必须在涂漆干燥后进行，同时在运输吊装过程中，需对漆膜进行保护。

(9)钢轨道梁发运时应采用专用吊具，并采取可靠措施，防止运输途中产生变形。

（10）钢轨道梁应按安装顺序分类存放，并搁置于垫木上，搁置时应注意以下事项：

① 钢轨道梁与地面应留有一定净空，一般为 10～25 cm，附近应有排水沟，防止地基沉降不均而引起构件侧向、正向倾斜。

② 钢轨道梁支点应设在自身重力作用下不产生永久变形处，同类构件多层堆放时，多层间垫块应在同一竖直线上。

③ 搁置时，应将构件刚度较大的一面竖直，构件间应留有适当空隙，以便起吊操作及查对编号。

（11）钢轨道梁安装前，应对支座高程、中线及每孔跨径进行复测，误差应在设计允许范围内才能安装。

（12）应根据现场地形、跨径、起吊能力选择适合的安装方法。对于曲线钢轨道梁，宜采用吊装的方法安装。

（13）在钢轨道梁安装过程中，每完成一道工序，应测量其位置、高程和预拱度，如不符合要求，应及时校正。

2. 防滑防腐措施

（1）钢轨道梁的除锈和涂装应在制作质量合格后进行。

（2）钢轨道梁外除锈方法采用喷砂除锈，除锈等级应符合涂装要求。

（3）钢轨道梁的涂装分别按下列工艺进行：

① 走行面：采用 1.5～2 mm 的石英砂进行粗喷砂，使用专用刷子将 MS-7CZ 底剂均匀涂抹在金属表面上；使用专用滚筒将 AS-2500 均匀涂敷在金属表面。

② 稳定面及导向面：使用专用刷子将 MS-7CZ 底剂均匀涂抹在金属表面上；使用专用滚筒将 AS-2500 均匀涂敷在金属表面。

③ 钢轨道梁其余外露部分涂装如表 3.4-1 所示。

表 3.4-1　轨道梁外露部分涂装

涂　层	名　称
底漆	环氧富锌底漆
中间漆	环氧云铁中间漆
面漆	特级聚氨酯面漆

④ 钢轨道梁内部涂装如表 3.4-2 所示。

表 3.4-2　钢轨道梁内部涂装

涂　层	名　称
底漆	环氧富锌底漆
面漆	环氧云铁厚浆漆

（4）施工前应编制相应的涂装工艺，涂装的类型、涂装次数、涂层厚度应符合设计要求，涂装施工应符合现行行业标准《铁路钢桥保护涂装》（TB/T 1527）的规定。

（5）钢轨道梁涂装完成后，在自然光线下检查时，涂装面应平整光滑，应无针孔、皱皮、流挂，颜色应符合设计要求。

（6）定期检查涂装的磨损及损坏程度，周期约 6 个月，适时对磨损部分进行补涂，对损坏部分进行修复。

（7）由于钢材的摩擦系数较小，在纵坡和车站地段，为了提高列车的牵引制动能力，需要对钢轨道梁的走行面进行防滑处理。常用的防滑措施有：直接在钢轨道梁顶面进行拉槽，在轨道梁顶面涂装防滑材料，或者将走行面改用复合混凝土材料，形成钢-混组合轨道梁。

3. 质量检测

钢轨道梁架设后应进行线形检测，钢轨道梁线形尺寸允许误差如表 3.4-3 所示。

表 3.4-3　钢轨道梁线形尺寸允许误差

项　目	允许误差
梁长（弦长）	±10 mm
跨度	±10 mm
端模倾斜度	±5/1 000 rad
工作面线形	≤L/2 000 mm（L 为梁长）
梁宽	端部±2 mm；中部±4 mm；腰部−4 mm
走行面垂直度	±5/1 000 rad
梁体高度	±10 mm（至少实测两组高度值分别与设计值比较）
局部不平度	±2 mm（实测值减去水平尺长度范围内的设计线形矢高）
接缝板与梁表面高差	±2 mm（① 安装接缝板后直接测量；② 未安装接缝板时，实测值与设计值比较）

3.5　现浇轨道梁制造工艺

在某些特殊地段，当预制 PC 轨道梁无法满足要求时，可在现场搭设临时模板现浇轨道梁。现浇轨道梁的模板及支架应有足够的承载力、刚度和稳定性，应能承受所浇筑混凝土的重力、侧压力及施工中产生的各项荷载，并应保证混凝土结构各部位尺寸。施工前应对支架进行消除非弹性变形的加载预压，预压荷载不应小于梁段重量的 1.1 倍。现浇混凝土轨道梁模板精度要求如表 3.5-1 所示。

表 3.5-1　PC 轨道梁模板精度允许误差

项　目		允许误差/mm
侧模板	底边线的整体直线度	±2
	工作面表面平整度	±2
中模板	纵向与横向垂直度	±2
	各边直线度	±2
竖曲线调节装置	线形条：直线度	±2/4
端模板	长、宽、高尺寸误差	±1

由于现场作业条件受限制，现浇混凝土轨道梁施工精度较低，成桥线形难以保障，行车舒适性较差，因此在实际工程中应慎用现浇混凝土轨道梁。现浇混凝土轨道梁线形尺寸允许误差如表 3.5-2 所示。

表 3.5-2　现浇混凝土轨道梁线形尺寸允许误差

项　目	允许误差
梁长（弦长）	±10 mm
跨度	±10 mm
端模倾斜度	±5/1 000 rad（±7 mm）
工作面线形	≤L/2 000 mm（L 为梁长）
梁宽	端部±2 mm；中部±4 mm；腰部−4 mm
走行面垂直度	±5/1 000 rad
梁体高度	±10 mm（至少实测两组高度值分别与设计值比较）
局部不平度	±2 mm（实测值减去水平尺长度范围内的设计线形矢高）
接缝板与梁表面高差	±2 mm（① 安装接缝板后直接测量；② 未安装接缝板时，实测值与设计值比较）

3.6　疏散检修通道施工

3.6.1　检修通道制作工艺

检修通道每跨长 20 m、宽 3 m、质量 12 t，制作时要求严格控制直线段 H 型钢、曲线段 H 型钢的成型。焊缝外观成型和内在质量、制孔精度等各项指标，对加工制作工艺要求极高。制作前需使用喷砂机对即将使用的原材料进行喷砂处理，彻底清洁钢材表面的毛刺及油灰，除锈等级达到 Sa2.5。

1. 放　样

放样前必须熟悉图纸和工艺要求，放样要根据加工工艺图进行，以 1∶1 放出平面及节点大样，并核对构件外形尺寸、安装关系、焊接形式等。放样要根据工艺要求，统筹考虑预留加工量、焊接收缩量、起拱、板厚处理等，放样制作的精度应符合设计及规范的要求。

2. H 型钢组立

检修通道拼接焊缝质量为一级，接缝的焊接采用埋弧焊接的方法，焊缝两头均加引弧板，且双面焊透。厚度大于 6 mm 的板材接头处按要求打出工艺坡口，以保证焊口的熔透，反面施焊前必须对第一道焊缝进行气刨清根处理。焊缝余高不应超过 1 mm，超高部位应予以磨平。H 型钢焊接时先进行双面坡口处理，以保证腹板与翼板连接角焊缝焊透。组立时，先将一翼缘板平放于组立机入口辊道上，然后将腹板竖直放于翼板中央并用机械臂夹紧，然后组合成“⊥”形进入组立机，边点焊边输送至输出辊道上，紧接着将另一块翼板置于组立机入口处辊道上，将“⊥”形翻转成“T”形置于翼板中央，通过组合点焊成 H

型钢。如遇有接缝则翼腹板接缝错开 20 mm 以上，上下翼板接缝错开 200 mm 以上，组立成型后再将 H 型钢在龙门埋弧焊接区进行船形焊接，将构件焊缝置于船形位置有利于焊缝饱满。焊接完成后的 H 型钢还将进行火焰校正，火焰校正顺序为：先校正翼缘板的不平度，再校正 H 型钢的扭曲变形，最后再校正其弯曲变形等，使焊接完成的 H 型钢无论在直线段还是在曲线段均满足设计要求并成型美观。

3. H 型钢焊接

组立成型后的 H 型钢由龙门埋弧焊机进行船形焊接，将构件焊缝置于船形位置有利于焊缝饱满，成型美观。焊接时先将组合好的 H 型钢置于船形焊架上，使焊口正面朝向上方。在焊缝两头焊上引弧板，然后将焊口附着的水气、灰尘、油脂、焊渣及涂料等清除干净。调整机头使之置于焊件口边缘引弧板上，对准焊道，调整好导电嘴高度，送出焊丝并剪去碳化部分，放出焊剂覆盖焊口，依焊接程序设定焊接速度、方向、电压及电流等参数，即可开始自动焊接。焊接的同时应起动焊剂回收装置回收焊剂，并观察焊缝是否焊偏，如有焊偏应及时调整。H 型钢的 4 条缝全部焊完后，对出现断续、漏焊、弧坑、焊偏等处，使用碳弧气刨刨掉不合格焊缝后，重新予以补焊。

4. H 型钢的校正

埋弧焊焊接完成的 H 型钢在校直机上进行校正，消除由焊接应力引起的翼板对腹板的截面变形。翼缘矫正应从大头往小头方向进行自矫正，同一翼缘矫正应分成 2 ~ 3 次矫平，而不应 1 次矫平到位或矫正过度（校正后的构件各项误差指标均应控制在 2 mm 以内）。曲线段 H 型钢通过机械校正后曲线度势必发生变化，可使用火焰矫正法使之恢复到应有的曲线度，构件曲线度可通过拉线法进行控制和复核。对 H 型钢加工过程中产生的变形，可进行火焰矫正，火焰矫正一般要与大锤相结合。H 型钢的火焰矫正顺序为：先矫正翼缘板的不平度，然后矫正 H 型钢的扭曲变形，最后再校正其弯曲变形。火焰矫正的最高温度一般不宜超过 850 °C（亮樱红色），火焰矫正后严禁用水冷却，火焰加热不允许在同一处反复进行，同一部位火焰加热不宜超过 2 次。校正后的构件必须自然冷却，严禁通过用水强制冷却，以免材料内部分子结构发生变化。

5. 组装与拼接

组装前应编制组装顺序表，组装顺序应根据结构形式、焊接方法和焊接顺序等因素确定。遇有隐蔽焊缝时，必须先进行焊接检查，经检验合格后才能进行下道工序。组装前，零部件的连接接触面和沿焊缝边缘每边 30 ~ 50 mm 范围内的铁锈、毛刺、污垢等应清理干净。板材、型材的拼接应在组装前进行，构件的组装应在部件组装、焊接、校正后进行，以便减少构件的残余应力。拼接时接头的位置应布置在跨度的 1/4 ~ 1/3 处，受拉翼缘板应采取斜接，斜度不大于 45°。拼接的位置应避开安装孔和复杂的部位，一般接头也应尽量布置在受力较小的部位。对已明确受力状态的型钢，要区分受拉和受压部位，对型钢要区分是拉杆还是压杆，受拉部位和受拉杆件要采取斜接，受压部位和受压杆件可采用直接。

3.6.2 检修通道现场安装

检修通道的制作采用工厂内制作，整组拼装完成后出厂安装，这样既保证了检修通道组装的精度，又给现场的安装工作带来了便利。

（1）检修通道在工厂内实施拼装，确保其同一端的支座接触面位于同一水平面上，误差不超过 2 mm。工厂拼装后对所有构件做好编号、标记。最后采用汽车运输至现场后直接吊装。在运输、堆放、吊装的过程中必须采取一系列的措施以防止构件变形影响到安装的精度质量。在现场吊装过程中，一般采用双机抬吊的形式（见图 3.6-1），这样既确保了施工安全，又大大节省了工时和成本。

（2）盖梁上方钢平台在安装过程中，首先定位安装钢平台中间梁，之后再安装两根边梁，最后铺设安装钢梁上钢格板。钢平台安装完毕后必须保证其上表面与相邻的两跨检修通道在同一水平面上，且注意过渡要连续平稳，不能出现高低不平的情况。

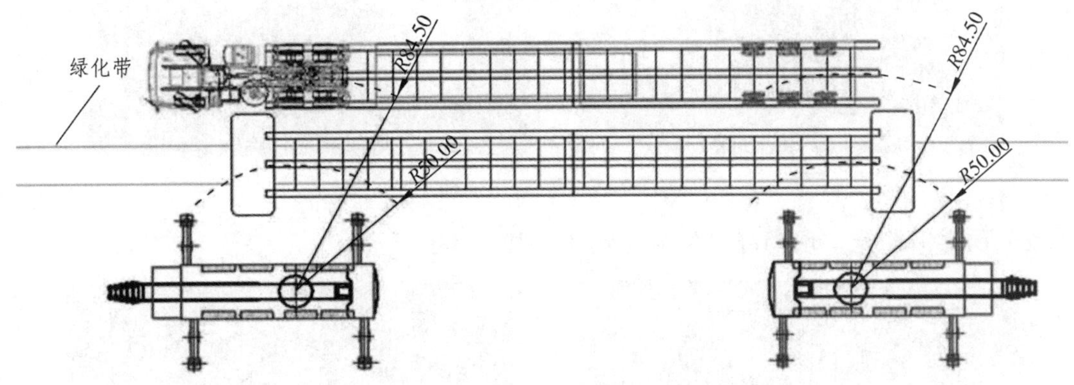

图 3.6-1　双机抬吊检修通道

3.7　下部结构施工

跨座式单轨交通轨道梁桥下部结构是承载桥梁上部结构并将荷载传给地基的主体工程，主要由桩基础、承台、墩柱及盖梁组成，如图 3.7-1 所示。

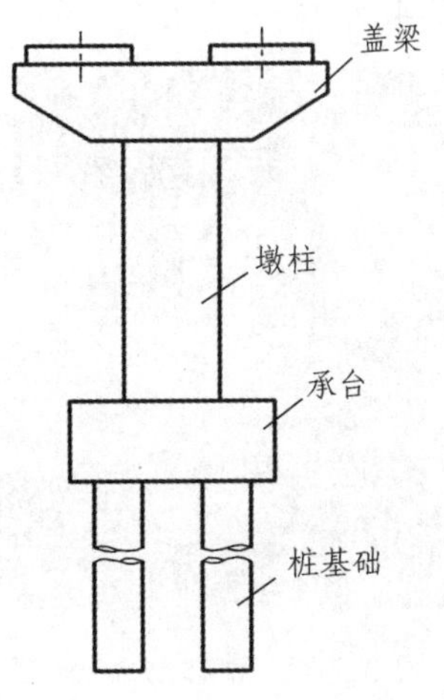

图 3.7-1　梁桥下部结构示意图

3.7.1 主要施工方法

墩柱盖梁合理施工方式的选取是工程按时完成的关键。目前，国内下部结构施工大致分为以下 3 种方式：

（1）普通现浇施工，现场墩柱及盖梁钢筋施工、混凝土浇筑如图 3.7-2 所示。

图 3.7-2 普通现浇施工

（2）预制钢筋笼，现场浇筑混凝土施工如图 3.7-3 所示。

图 3.7-3 预制钢筋笼，现场浇筑混凝土施工

（3）整体预制施工，如图 3.7-4 所示。

图 3.7-4 整体预制施工

墩柱及盖梁不同施工方式对比如表 3.7-1 所示。

表 3.7-1　墩柱及盖梁不同施工方式对比表

比选项目＼施工方式	普通现浇施工	预制钢筋笼、现场浇筑混凝土	整体预制施工
对现况道路的影响	需搭设支架，占用路幅宽度大，时间长	基本不需搭支架，占用路幅宽度小，时间短	基本不需搭支架，占用路幅宽度小，时间短
工期	墩柱 7 d，盖梁 5 d	墩柱 2 d，盖梁 2 d	墩柱 2 d，盖梁 2 d
对机械要求	无须大型机械	墩柱及盖梁钢筋笼重量不大，小型吊机即可满足要求	需较大型吊装设备
受力安全	整体现浇，受力安全可靠	整体现浇，受力安全可靠	拼装点为受力薄弱环节，需对连接构造进行专项研究，并进行论证、评审，此环节可能成为制约工期的因素

依据表 3.7-1，从结构受力、施工工期、施工难度角度来看，墩柱及盖梁采用预制钢筋笼、现场浇筑混凝土方案优于其他两个方案，推荐墩柱及盖梁采用预制钢筋笼、现场浇筑混凝土施工方式。

3.7.2　技术要点

（1）下部结构施工中所用模板应采用定型钢模板，在特殊情况下可采用光面竹、木胶合板制作，模板和支架应具有足够的承载力、刚度和稳定性。

（2）钢筋应符合现行国家、行业和地方标准，并应有材料质量证明和试验报告。

（3）混凝土强度等级应符合下列规定：

① 轨道梁桥、组合桥、道岔桥桥墩的钢筋混凝土强度等级不宜低于 C40。

② 轨道梁桥、组合桥、道岔桥基础的钢筋混凝土强度等级不宜低于 C30。

（4）预埋件及预埋孔道位置、安装精度应符合设计要求，安装应牢固可靠。

（5）桥墩盖梁顶面应设置性能良好的排水设施，确保其表面无积水，排水孔道应通畅，排水设施应便于检查、维修和更换。

（6）混凝土墩身允许误差应符合表 3.7-2 规定。

表 3.7-2　混凝土墩身允许误差

检查项目	允许误差/mm
前后左右边缘距中心点尺寸	±10
表面平整度	±6
混凝土相邻两板面高差	2
高程	±10
垂直度	10（1‰）
预埋件位置	±5

（7）盖梁、支座、预埋件安装允许误差应符合表 3.7-3 规定。

表 3.7-3　盖梁、支座、预埋件安装允许误差

检查项目	允许误差
前后左右边缘距中心点尺寸	±10 mm
表面平整度	5 mm
盖梁顶面高程	0 mm −10 mm
基座板高程	0 mm −5 mm
相邻桥墩支座锚箱间距	±5 mm
基座板平面角度	±3/1 000 rad
支撑垫石超高误差	±1/300 rad

（8）为了解决跨座式单轨交通中铸钢拉力支座下部预埋在盖梁中的锚箱安装精度问题，我们还创新了锚箱基座板定位支架安装技术，用可拆除回收的 H 型钢架代替原来不可回收的角钢支架，支架可以重复利用，平均每个锚箱节省钢材 75 kg，锚箱安装精度大为提高，为同时架设和安装 PC 轨道梁打下了坚实的技术基础。锚箱基座板定位支架安装如图 3.7-5 所示。

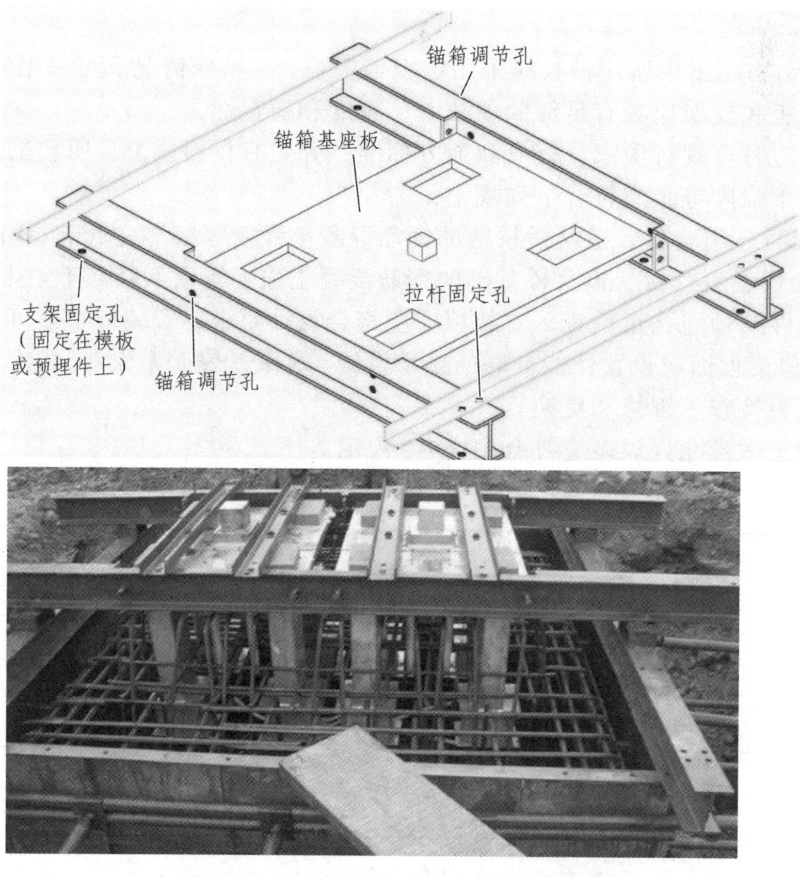

图 3.7-5　锚箱基座板定位支架安装图

3.7.3　工程实例

在实际工程中，根据具体的要求，采用不同的桥墩，如图 3.7-6 ~ 图 3.7-14 所示。

图 3.7-6　T 形桥墩

图 3.7-7　花瓣形桥墩

图 3.7-8　双肢薄壁形桥墩

图 3.7-9　正线与出入线共用桥墩

当单轨线路需要跨越较大的道路交叉口等中等跨度构（建）筑物时，可利用纵向连续 T 构实现 30 ~ 50 m 跨越；当单轨线路转弯进入既有道路上方时，可利用门形墩柱和倒 L 形墩柱结构，实现从道路上方穿越。

图 3.7-10　跨越较大路口示意图

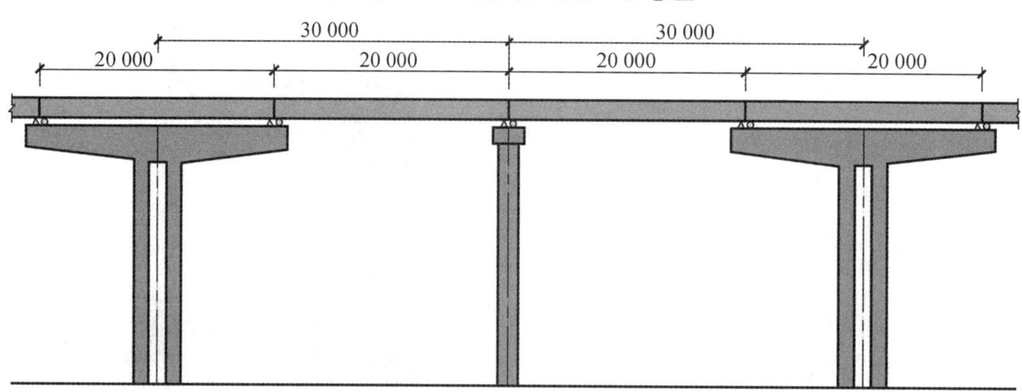

图 3.7-11　纵向 T 构与轨道梁组合示意图

图 3.7-12　T 构工程应用实例

图 3.7-13　倒 L 形桥墩

图 3.7-14　门型墩

为减少施工工期，缓解施工期间交通压力，降低施工成本，我们将原来的混凝土门形墩横梁优化为箱形钢结构横梁。

2017 年 5 月 31 日，为加强跨座式单轨交通门型墩钢横梁制造及安装工程施工管理，做到技术先进、经济合理、安全可靠、确保质量，由重庆多家参建单位编制，并经重庆市城乡建设委员会批准发布了《跨座式单轨交通门型墩钢横梁制造及安装规范》（DBJ50/T-264—2017）。

3.8 其他组合桥体系

3.8.1 类　型

《跨座式单轨交通设计规范》（GB 50458）中组合桥的定义是当轨道梁桥需要 30 m 及以上跨度时，采用将标准断面的轨道梁、道岔架设在桥梁上，形成桥上桥的重叠结构；其上部为轨道梁或道岔，组合桥特指其下部支承轨道梁、道岔的桥梁结构；由较大跨度的组合断面轨道梁组成的桥梁结构也称为组合桥。

组合桥在重庆跨座式单轨交通建设中也有广泛应用，根据用途大致分为公轨两用桥和单轨专用桥。

另外还有一种设置在高架线路段，用于安装道岔及附属设备的钢筋混凝土桥式平台，我们称之为道岔桥。

3.8.2 工程实例

重庆轨道交通 3 号线一期工程菜园坝长江大桥（见图 3.8-1）是世界上第一座公轨两用跨江大桥，该桥为大跨径拱桥，主跨 420 m，是集钢管拱、钢箱梁、钢桁梁等各种新型桥梁结构形式于一身的现代化桥梁。桥梁下部结构铺设钢箱梁与 PC 轨道梁，通行单轨列车。

图 3.8-1　菜园坝长江大桥

重庆轨道交通 2 号线延伸段工程鱼洞长江大桥（见图 3.8-2）也是公轨两用连续刚构桥，主桥梁体采用挂篮悬浇法施工，桥面上预留锚箱安装基坑，钢轨道梁与 PC 梁铺设在桥梁中间，简支结构的单轨线路与刚性联结桥梁一起产生变形，受力较复杂，采用了大位移铸钢拉力支座和大位移伸缩器进行连接。此外，大桥钢护栏下部结构采用转筋板技术与预埋件连接，护栏防撞等级较高，为 SA 级，抗碰撞能量 400 kJ。

图 3.8-2　鱼洞长江大桥

重庆轨道交通 3 号线一期工程的嘉陵江大桥（见图 3.8-3）、南延伸线的箭滩河大桥和北延伸线的跳蹬河大桥等，都是单轨专用桥。桥梁结构与单轨线路同期建造，此类结构，除控制好预应力混凝土连续刚构在完成体系转换前后的线形外，还需注意大桥合龙后温度效应与后期混凝土收缩徐变等不利因素引起的桥梁位移与挠度变形对单轨线路的影响。

图 3.8-3　嘉陵江大桥

道岔桥（见图 3.8-4）在重庆跨座式单轨交通工程中，特别是出入段线等道岔聚集区域广泛应用。

图 3.8-4　重庆轨道交通 3 号线延伸段工程出入段线 1 号道岔桥

第 4 章　轨道梁架设

跨座式单轨交通线路，分节段设计制造完成的单榀轨道梁，要从生产工厂运往安装现场，架设安装在线路设置的梁桥墩柱基座上，再经过线形调整，形成符合设计要求的连续轨道梁线路，保证轨道列车安全、经济运行，乘车舒适。

4.1　轨道梁架设安装专用设备

4.1.1　轨道梁运梁车

YL60 型轨道梁运梁车，是根据重庆市跨座式单轨交通线路的特点，2001 年由中铁十一局集团第六工程有限公司和武汉工程机械研究所联合研发、设计、制造的跨行在已架设完成的轨道梁上运输轨道梁的设备，一般与 JQ60 型单轨架桥机配合使用。该设备主要用于运输设计在山地，水边，跨江河、沟壑大桥上和构（建）筑物内等无法采用地面运输车辆运输至安装现场的轨道梁。

YL60 型轨道梁运梁车的主要组成是：车体 1 个，车体主要由型钢构成，外形尺寸（轨面以上部分）24 665 mm×2 800 mm×3 400 mm，车体内设有拖梁小车运行轨道及固定轨道梁的装置；链轮链条传动方式的拖梁机构 1 套，拖梁小车 2 台；转向架 4 套，每套转向架有两根轴，每根轴有两组共 4 个轮胎在轨道梁的顶面（走行面）支撑车体运行，每套转向架在轨道梁的两个上侧面（导向面）分别设置有两个轮胎导向，每套转向架在轨道梁的两个下侧面（稳定面）分别设置有一个轮胎保持车体稳定，各组轮胎设有液压调整装置进行车体运行时的调平；柴油发电机组 1 台，作为车辆动力；液压泵站及管路 1 套，用于车辆驱动和调平；司机室 1 个，安全保护监控系统 1 套，用于监控车辆运行安全；电器系统 1 套。

YL60 型轨道梁运梁车的主要技术性能参数是：额定载质量 65 000 kg，最大运梁长度 ≤22.5 m，通过轨道梁线路最小平面曲线半径 75 m，适应轨道梁线路最大纵坡 60‰，空载行走速度 0.3 ~ 7.5 km/h，负载行走速度 0.3 ~ 2.0 km/h，柴油发电机组常用功率 114 kW，转向架最大轴重 117 kN，车体左右调平量±7°，液压系统额定压力 21 MPa/25 MPa，运梁车质量 31 000 kg。

YL60 型轨道梁运梁车（见图 4.1-1），截至 2016 年，已经在重庆市的跨座式单轨交通工程线路 2 号线和 3 号线工程建设施工中，安全稳定运输轨道梁 3 500 余榀。

图 4.1-1　YL60 型轨道梁运梁车

4.1.2　轨道梁架桥机

2001 年，中铁十一局集团第六工程有限公司和铁道部武汉工程机械研究所联合研发了 JQ60 型单轨架桥机（见图 4.1-2），该架桥机主要用于架设安装设计在山地，水边，跨江河、沟壑大桥上和构（建）筑物内等一般起重设备无法吊装的轨道梁。

图 4.1-2　JQ60 型单轨架桥机

JQ60 型单轨架桥机的主要组成是：车体 1 个，车体主要由型钢焊接构件组成；起重拖运轨道梁就位安装机臂 1 套，机臂由 3 套液压支撑柱支撑，机臂前端是 0 号柱，依次是 1 号柱、2 号柱，机臂上设置吊梁小车运行轨道 1 套、吊梁小车 2 台、链轮链条传动方式的拖运轨道梁机构 1 套；临时支撑 1 套，用于机臂收回车体内时临时支撑机臂；转向架 4

套，每套转向架有两根轴，每根轴有两组共 4 个轮胎在轨道梁的顶面（走行面）支撑车体运行，每套转向架在轨道梁的两个上侧面（导向面）分别设置有两个轮胎导向，每套转向架在轨道梁的两个下侧面（稳定面）分别设置有 1 个轮胎保持车体稳定，各组轮胎设有液压调整装置进行车体运行时的调平；柴油发电机组 1 台，作为车辆动力；液压泵站及管路 1 套，用于车辆驱动和调平；司机室 1 个，安全保护监控系统 1 套，用于监控车辆运行安全；电器系统 1 套。

JQ60 型单轨架桥机主要技术参数：额定起重量 65 000 kg，架设轨道梁跨度≤22.5 m，架设轨道梁最小曲线半径 100 m，机臂收回车体后主机通过的最小曲线半径 100 m，架设轨道梁作业最大纵坡 60‰，架设轨道梁作业最大横坡 12%，单轨架桥机自行速度 0 ~ 2 km/h，机臂前端最大摆动量±4 200 mm，空中移梁最大横移量±200 mm，吊梁小车吊梁起升速度 0.33 m/min，吊梁小车吊梁走行速度 0 ~ 3 m/min，吊梁小车吊梁横移速度 0.2 m/min，拖运梁速度 0 ~ 3 m/min，液压系统工作压力 21/25 MPa，整机功率 106 kW，作业时最大轮廓尺寸（长×宽×高）46 852 mm×3 200 mm×6 876 mm，架桥机主机质量 76 000 kg。

JQ60 型单轨架桥机，截至 2016 年，已经在重庆市的跨座式单轨交通工程线路 2 号线和 3 号线工程建设施工中，安全稳定架设轨道梁 3 500 余榀。

4.1.3 轨道梁平板运输车

1. 轨道梁长距离运输

轨道梁从生产工厂运往安装现场或临时架梁基地，通常是采用平板拖车运输；为了保证梁片在运输过程中的安全，采用专用夹具将梁片固定在拖车上；运输线路要相对固定，必须能满足平板拖车安全运输梁片。轨道梁长距离运输技术参数如表 4.1-1 所示，轨道梁拖车运输示意图如图 4.1-3 所示。

表 4.1-1 轨道梁长距离运输技术参数

型 号	WS92041QB/WS92041HB					
轴线数	6					
速度/（km/h）	1	5	20	40	60	80
最大总质量/kg	21 6000	204 000	166 600	120 000	108 000	98 400
整备质量/kg	约 2 400					
额定载质量/kg	19 200	180 000	132 000	96 000	84 000	74 400
每轴线荷载/kg	36 000	34 000	26 100	20 000	18 000	16 400
总长/mm	9 000					
总宽/mm	3 000					
高度/mm	1 175±300（满载）					
轴间距/mm	1 500					
轮间距/mm	1 800					
车轮转角/（°）	55					

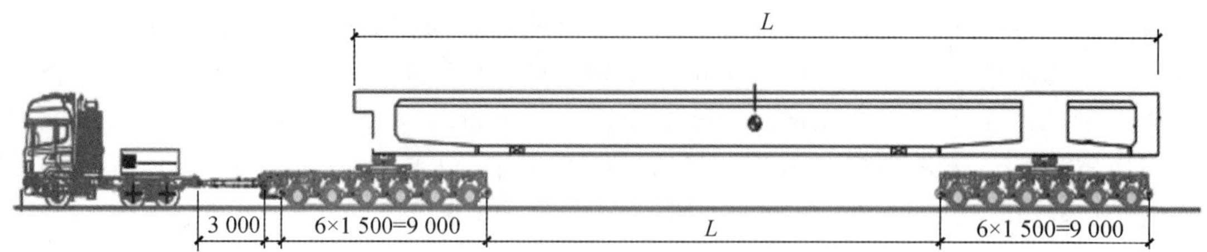

图 4.1-3　轨道梁拖车运输示意图

2. 轨道梁安装现场短距离运输

（1）轨道梁在安装现场，采用汽车式起重机架设安装轨道梁工艺时，采用现场短距离运输，平板拖车运输轨道梁到达安装现场后，汽车式起重机直接从平板拖车上起吊轨道梁进行架设安装。

（2）采用专用设备运梁车和架桥机跨行轨道梁架设安装轨道梁工艺时，平板拖车运输轨道梁到达临时架梁基地后，采用龙门式起重机吊装轨道梁到跨行轨道梁上的运梁车上固定可靠，运往安装现场。

（3）采用橡胶轮胎移动式门式起重机和钢轮钢轨道门式起重机架设安装轨道梁工艺时，平板拖车运输轨道梁到达安装现场后，采用门式起重机直接从平板拖车上起吊轨道梁，再自行运送到安装点架设安装。

（4）采用其他综合方式架设安装轨道梁工艺时，平板拖车运输轨道梁到达安装现场后，采用铺设钢轨道和运梁小车，运输轨道梁到达安装点安装。

4.2　轨道梁架设安装

轨道梁架设安装，根据工程现场条件确定不同的工艺，目前已采用过的架设安装工艺有：汽车式起重机架设安装、专用设备运梁车和架桥机跨行轨道梁架设安装、移动式门式起重机架设安装和其他综合方式架设安装。

4.2.1　架设安装准备

（1）轨道梁架设安装施工作业队伍应经过专业培训并考核合格，作业人员应持证上岗。

（2）设计图纸及相关技术文件齐全。施工前，各项技术交底已完成，并且手续完善。

（3）安装 PC 轨道梁的基座板锚箱已施工完毕，经检查验收合格并应有合格证明材料。

（4）安装所需的配件已准备完善，并且符合设计及国家现行有关标准的规定。

（5）轨道梁安装所使用的测量仪器、工具应经国家法定检测机构检定合格，并在相应的检定周期内使用。

（6）应使用具有专用工装支垫防护措施的平板拖车运输轨道梁。

4.2.2　汽车式起重机吊装

1. 适用范围

汽车式起重机吊装主要适用于汽车式起重机及轨道梁地面运输车辆出入方便，吊装作业现场相对平实耐压，构（建）筑物不影响吊装作业的架设安装现场。

2. 工艺顺序及特点

（1）确认拟架设安装轨道梁的墩台基座板表面光洁平整、无积水、排水畅通。

（2）在墩台基座板表面标示出安装中心线。

（3）将紧固轨道梁的锚固螺栓、盖板、活动板、调整板、凸轮板、锲紧块等放置就位。

（4）在高架区间，搭设人行爬梯和高处作业安全操作平台。

（5）作业现场设置警戒区域，安排专人安全值班。

（6）夜间施工时，设置满足要求的现场照明。

（7）汽车式起重机及轨道梁地面运输车辆根据现场情况顺序就位。

（8）采用两台汽车式起重机，双机抬吊方式吊装轨道梁就位。

（9）采用钢丝绳或尼龙吊带做吊绳，在轨道梁两端 2 m 范围内垂直兜底吊装。

（10）采用钢丝绳吊绳时，必须在轨道梁与吊绳的接触表面加装护垫，防止损伤轨道梁。

（11）轨道梁吊装就位到安装基座板后，两端分别对位安装锚固螺栓。

（12）锚固螺栓螺纹要用薄铜板护套防护可靠。

（13）两端锚固螺栓用预置式力矩扳手紧固。

（14）汽车起重机移位进行下一榀轨道梁吊装准备，安装人员继续完成梁端接缝板安装、铸钢拉力支座楔紧块等配件安装。安装轨道梁现场如图 4.2-1 所示。

图 4.2-1 两台汽车式起重机，双机抬吊方式架设安装轨道梁

4.2.3 运梁车和架桥机架设安装

1. 适用范围

（1）适应跨座式单轨交通线路各种现场条件的轨道梁架设，主要用于线路在山地，水边，跨江河、沟壑大桥上，构（建）筑物影响汽车式起重机及运输车到达安装现场的轨道梁架设。

（2）采用专用设备运梁车和架桥机，跨行轨道梁架设轨道梁工艺，必须先设置临时架梁基地。临时架梁基地应满足以下要求：应有安全运输轨道梁进出的硬化道路；应有临时存放一定数量轨道梁的场地及设施；应有组装专用设备和吊运轨道梁的起重机及附属设施。

2. 工艺顺序及特点

专用设备运梁车和架桥机，跨行轨道梁架设安装轨道梁工艺顺序及特点主要是：

（1）建设临时架梁基地。

（2）先行架设安装完成基地内 60 m 以上长度的轨道梁线路，然后在轨道梁线路上组装调试专用设备运梁车和架桥机合格。

（3）安装现场，确认拟架设安装轨道梁的墩台基座板表面光洁平整、无积水、排水畅通。

（4）在墩台基座板表面标示出安装中心线。

（5）将紧固轨道梁的锚固螺栓、盖板、活动板、调整板、凸轮板、锲紧块等放置就位。

（6）在高架区间，搭设人行爬梯和高处作业安全操作平台。

（7）作业现场设置警戒区域，安排专人安全值班。

（8）夜间施工时，设置满足要求的现场照明。

（9）运行架桥机，跨行轨道梁到达架设点，固定调试合格。

（10）运行架桥机拖运梁设备，准备从运梁车上接运轨道梁；根据线路曲线半径，选择相适应的运梁过渡轨道，准备与运梁车轨道连接。

（11）运行运梁车，在架梁基地装载轨道梁，将轨道梁可靠固定在运梁车拖运梁设备上。

（12）运行运梁车，跨行轨道梁到达架设点。

（13）通过过渡轨道使运梁车与架桥机可靠连接。

（14）同时运行架桥机和运梁车的拖运梁设备，运送轨道梁前行。

（15）当轨道梁前端，运送到达架桥机起重大臂前端吊梁小车位置时，停止运行。

（16）使用架桥机起重大臂前端吊梁小车起吊轨道梁前端，调整轨道梁水平状态。

（17）架桥机起重大臂前端吊梁小车与拖运梁设备同时运行前行。

（18）轨道梁后端，运行到达架桥机起重大臂上后端吊梁小车位置时，停止运行。

（19）使用架桥机起重大臂后端吊梁小车吊起轨道梁后端，调整轨道梁水平状态。

（20）同时运行架桥机起重大臂前后两端吊梁小车前行，运送轨道梁到达安装位置，停止运行。

（21）调整轨道梁水平状态，同时运行架桥机起重大臂前后端吊梁小车下降，在轨道梁距离安装锚固螺栓顶面 20 mm 左右时停止下降。

（22）调整轨道梁前后端的纵向和横向位置，使铸钢拉力支座安装孔对正锚固螺栓；在有纵坡的轨道梁线路安装时，还要调整轨道梁与线路纵坡的平行斜度，轨道梁与纵坡斜度一致后，架桥机起重大臂前后端的吊梁小车才能同步下降。

（23）微调铸钢拉力支座，使安装孔对正锚固螺栓，同时要用薄铜板护套防护锚固螺栓螺纹可靠。

（24）轨道梁下降到位在安装基座板上，检查轨道梁两端是否接触平实，利用调整垫片保证安装平实，安装轨道梁支座锚固螺栓；锚固螺栓用预置式力矩板手紧固。

（25）安装轨道梁两端的接缝板和铸钢拉力支座抗剪榫锲紧块等配件。

（26）收回架桥机支撑体系及起重大臂，解除固定；运行架桥机，跨行已完成架设安装的轨道梁，移位进行下一榀轨道梁架设安装；运梁车解除固定，跨行已完成架设安装的轨道梁，返回架梁基地，装载运送下一榀轨道梁。

专用设备运梁车和架桥机如图 4.2-2 所示。

图 4.2-2　专用设备运梁车和架桥机

4.2.4　移动式门式起重机架设安装

1. 设备类型和适用范围

设备类型主要包括专用橡胶轮胎移动式门式起重机和钢轮钢轨道门式起重机。它们主要适用于架设安装设计在地面和地下车站，车场基地，跨江河、沟壑的专用大桥和公路大桥上的轨道梁。

2. 工艺顺序及特点

（1）专用橡胶轮胎移动式门式起重机架设安装轨道梁工艺顺序及特点是：

① 专门设计制造专用橡胶轮胎移动式门式起重机及附属设备。

② 架设轨道梁的基座高度在 3 m 左右。

③ 专用橡胶轮胎移动式门式起重机自行移动范围较大。

④ 在安装现场，运输轨道梁到位后，采用两台专用橡胶轮胎移动式门式起重机，在轨道梁两端 2 m 范围内，分别起吊轨道梁脱离运输车后，运输车离开。

⑤ 两台专用橡胶轮胎移动式门式起重机前后运行，抬运轨道梁同步自行到架设点。

⑥ 两台专用橡胶轮胎移动式门式起重机同步自行时，运行独立的起重升降装置，控制起吊高度和水平，运行独立的走行轮，调整控制走行方向和位置，将轨道梁准确就位到安装基座板。

（2）钢轮钢轨道门式起重机架设安装轨道梁的工艺顺序及特点是：

① 专门设计制造钢轮钢轨道门式起重机设备。

② 架设轨道梁的基座高度在 15 m 左右。

③ 在安装现场，使用两台门式起重机，前后跨越轨道梁线路桥墩柱安装基座，抬运架设轨道梁。

④ 门式起重机的钢质行走轮，在临时铺设枕木固定的钢轨道上运行。每台门式起重机有独立的起重升降和横向移动装置。

图 4.2-3 所示为专用橡胶轮胎移动式门式起重机架设安装轨道梁。

图 4.2-3　专用橡胶轮胎移动式门式起重机架设安装轨道梁

4.2.5　组合方式架设安装

1. 设备类型和适用范围

（1）其他综合方式架设安装工艺主要有：

① 轮胎（履带）式起重机配合吊装，地面铺设枕木固定钢轨道，轨道小车运梁，人工横移梁架设。

② 汽车起重机配合吊装，高架搭设钢轨道，轨道小车运梁，人工横移梁架设。

（2）主要适用于不能直接采用汽车式起重机、专用设备运梁车和架桥机、移动式门式起重机 3 种架设安装方式的轨道梁架设安装。

2. 工艺顺序及特点

（1）搭设的钢构件、铺设的钢轨道，要确保安装平实，安全可靠。

（2）设计制造的轨道小车满足工艺要求，确保安装调试质量，运行安全可靠。

（3）设计制造的人工横移梁滑板设施，满足工艺要求，确保安装调试质量。

（4）操作人员经过专项技能培训合格。

图 4.2-4 所示为搭设钢构件，铺设钢轨道架设安装轨道梁。

图 4.2-4　搭设钢构件，铺设钢轨道架设安装轨道梁

4.2.6　不同架设安装方式对比

汽车式起重机是通用型设备，市场租赁容易，吊装工艺相对简易，工作效率高，是采用较多的架设安装工艺。跨座式单轨交通线路主要设计建造在城市绿化带，采用汽车式起

重机架设安装工艺时，要临时占用部分城市道路，基本上只能安排在夜间作业，且其对运输道路和作业现场的承载能力要求较高。

专用设备运梁车和架桥机跨行轨道梁架设安装工艺，是采用铸钢拉力支座简支的轨道梁线路，其架设工艺适应性强。但设计制造专用设备运梁车和架桥机，一次性投入较大。

移动式门式起重机架设安装要设计制造专用移动式门式起重机，对运输道路和作业现场的承载能力要求较高，不能架设安装基座较高的轨道梁。

组合方式架设安装对运输道路和作业现场的承载能力要求较高，要搭设专用钢构件，铺设专用钢轨道，要设计制造轨道小车和人工横移梁滑板设施，要特别防止轨道梁在钢轨道上运输和架设时倾覆。

4.3 轨道梁线形调整

4.3.1 轨道梁线形调整采用的主要工器具及使用

（1）薄型液压千斤顶及钢支墩：轨道梁线形调整时的工作空间狭窄，并且大多时候都处于高处作业状态，一般选用薄型液压千斤顶作为顶升和纵横移轨道梁的动力；制作钢支墩，用于必要时垫高薄型液压千斤顶，顶升轨道梁作业。

（2）钢锲块：制作专用钢锲块，配合薄型液压千斤顶使用，用于纵向和横向微量移动轨道梁调整作业。

（3）精密框式水平仪及斜测量块和平测量块：制作专用斜测量块和平测量块，配合精密框式水平仪使用，用于检测轨道梁垂直度和横坡质量。

（4）预置式力矩扳手：650 ~ 1 500 N·m 力矩扳手用于紧固检测轨道梁锚固螺栓，125 ~ 300 N·m 力矩扳手用于紧固检测轨道梁接缝板螺栓。

（5）调整垫板：制作厚度分别为 1.0 mm、1.25 mm、1.5 mm、1.75 mm、2.0 mm 的专用调整垫板，通过在轨道梁支座的 4 个支点处，加减不同厚度的调整垫板，调整轨道梁垂直度和横坡直至符合设计要求。

4.3.2 轨道梁线形调整的步骤

跨座式单轨交通线路，分节段单榀设计制作完成的轨道梁，在架设安装后，要经过线形调整，使分节段单榀轨道梁连接成符合设计要求的连续、平直、圆顺线路，以保证轨道列车安全、经济运行，乘车舒适。线形调整分为初步调整、精确调整、最终调整 3 次进行。

1. 轨道梁线形初步调整

轨道梁线形初步调整，在轨道梁架设安装时进行，目的是：保证轨道梁安装在基座板上后，梁体基本平实，固定可靠；相邻轨道梁通过接缝板连接后，基本平直、圆顺，能保证专用设备运梁车和架桥机跨行轨道梁时安全通过。

2. 轨道梁线形精确调整

轨道梁线形精确调整，在架设安装完成一批连续及一定数量的轨道梁后进行，目的是：

保证轨道梁安装在基座板上后，梁体平实、固定可靠；相邻轨道梁通过接缝板连接后，成为符合设计要求的平直、圆顺线路；轨道梁线形精确调整后，其他设备可以上线安装，轨道列车可以上线试运行。

轨道梁线形精确调整工艺顺序主要有：测量已经完成架设安装的连续轨道梁线形现状；选定调整一榀基准梁；以基准梁顺延调整线路的其他轨道梁。

（1）测量已经完成架设安装的连续轨道梁线形现状。跨座式单轨交通线路，应在已经完成架设安装一批连续及一定数量的轨道梁后进行线形现状测量，有两条以上线路并行，需要调整线间距时，宜在各条线路都已经完成架设后，测量轨道梁线形现状。测量项目是：轨道梁垂直度及横坡超高，轨道梁线路中心线间距及线路中心误差，轨道梁两端面伸缩缝间距，相邻轨道梁走行面、导向面及稳定面的相互平面高低差，安装锚箱基座板抗剪榫与铸钢拉力支座下摆方孔的纵向和横向间距，轨道梁线路梁端轨面高程。测量的目的是：为了预先了解各项数据，以便在调整时均分各项误差值，保证各项误差值能在设计要求的允许范围内。

（2）选定调整合格一榀基准梁。在拟调整的线路区间有曲线段时，应选定调整一榀圆曲线梁为基准梁。基准梁调整工艺顺序是：调整相邻轨道梁两端面伸缩缝间距，同时兼顾调整安装锚箱基座板抗剪榫与铸钢拉力支座下摆方孔的纵向和横向间距；调整轨道梁垂直度，同时兼顾调整横坡超高；调整轨道梁线路中心线间距，同时兼顾调整线路中心线误差；调整相邻轨道梁走行面、导向面及稳定面的相互平面高低误差；调整轨道梁线路梁端轨面高程。

（3）以基准梁顺延调整线路的其他轨道梁。基准梁调整合格后，以基准梁前后端为基准，顺延调整线路上的其他轨道梁，调整工艺顺序与基准梁调整基本相同。

3. 轨道梁线形最终调整

轨道梁线形最终调整，在轨道梁线路经过列车上线试运营之后进行，目的是：检测确认轨道梁安装状态最终定型后，梁体是否保证平实、固定可靠；相邻轨道梁通过接缝板连接后，线路各项误差是否符合设计要求；列车运行时线路状态是否正常，有无异常振动等。发现不符合项时，再进行微调。轨道梁线形最终调整完成后，对铸钢拉力支座的楔形块进行焊接固定。图 4.3-1 为轨道梁线形调整工艺顶升轨道梁示意图，图 4.3-2 为轨道梁线形调整工艺纵向横向移动轨道梁示意图。

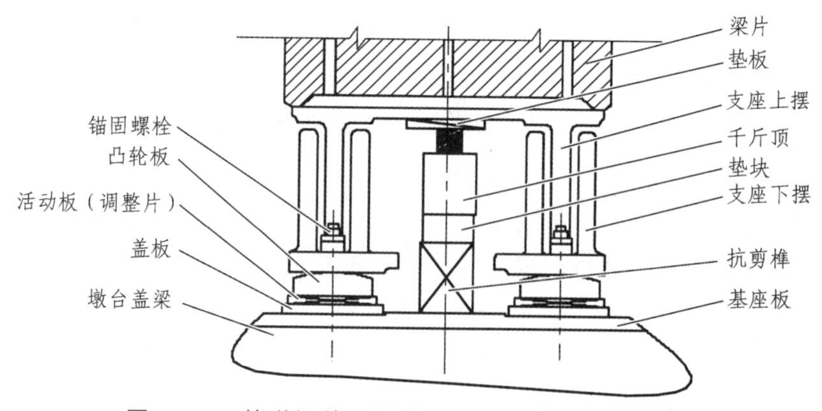

图 4.3-1　轨道梁线形调整工艺顶升轨道梁示意图

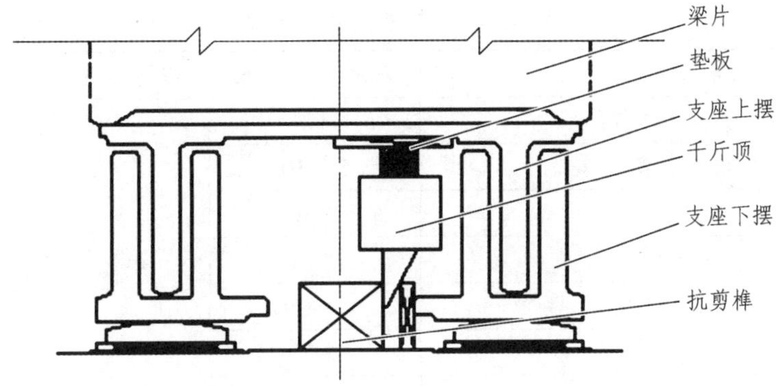

图 4.3-2　轨道梁线形调整工艺纵向横向移动轨道梁示意图

4.4　轨道梁桥成桥质量控制

4.4.1　轨道梁支座安装质量控制

轨道梁支座是轨道梁结构受力的关键部件，架设安装质量直接关系到跨座式单轨线路的运营安全，必须确保满足规定的技术要求。

1. 铸钢拉力支座安装质量控制要求

（1）支座安装时，应采取可靠措施防止损伤表面防护涂层。

（2）梁两端支座的 4 个受力点应均匀接触受力，不得出现 3 点受力的情况。

（3）锚固螺栓安装应垂直，螺母预紧力应均匀，扭矩不得小于 800 N · m，但不得超过 830 N · m，预紧后进行标记，并用黄油涂抹防护。

（4）支座及构配件焊接外观无裂纹；锚杆长度范围无裂痕，螺纹完好。

（5）支座抗剪榫处的楔紧块安装应确保紧固，紧贴抗剪榫的楔紧块宜高出抗剪榫 5 ~ 30 mm。

（6）锚杆螺柱应高出紧固螺母不得少于 3 个螺距。

（7）调整垫片的最大厚度不得超过 20 mm，不得取消盖板。

2. 承拉盆式橡胶支座安装质量控制要求

（1）承拉盆式橡胶支座柔性拉杆丝扣应高出紧固螺母 10 mm。

（2）承拉盆式橡胶支座调整垫片的最大厚度不得超过 20 mm。

（3）承拉盆式橡胶支座的套筒组件应在制造单位总装并调整完毕，施工单位在安装过程中不得随意拆卸。

（4）安装时应保证套筒垂直，其倾斜误差应小于 5‰弧度，套筒顶板面应保持水平，高差应小于 1 mm。

（5）固定支座组件与上承拉件组装时，固定支座组件顶部的凸台应与上承拉件的凹槽吻合；活动支座应根据安装温度通过螺栓来调整支座与上承拉件的位置。

（6）支座安装时，应将防锈黄油或其他防锈润滑剂注入套筒内，注入高度应距套筒顶面大于等于 135 mm。支座精度标准如表 4.4-1 所示。

表 4.4-1　支座精度标准表

序号	检查项目	精度要求/mm	检测数量	检查方法
1	固定块方向	±2	全部	用钢卷尺、钢直尺测量
2	楔形块与抗剪榫高差	5 ~ 30		
3	横向调整	＜30		
4	纵向调整	＜15		
5	抗剪榫顶面与下摆面高差	＞15		
6	调整垫片厚度	≤20		
7	抗剪榫与支座下摆间隙	＞15		

4.4.2　接缝板安装质量控制

接缝板安装质量是影响车辆行车安全、平稳、舒适和耐久性等的重要因素，安装质量控制要求：

（1）接缝板与预埋板座接触面应平实密贴。

（2）接缝板的紧固螺栓预紧力应均匀，最终安装后的预紧力矩不得小于 150 N·m，不得超过 160 N·m。

（3）为防止走行面接缝板螺栓孔存积雨水，而导致紧固螺栓锈蚀影响耐久性，当轨道梁线形全部调整完毕后，走行面接缝板螺栓孔应全部用优质无收缩性玻璃胶或树脂填充。

（4）接缝板紧固螺栓帽应低于接缝板面不得小于 1 mm。

（5）接缝板上表面与梁体混凝土表面的高差值，应不超过 2 mm；两块相邻接缝板间的高差值，应不超过 2 mm。

（6）不设接缝板的轨道梁，其轨缝面的相对错台误差均应小于等于 3 mm。

接缝板安装精度标准如表 4.4-2 所示。

表 4.4-2　接缝板安装精度标准表

序号	检查项目	精度要求/mm	检测数量	检查方法
1	轨道梁缝间隙	±10	全部	用水平尺、钢直尺、塞尺测量
2	轨道梁面与接缝板面高差	≤2		
3	走行面、导向面和稳定面接缝板间高差	≤2		
4	轨道梁面间高差	≤3		

4.4.3　轨道梁中心线间距安装质量控制

轨道梁直线段的线间距为 3 700 mm（目前重庆单轨采用的数据），曲线段的线间距为（3 700+W）mm（W 为曲线加宽值）。轨道梁的线间距，是确保车辆上下行行车安全的关键指标，安装质量控制要求：

（1）PC 轨道梁线间距 b 在直线段为 b_0^{+25}，曲线段为 $(b+w)_0^{+25}$。

（2）钢轨道梁线间距 b 在直线段为 b_0^{+25}，曲线段为 $(b+w)_0^{+25}$。

（3）PC 轨道梁和钢轨道梁的中心线间距检测点，应是梁体梁端和跨中的中心线对应点。轨道梁中心线间距标准如表 4.4-3 所示。

表 4.4-3 轨道梁中心线间距标准表

序号	检查项目	精度要求/mm	检测数量	检查方法
1	轨道梁	0～25	每榀 6 点（梁端、跨中导向和稳定轮行走面对应点）	用钢卷尺测量

4.4.4 轨道梁几何线位质量控制

1. 线路中心

当轨道梁架设完毕并经线路线形精度调整后，实际轨道梁线路中心位置与设计轨道梁线路中心位置会有一定的偏移量，在施工过程中应严格控制轨道梁线路中心的偏移量。因此，在完成轨道梁线形精调后，应对全部轨道梁的线路中心线进行贯通测量。线路中心精度标准如表 4.4-4 所示。

表 4.4-4 线路中心精度标准表

序号	检查项目	精度要求/mm	检测数量	检查方法
1	直线 PC 轨道梁每个墩台连接处	＜25	全部	用钢卷尺、全站仪测量
2	直线钢轨道梁每个墩台连接处	＜10		
3	曲线 PC 轨道梁每个墩台连接处	＜25		
4	曲线钢轨道梁每个墩台连接处	＜10		

2. 轨面标高

当轨道梁架设完毕并经线路线形精度调整后，实际的轨面标高与设计轨面标高会有一定的误差量，轨面标高的控制也是直接影响线路整体精度、建筑限界控制和行车安全的重要指标，将实际轨面标高误差控制在一定的范围是十分必要的。轨面标高精度标准如表 4.4-5 所示。

表 4.4-5 轨面标高精度标准表

序号	检查项目	精度要求	检测数量	检查方法
1	PC 轨道梁连接处轨面	−15～30 mm	全部	水准仪、塔尺、钢卷尺
2	钢轨道梁连接处轨面	−10～20 mm		
3	轨面超高（横坡）	7/1 000 rad		钢直尺、吊线锤或水平仪、测角仪

3. 平曲线和竖曲线矢高

当轨道梁架设完毕并经线路线形精度调整后，必须进行轨道梁连接处直线或曲线的平曲线和竖曲线矢高检测。

（1）平曲线矢高检测，平曲线矢高精度标准如表 4.4-6 所示。

表 4.4-6　平曲线矢高精度标准表

序号	检查项目	精度要求/mm	检测数量	检查方法
1	弦长 20 m 时曲线 PC 轨道梁矢高	±20	全部	用钢卷尺、尼龙线、钢直尺测量
2	弦长 20 m 时曲线钢轨道梁矢高	±10		
3	弦长 20 m 时曲线现浇轨道梁矢高	±25		
4	弦长 4 m 时直线 PC 轨道梁矢高	±5		
5	弦长 4 m 时直线钢轨道梁矢高	±3		
6	弦长 4 m 时直线现浇轨道梁矢高	±6		

（2）竖曲线矢高检测，竖曲线矢高精度标准如表 4.4-7 所示。

表 4.4-7　竖曲线矢高精度标准表

序号	检查项目	精度要求/mm	检测数量	检查方法
1	弦长 4 m 时曲线和直线 PC 轨道梁矢高	＜5	全部	用钢卷尺、尼龙线、钢直尺测量
2	弦长 4 m 时曲线和直线钢轨道梁矢高	＜3		
3	弦长 4 m 时曲线和直线现浇轨道梁矢高	＜6		
4	弦长 4 m 时曲线和直线 PC 轨道梁变坡点矢高	＜5 mm±H		
5	弦长 4 m 时曲线和直线钢轨道梁变坡点矢高	＜3 mm±H		
6	弦长 4 m 时曲线和直线现浇轨道梁变坡点矢高	＜6 mm±H		

注：H 值为轨面变坡点的凹凸竖向增减量（mm）。

第 5 章　轨道梁桥维护检修

轨道梁桥设施作为轻轨列车的支撑体，为列车运行提供基本条件，其质量优劣直接关系到列车运营安全。轨道梁桥设施维护检修工作应认真贯彻“预防为主，修养并重，预防与整治相结合，做到无病防病，有病根治”的方针，实行科学管理、标准化作业的制度，有效地预防和整治设施、设备病害，保证轨道梁桥系统处于完好的状态，延长其使用寿命。

轨道梁桥的维护检修主要包括 PC 轨道梁维护检修、钢轨道梁维护检修、疏散检修通道检修、轨道梁下部结构检修和轨道梁连接装置检修。轨道梁桥设施检修工作分为日常巡检、周期性检测、专项检测、临时修补、专项维修、应急抢修，凡是进入轨行区的检修作业都必须先进行验电接地，确保接触网停电之后才能开始作业。

5.1　PC 轨道梁维护检修规程

PC 轨道梁即预应力钢筋混凝土预制梁，作为跨座式单轨交通的重要组成部分，不仅是承载列车荷重和车辆运行导向的结构，同时也是供电、信号、通信等缆线的载体。目前我国常用的 PC 轨道梁为高 1.5 m，宽 0.85 m 的工字型轨道梁。

一般采用工程车或步行的方式对轨道梁的病害进行全面检查，检查内容包括：梁体各工作面是否有裂纹、破损、露筋、龟裂、骨材分离、蜂窝、气泡及标识标牌。其中正线（包括出入段线、试车线）的检修周期为每年 1 次，车场线路由于使用频率不高且列车通过时均是空载，检修周期为每 2 年 1 次。图 5.1-1 所示为巡检工程车。

图 5.1-1　巡检工程车

5.1.1 PC 轨道梁裂纹维护检修规程

PC 轨道梁的裂纹主要分为前期裂纹和后期裂纹两类，前期裂纹主要是在预制过程中由于养护不到位、混凝土内外温差过大等原因造成的，后期裂纹主要是由列车运营过程中产生的振动所造成的。

1. 检查测量

（1）对轨道梁各类裂纹宽度应使用刻度放大镜进行测量，同一裂纹宽度不均时，取最大值。

（2）为避免误判、漏检或测量部准确，原则上雨天不进行裂纹检查。

（3）对裂纹进行检查测量前，应使用干棉纱对梁体表面裂纹处的灰尘、水迹、油污等进行清洁。

（4）裂纹处有锈水渗出的情况，应对钢筋保护层厚度进行检测。

（5）在进行裂纹长度测量时，为确保测量数据的准确性，钢卷尺应紧贴轨道梁，钢卷尺走向与裂纹方向平行。裂纹过长时还应分段进行测量，避免由于钢卷尺下垂产生的测量误差。

2. 记录原则

（1）横向裂纹按从左到右记录，描述内容包括裂纹起点与终点的位置。

（2）纵向裂纹按从小里程到大里程记录，并描述起点与终点的位置。

（3）修补过的裂纹记录其位置、修补长度，如修补过的裂纹有变化应注明。

（4）支座负反力区、梁体受拉区的裂纹应重点记录。

3. 数据整理

（1）每次裂纹检查所记录的数据要与前次检查记录进行对比，发现异常及时报告。

（2）对裂纹的危害程度进行分类。

（3）裂纹检查数据由专人进行统计、汇编、存档。

4. 轨道梁裂纹处理

（1）重大病害应联系轨道梁生产厂家、设计单位、施工单位、监理单位现场确认，召开专门会议进行责任判定，由责任方委托有资质的第三方进行检测，并拟定处置方案，报请业主、监理、设计和施工单位讨论后进行处置。

（2）对钢筋保护层厚度检测后，查阅轨道梁竣工资料、设计图纸，以验证其厚度是否符合设计要求，未达到要求者，通知监理和施工单位，责令其委托第三方进行检测。

（3）由于受时间的限制，在进行轨道梁裂纹修补时，应选用凝结硬化快、早期强度高的水泥。

（4）当裂纹宽度小于 0.2 mm 时，可用表面处理的方式进行修补。

（5）当裂纹宽度较大但不影响结构安全时，可采用开槽的方式进行修补，采用开槽法时，应使用微膨胀水泥作为填充材料。

（6）当裂纹深度较深时，可采用高压化学灌浆的形式进行修补。

（7）当出现贯穿性纵向裂纹时，可采用碳纤维加固的方式进行修补。
（8）对重点裂纹进行跟踪检测。
六大常用水泥主要特征如表 5.1-1 所示。

表 5.1-1　六大常用水泥主要特征

硅酸盐水泥	普通水泥	矿渣水泥	火山灰水泥	粉煤灰水泥	复合水泥
a. 凝结硬化快、早期强度高 b. 水化热大 c. 抗冻性好 d. 耐热性差 e. 耐蚀性差 f. 干缩性较小	a. 凝结硬化较快、早期强度较高 b. 水化热较大 c. 抗冻性较好 d. 耐热性较差 e. 耐蚀性较差 f. 干缩性较小	a. 凝结硬化慢、早期强度低，后期强度增长较快 b. 水化热较小 c. 抗冻性差 d. 耐热性好 e. 耐蚀性较好 f. 干缩性较大 g. 泌水性大、抗渗性较差	a. 凝结硬化慢、早期强度低，后期强度增长较快 b. 水化热较小 c. 抗冻性差 d. 耐热性较差 e. 耐蚀性较好 f. 干缩性较大 g 抗渗性较好	a. 凝结硬化慢、早期强度低，后期强度增长较快 b. 水化热较小 c. 抗冻性差 d. 耐热性较差 e. 耐蚀性较好 f. 干缩性较小 g 抗裂性较高	a. 凝结硬化慢、早期强度低，后期强度增长较快 b. 水化热较小 c. 抗冻性差 d. 耐热性较好 e. 耐蚀性较好 f. 其他性能与所掺入的两种或两种以上混合材料的种类、掺量有关

5.1.2　PC 轨道梁破损检修维护规程

PC 轨道梁的破损主要是在安装过程中意外撞击所产生和运营过程中列车振动所产生，无论哪种破损都可能造成轨道梁钢筋外露，从而严重影响轨道梁的使用寿命。轨道梁破损如图 5.1-2 所示。

图 5.1-2　轨道梁破损示意

1. PC 轨道梁破损、露筋的检查方法

（1）采用卷尺、深度游标卡尺测量破损的大小、深度等数据。
（2）采用钢卷尺测量露筋的长度。

2. 记录原则

（1）对影响运营安全及乘坐舒适性的破损进行记录。

（2）数据记录应包括位置、大小、破损深度。

（3）修补后的破损。

（4）对记录的破损应进行拍照。

3. 数据整理

（1）对破损的危害程度进行分类。

（2）破损检查数据由专人进行统计、汇编、存档。

4. 轨道梁破损处理

（1）根据破损严重程度决定是否需要立即进行修补。

（2）为使修补部位新旧混凝土更好地结合在一起，在进行破损修补前应先清理破损部位油污、灰尘。

（3）由于凝结时间的限制，在选取水泥时应选用凝结硬化快、早期强度高的水泥。

5.1.3 PC 轨道梁梁体微晃动维护检修规程

由于轨道梁支座部件在制造和安装过程中产生误差，轨道梁产生三点受力现象从而导致轨道梁梁体产生晃动。轨道梁晃动不但影响乘坐的舒适性，还影响支座部件、接触网等设备的耐久性。轨道梁晃动检测分为人工检测和机器检测两种，人工检测适用于少量或初步检测，机器检测准确性高于人工检测，适用于轨道梁晃动日常维护性检测。

1. 人工检测

（1）用游标卡尺测量梁体走行面指形板与相邻梁体指形板扳指间的静态间隙，并在测量点位用记号笔做上记号。

（2）一人用游标卡尺放于相同点位，另一人用撬棍卡住走行面指形板并用力撬动，当撬动使相邻指形板间隙达到最小值时，取出游标卡尺进行读数并记录。将静态指形板间隙值减去撬动指形板后测量最小值，从而得到晃动值。

（3）晃动测量应在左右走行面指形板之间各测量一次。

2. 机器检测

（1）检测前将测量仪器安装在工作车端头（检测轨道梁小里程端晃动值时将仪器安装在工作车大里程端，测量大里程端时则相反）。

（2）检测某一榀梁某一端晃动值时，将工作车停放于需检测轨道梁该端相邻的轨道梁上，测量仪器对准要测量轨道梁走行面的指形板，另外一辆工作车停放在要测量的轨道梁上，与测量车保持安全距离，测量仪器准备好后根据口令向反方向运行，直至车辆完全通过该检测的轨道梁后，由计算机操作人员迅速采集图像并记录。

（3）通过计算机对采集到的图像进行筛选，由相邻轨道梁走行面指形板的相对位移量计算晃动值。

（4）计算得出的晃动值按表 5.1-2 进行轨道梁晃动评估。

表 5.1-2 轨道梁晃动评估

晃动程度	晃动值/mm	检测周期/年
I	0.2 以下	5
II	0.2 ~ 0.5	3
III	0.5 ~ 1	1
IV	1 以上	整治

3. 轨道梁晃动整治准备工作

（1）将需要处理的点位告知电气、机电、通号相关专业技术人员，明确配合工作内容。

（2）梁体晃动整治作业共分两个阶段进行，第一阶段为预处理阶段，第二阶段为晃动整治阶段和恢复阶段。在梁体晃动整治工作期间，作业区间实施封锁施工。

4. 轨道梁晃动整治预处理

（1）拆除旧楔紧块并安装新楔紧块。

（2）对锚杆螺母编号。

（3）拆除防松螺母，松动紧固螺母。

（4）拧紧紧固螺母，安装防松螺母并对锚杆丝扣进行保护。

（5）对指形板进行编号并更换指形板螺栓。

5. 晃动正式处理

（1）用直磨机和角磨机切割楔紧块，为防止铁渣伤人，切割时需佩戴护目镜、帆布帽子、口罩、绝缘手套等防护用品，操作人员须穿长袖工作服。

（2）用榔头和錾子将切割的楔紧块剔出。

（3）用 55 mm 的梅花扳手松动锚杆的防松螺帽，再用 1 000 N · m 的扭力扳手采取对角松动的原则将锚杆的紧固螺母进行松动，紧固螺母只需松开 20 mm 左右或满足顶升要求即可。

（4）用千斤顶将 PC 轨道梁顶起，在支座轴心松动的一端增加调整垫片或减少调整垫片，单侧垫片数量不得超过 3 片；垫片的厚度应根据晃动量来确定，垫片的厚度一般为：1.0 mm、1.2 mm、1.5 mm、2 mm 4 种规格。

（5）用深度游标卡尺测量指形板间的错台，若是指形板的错台超标，则用楔铁和千斤顶进行调整；或者用指形板调整垫片来调整指形板的错台。

（6）安装完成后应使用撬棍撬动走行面指行板，以验证轨道梁晃动是否得到整治。如整治的数量较多，则使用安排机器检测方式进行复测。

（7）整治工作合格后，对楔紧块进行焊接。

5.1.4 PC 轨道梁局部线形维护检修规程

轨道梁线形好坏直接影响到轻轨的平稳安全运行。为保证轻轨在运行时不产生振动和晃动，需对轨道梁进行线形检测，以提供线调数据。

直线水平线形测量用 4 m 长的尼龙线作弦线，用钢尺测量中间 2 m 位置的数值，测量方法如图 5.1-3 所示。

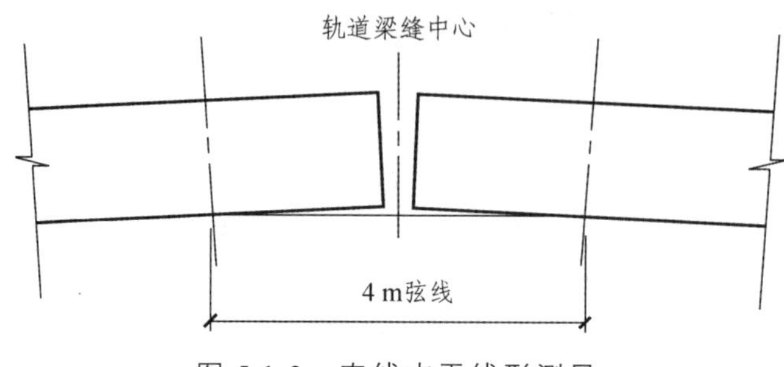

图 5.1-3　直线水平线形测量

曲线水平线形测量用 20 m 长的尼龙线作弦线，用钢尺测量中间 10 m 位置的数值，测量方法如图 5.1-4 所示。

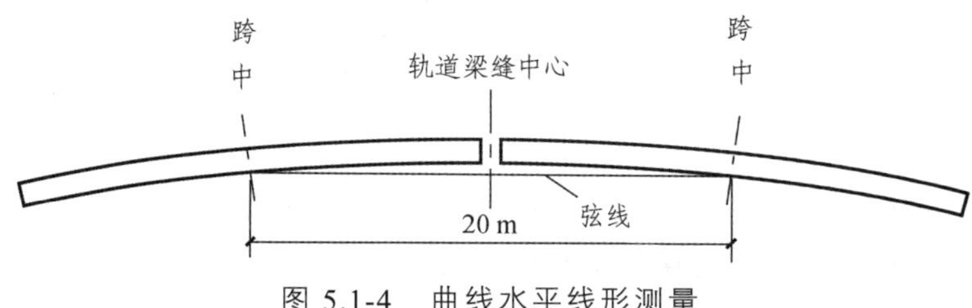

图 5.1-4　曲线水平线形测量

竖向线形测量用 4 m 长的尼龙线作弦线，用钢尺测量中间 2 m 位置的数值，测量方法如图 5.1-5 示。

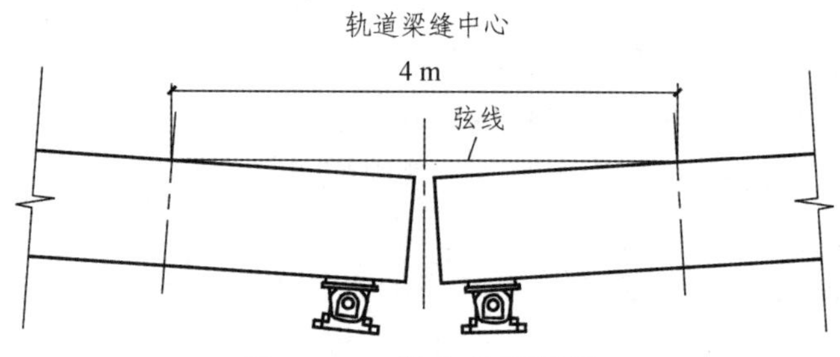

图 5.1-5　竖向线形测量

1. *局部线形检测*

（1）横坡测量：用水平靠尺和塞尺、直尺等量具测量横坡值，测量点分为轨道梁两端及中部 3 个点位，采用高低墩测量的方式，将水平靠尺横向水平放置于轨道梁面，并垂直于轨道梁中心线，将塞尺放置水平靠尺下方，通过移动塞尺使水平靠尺达到水平后，利用水平尺与塞尺及轨道梁接触点的距离尺寸和塞尺的高度尺寸计算横坡值 $\tan a$，轨面超高（横坡）允许精度为 7/1 000 rad。

（2）指形板错台检测：指形板错台测量如图 5.1-6 所示。用深度游标卡尺测量指形板之间的错台，若两块指形板之间的高差超过 2 mm 需进行线形调整。

（3）轨道梁高低差测量：用水平尺靠尺、等高块和直尺或深度游标卡尺测量轨道梁之间的高低差，若其差值超过 3 mm 需进行线形调整，先测走行面，用钢直尺和记号笔对两指形板线位置做好标记，每对指形板上 3 个点，指形板对应的梁上各一个点共 5 个点。为便于记录，5 个点分别用 *A*、*B*、*C*、*D*、*E* 表示，*C* 为两指形板交叉部分的中分点，即梁缝的中点，*B*、*D* 在指形板上，距指形板尾端 20 mm，*A*、*E* 在梁上，距指形板尾端 80 mm，*A*、*B* 在梁的大里程端，*D*、*E* 在梁的小里程端（检测点位见图 5.1-7）；将等高块对称放置于梁上，等高块之间的距离 2 m，靠尺窄的一面靠在等高块上，用直尺或深度游标卡尺分别测出 5 个点位的高度，并在记录表上填写对应数据。

图 5.1-6　指形板错台测量

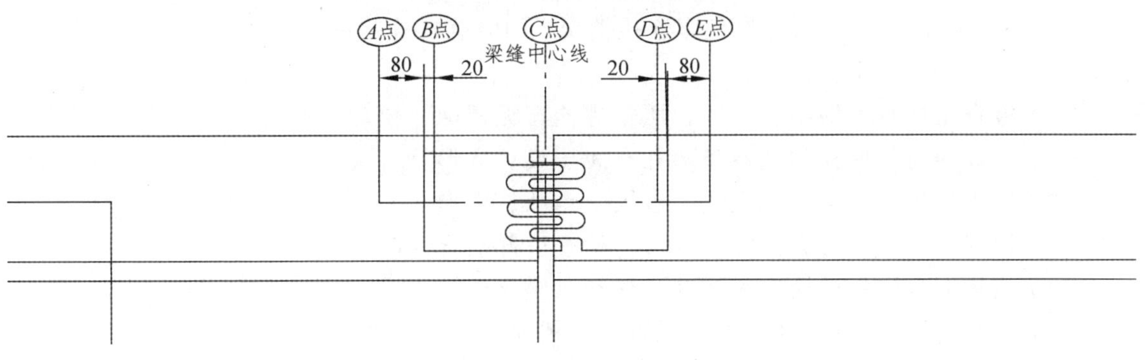

图 5.1-7　局部线形检测

5.1.5　PC 轨道梁铸钢拉力支座维护检修规程

铸钢拉力支座分固定支座和活动支座，是连接墩台与轨道梁的重要结构部件。固定支座主要由支座上摆、铰轴、支座下摆及基座 4 部分组成，既要固定轨道梁在墩台上的位置、传递支承反力，又要保证轨道梁沿支座铰轴中心处自由转动，约束轨道梁在横、纵向的移动。活动支座主要由支座上摆、辊轴、支座下摆及基座 4 部分组成，起到传递支承反力，保证轨道梁纵向移动，以适应轨道梁在温度变化、混凝土收缩和荷载作用下的自由变形。

1. 固定支座

（1）首先以目测为主，对固定支座各组成部件进行外观检查。

（2）检查支座上、下摆与轨道梁、铰轴及锚杆连接是否牢靠，上、下摆摆体有无裂纹、破损、锈蚀。

（3）检查铰轴有无损伤、松动及锈蚀，并检查铰轴润滑情况。如发现铰轴松动，应用塞尺测量出铰轴与孔的最大间隙值。

（4）检查止脱板是否在铰轴外端圆弧槽内，止脱板有无裂纹，螺栓有无锈蚀、折断、松动、脱落等现象，止脱板是否安装反。如发现止脱板安装反，应用直尺测量铰轴圆弧槽宽度，同时拆除止脱板，并用游标卡尺测量其厚度。如止脱板厚度小于铰轴圆弧槽宽度，将止脱板旋转 180°后装入铰轴圆弧槽内；如止脱板厚度大于铰轴圆弧槽宽度，做好测量记录，待准备相应工具后再进行处理。

（5）检查抗剪榫与各楔紧块、楔紧块与楔紧块间焊接是否牢固，楔紧块有无松动、脱焊及脱落等现象。楔紧块装配及支座下摆与楔紧块间隙是否符合装配要求。抗剪榫有无异常情况。如发现楔紧块松动、脱焊及脱落，先暂时敲紧处置，待更换楔紧块后，再用焊机焊接楔紧块。

2. 活动支座

（1）首先以目测为主，对固定支座各组成部件进行外观检查。

（2）检查支座上、下摆与轨道梁、辊轴及锚杆连接是否牢靠，上、下摆有无裂纹、破损、锈蚀。

（3）检查辊轴有无损伤、松动、锈蚀，辊轴润滑情况，孔里有无异物，并测量辊轴两边间隙值。

（4）检查辊轴内连接螺杆与支座连接情况，同时确认连接螺杆应无受力状况。检查穿销有无断裂，开口销是否完好。

（5）检查压板有无损伤、锈蚀，压板螺栓有无锈蚀、松动、脱落。

（6）检查导向条形孔和观察条形孔有无压痕、变形。

（7）检查齿形定位板有无裂纹、破损、锈蚀、变形。

（8）检查齿形摆针有无锈蚀、变形，检查齿部啮合情况。

（9）检查上定位板螺栓有无锈蚀、松动、脱落。

（10）检查下定位板焊接部位有无裂纹、锈蚀。

（11）检查辊轴内上下部位的承压板安装是否到位，有无缺失情况。

（12）检查抗剪榫与各楔紧块焊接是否牢固，楔紧块有无松动、脱焊及脱落等现象，抗剪榫有无异常情况。

（13）检查支座锚杆是否有断裂、异音，检查紧固螺母、防松螺母、固定块等情况。

在检查过程中若发现支座组件螺栓锈蚀严重、断裂、缺失，应立即处理。

3. 锚杆健康检测操作介绍

（1）硬件系统组成（见图 5.1-8）：

① 服务器、交换机；

② UPS（不间断电源）及蓄电池组；

③ 工控机及采集子系统；

④ 监视子系统；

⑤ 声音交换子系统；

⑥ 超声波耦合剂供给装置。

锚杆健康检测设备如图 5.1-9 所示。

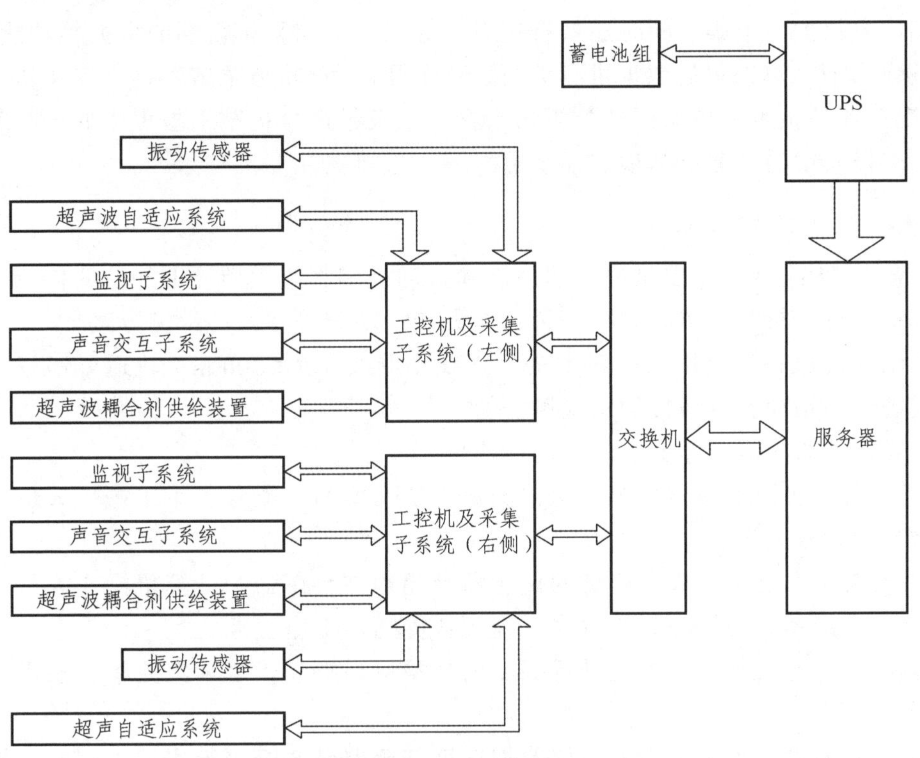

图 5.1-8　车载系统硬件结构框图

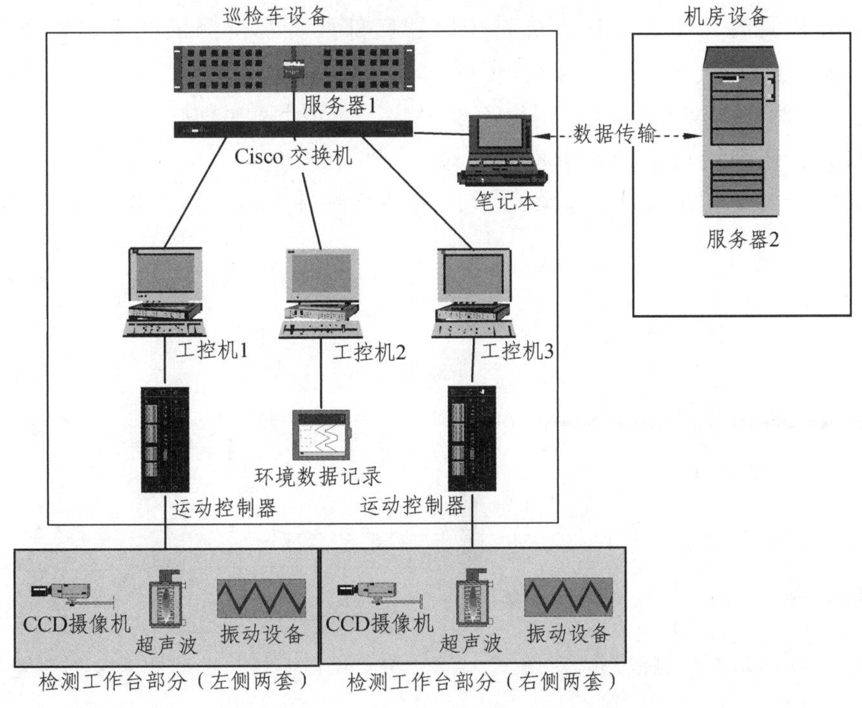

图 5.1-9　锚杆健康检测设备

（2）软件系统组成：

① DASST（锚杆健康检测数据采集系统）：配合工控机及采集子系统，共同完成锚杆振动及超声波数据的采集，同时还具有查看、导入、导出采集得到的数据等功能。

② 分析软件：对采集的数据进行分析，最终得到 PC 轨道梁铸钢拉力支座锚固螺杆的“健康状况”评估报告。根据振动分析结果报表以及超声分析结果报表中的风险类型和风险程度，在报表中的“建议”项选择重点检测、重点关注。

4．锚杆健康检测规定

（1）锚杆健康检测：主要是通过超声波和振动检测将锚固螺栓上加持的传感器信号反馈至计算机进行分析判断锚固螺栓是否存在夹渣、断裂等状态的检测方式。

（2）锚杆健康检测范围：一般主要对正线小曲线（$R \leqslant 200$ m）轨道梁锚杆、低洼地段具有代表性的锚杆实施锚杆健康检测。

（3）锚杆健康检测工作要求：

① 记录人员通知工程车司机到达检测锚杆所在墩号、梁号，手工操作人员确认该锚杆所在墩号、梁号无误。

② 手工操作人员安装振动测试的传感器及超声波传感器，计算机操作人员打开采集软件 DASST，选择好锚杆的起始编号，确认各传感器工作正常。

③ 锚杆数据的采集顺序为先进行振动信号检测，振动信号采集完毕，再进行超声波信号检测。

④ 振动检测时，手工操作人员放置加速度传感器到锚杆固定块的内侧面，根据语音提示进行振动数据采集。

⑤ 超声波检测时，手工操作人员将传感器底部放置在待测锚杆固定块顶部，根据语音提示进行超声波采集。采集前需确认传感器有效工作面与锚杆固定块顶面平行，将传感器工作面与固定块顶部紧密接触（用力不能过大），同时添加耦合剂。

⑥ 需如实、详细填写锚杆健康检测记录。

超声检测波形示意图如图 5.1-10 所示，振动检测波形示意图如图 5.1-11 所示。

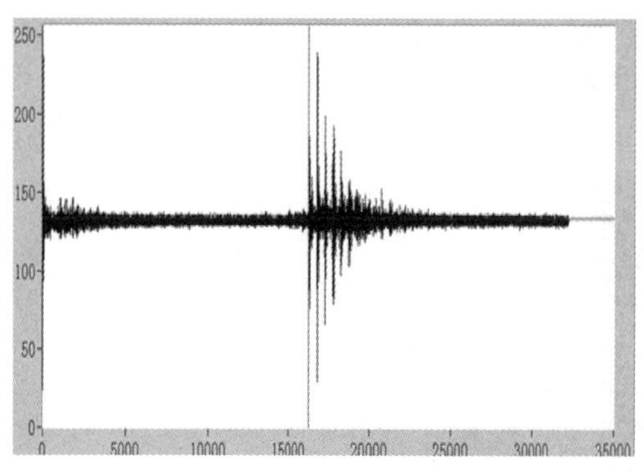

图 5.1-10　超声检测波形示意图

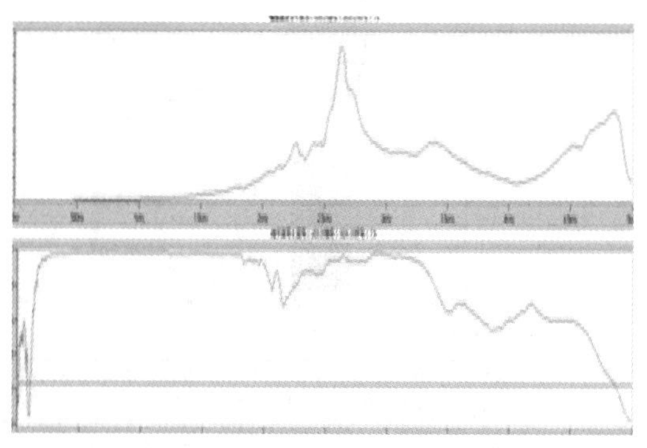

图 5.1-11　振动检测波形示意图

5.2 钢轨道梁维护检修规程

PC 轨道梁由于受到截面大小的限制，通常最大跨度不超过 24 m，所以在跨江、跨河或者跨越大障碍物时就必须采用钢轨道梁。在对钢轨道梁进行检修时，应全面检查各组成部分是否处于正常状态。

5.2.1 钢轨道梁的日常检修

钢轨道梁的检查包括日常巡检、周检、月检、年检，主要采用目测及工器具结合方式对钢箱梁进行全面的维护检查。

1. 检查内容

（1）检查钢箱梁、连接板、连接螺栓等所有外部涂装有无空鼓、起壳等现象，若有则需用点检锤敲击检查，检查锈蚀面积，并做好详细记录。由于梁内空间尺寸小，且结构复查，所以进行梁体内部涂装检查时必须两人配合，做到认真、细致、全面。

（2）焊缝饱满，无气泡、裂纹，焊缝防腐涂装无脱落、空鼓、起壳等现象。

（3）检查螺栓有无锈蚀、松动、缺失、折断等现象，松动螺栓按设计要求的扭力值紧固并进行划线标记，做好详细记录。

2. 特殊钢梁支座检查

（1）采用目测及工器具结合方式对支座进行维护检查。

（2）检查支座抗剪螺栓、齿轮、条螺栓、钢梁连接螺栓、直埋锚杆螺栓等扭力情况，楔紧块的位移情况，支座底板的位移情况，楔紧块松紧情况等。

（3）对发现的病害点位进行处置、记录、并附照片说明。

5.2.2 钢轨道梁的防腐涂装

1. 表面处理

在对钢轨道梁进行防腐涂装前，应先对钢轨道梁表面的锈蚀、油污及焊缝进行处理。采用手工和动力工具方式进行除锈时，除锈等级应不低于 St2，采用喷射方式进行除锈时，除锈等级应不低于 Sa2.5。

2. 涂　装

（1）由于涂装只能在列车停运之后进行，所以在选取涂料时应选用快干涂料，以保证列车第二天的正常运营。

（2）在进行涂装作业时，应根据涂料凝固周期控制作业时间，保证当晚所有的涂料在列车上线前已经凝固。

（3）涂料宜随用随拌，避免不必要的浪费。

（4）涂装过程中出现雨雪、大风天气时应立即停止涂装，并对已完成的涂装进行覆盖保护，以免恶劣天气对涂装质量造成影响。

（5）涂层均匀，无流坠等现象。

（6）不同涂层间时间间隔应严格按照产品说明书执行。

（7）涂料的附着力应满足设计要求。

5.3 轨道梁连接装置检修规程

5.3.1 轨道梁连接装置

轨道梁连接装置主要分为两大类，轨道缝伸缩量较小的采取指形板、板座形式进行设计，轨道缝伸缩量较大，如过江大桥为钢结构的则采用大位移伸缩装置进行设计。

1. 指形板与板座的型号

指形板与板座的型号主要分为 6 种，如表 5.3-1 所示。

表 5.3-1 指形板与板座的型号

指形板型号	板座型号	接缝位置	缝宽/mm
ZXB1	BZ1	PC 轨道梁接 PC 轨道梁	30
ZXB2	BZ2	PC 轨道梁接轨道梁桥端部 PC 轨道梁	60
ZXB3	BZ3	PC 轨道梁接轨道梁桥端部 PC 轨道梁	90
ZXB4	BZ4	PC 轨道梁接钢轨道梁	65
ZXB5	BZ5	PC 轨道梁接道岔固定端	30
ZXB6	BZ6	PC 轨道梁接道岔活动端	160
ZXB7	BZ7	特殊位置的 PC 轨道梁接 PC 轨道梁	180

2. 大位移伸缩装置的型号

大位移伸缩装置的型号主要分为 4 种，如表 5.3-2 所示。

表 5.3-2 大位移伸缩装置的型号

伸缩装置型号	最大位移量/mm	备注
GDF240	200	
GDF360	300	
GDF480	400	
GDF600	600	

5.3.2 检查及养护

1. 指形板检查养护

（1）材质：走形面、稳定面、导向面指形板均采用 Q235 钢，走形面、稳定面、导向面板座均采用 QT400-15 球墨铸铁，锚固螺栓采用 40Cr。

（2）在灌注梁体混凝土时要保证指形板座位置的准确，螺栓安装时应考虑一定的预张力，一般情况下，安装螺栓的紧固扭矩为 150 N·m。

（3）指形板部分的检查有指形板、板座和指形板螺栓的检查。检查的内容包含：指形板型号、裂纹、龟裂、锈蚀、错台、板指折断、异音；板座龟裂、松动、异音、锈蚀；指形板螺栓折断、突出、缺损、松动、锈蚀、无垫圈。

（4）指形板错台检测：用深度游标卡尺测量指形板之间的错台，若两块指形板之间的高差超过 2 mm 需进行线形调整。

（5）检查周期：指形板及板座的检查周期每年不少于一次，可视实际情况加密检查周期。

2. 大位移伸缩装置检查及养护

伸缩装置的养护原则是确保伸缩装置能保持预期的受力状态和变形能力。为此，应在伸缩装置正式投入使用时就对伸缩装置的受力状态和变形能力进行初次检查，以作为伸缩装置正常使用的原始记录。

通常在伸缩装置的每次检查之前，应将伸缩装置仔细清理干净，并对每次检查的结果做认真记录。常规的检查工作可以每年进行一次。

在伸缩装置检查过程中，首先应检查伸缩装置是否有损伤发生。如果没有发现可见的损伤，伸缩装置的缝宽也处于正常范围内，此时应测量伸缩缝的实际位置。结合伸缩装置当前使用状态（温度、梁体的收缩、徐变）的实际位置与理论位置的偏差，并做记录。如果发现有可见的损伤或位置的偏差、变形或裂缝等现象，应做记录，并对伸缩装置的位移、变形和转动情况进行详细的测量，并报告上级主管，以便对伸缩装置采取维修和更换措施。

从安装的那天起，伸缩缝的部件就处于自然环境下，如：温度变化、雨雪、湿气、臭氧、二氧化碳、紫外线及受到人为因素的影响。所有这些因素对伸缩装置部件的影响，是一个长期的不可避免的退化过程。为能延长伸缩装置的使用寿命，定期检查和养护是极其重要的。

1）年　检

伸缩缝投入使用后不久就应该进行第一次定期检查，但最迟不能超过伸缩缝安装后一年。其检查内容包括：

（1）弹性元件的状况。

（2）可以检查到的滑动表面的状况。

（3）伸缩缝间隙宽度（只在前 10 年）。

（4）噪声来源。

（5）防腐层的状况（油漆）。

年检的结果应记录在检查报告单里。

2）全面检查

每隔 5 年应该进行全面检查，其内容包括年检的第（1）项到第（5）项，以及以下的第（6）项到第（9）项：

（6）焊接状况。

（7）伸缩能力的测定。

（8）螺栓的状况。

（9）滑动支承、位移弹簧的状况（如果可以检查到）。

全面检查的结果应记录在检查报告单里。

3）检查结果及相应措施

（1）无须任何措施。

（2）需进一步观测。如在极端温度下、非等同承重时进行长期观测。

（3）其观测结果和采取的措施应记录在案。

（4）小修。如清洗、重新上油漆。

（5）修复或彻底更换。

（6）其结果和采取的措施应记录在案。

4）评估标准和维修

（1）防水胶带。

① 状况：松动、撕裂、变硬易脆、被锋利物刺穿；

② 措施：定时关注，不需清洗或维修；人工用刷子或加压缩空气清洗；最大水压 10 MPa，25 °C；整体更换。

（2）滑动面。

① 滑动面（不锈钢）位于横梁的四周。在伸缩装置内部进行检查，需借用镜子和手电筒。基于多年的经验，此处不易出现损坏。

② 状况：不规则，出现裂纹、裂缝，有污渍水泥浆，有锈渍。

③ 措施：定时关注，无须清洗或维修，应轻轻清除污渍和锈渍，清理后的表面应上一层硅脂。

（3）间隙宽度。

① 引发不规则间隙宽度的原因：硬质尘土造成滑动面的损坏。纵向斜度超过 2%的伸缩装置会受到车辆不均匀制动和加速力的影响。这就可能导致伸缩装置高端处的间隙比低端处的间隙大。如果没有其他阻塞情况，如支承横梁的继续阻塞，上述情况是不会影响伸缩装置的使用的。

② 状况：所有间隙宽度相同；间隙宽度不一样。

③ 措施：定期关注，必须立即清除其他杂质，清洗受污染的滑动面，如果需要更换滑动面或不清楚引发伸缩装置间隙不均匀的原因，应立即通知生产厂家。

（4）伸缩装置的平整度。

① 伸缩装置的队列平整度可显示伸缩装置上下结构的位移，如倾斜和转动等的大体情况。一般来说，如果伸缩装置不平整，行车的舒适性就会受到影响，或者整个伸缩系统将受到负面作用。

特别注意以下三点需仔细检测：横向平整度（水平方向）；每两间隙的落差（垂直方向）；伸缩装置与直尺间的偏差不能大于 3 mm。

单独步骤：轨道梁与伸缩装置长（短）连接的各工作面，伸缩装置同一工作面的减噪板的标高偏差均不能超过 3 mm。

② 状况：在上述允许范围内；与上述允许范围有些微出入；不在上述允许范围内。

③ 措施：定期关注，无须采取措施；需进一步测定；长期观测；观测结果和所采取

的措施应记录在案；需进一步调研，找出超过允许范围的起源。

（5）噪声。

① 伸缩装置在车辆承重下产生噪声，噪声本身可以看作是伸缩装置及其邻近桥梁结构状况的指示物。

原因：位移弹簧或各型支承损坏；螺栓松动；钢部件损坏或变形。

② 状况：异常滚动噪声；高强度声音；金属间碰撞引发的噪声。

③ 措施：定期关注，无须修复；必须加紧松动螺栓或更换之；扭矩（M_{12}=90 N·m，M_{16}=150 N·m）；应更换损坏或变形钢部件（应通知生产厂家）；必须更换损坏的滑动支撑和滑动弹簧（应通知生产厂家）。

（6）防腐层（涂层）。

① 应仔细检查防腐层的状况。防腐的最表层在短期内会被车辆轮胎磨损掉，但这不会影响到伸缩装置的正常使用。与大气接触的外露钢构件需要做防腐保护，它们是：砂洗SA2½；底漆：环氧富锌漆，2 层，每层 50 μm；外层：中间云铁漆及聚氨酯面漆，2 层，每层 50 μm。

② 状况：表面涂层损坏；油漆剥落；裂开；钢部件出现污渍。

③ 措施：定期关注，无须修复；表层损坏：用砂纸砂磨损坏部分，用干净抹布擦去锈渍。用刷子涂上对等的涂层。下层金属损坏：砂磨至损坏部分，用刷子涂上 1 层底漆，待底漆干后，立即涂上中间云铁漆及聚氨酯面漆各一层，每层 40 ~ 50 μm。

（7）渗漏证明。

① 标准伸缩装置是防水的。尽管如此，随着下部桥梁结构使用寿命的增加，会导致下列损坏。

② 状况：钢部件腐蚀；螺纹锈渍、滑移面污渍；出现冰层、冰柱和水坑。

③ 措施：定期关注，无须修复；修复或更换胶带；相邻中梁间隙不能超过 65 mm。

（8）邻近桥梁结构。

① 对伸缩缝的检查也必须包括检查其邻近桥梁结构。在检查过程中，如果发现有损坏现象，必须尽快维修，以杜绝进一步损坏。

② 状况：轨道梁工作面变形；螺栓孔变形，螺纹松动；锈渍；钢筋外露。

③ 措施：定期关注，无须修复；根据权威机构或桥梁主任工程师的指示，采取进一步行动。

（9）焊接的状况。

① 轨道梁伸缩装置的所有承重部件均采用螺栓连接，余下的焊接部分不起承重作用。因此，目测是否有裂纹和开裂状况即可。

② 状况：裂开、裂纹。

③ 措施：定期关注，无须修复；需与焊接专家意见一致。

（10）间隙宽度。

① 引发不规则间隙宽度的原因：硬质尘土造成滑动面的损坏。纵向斜度超过 2%的伸缩装置会受到车辆不均匀制动和加速力的影响，这就可能导致伸缩装置高端处的间隙比低端处的间隙大。如果没有其他阻塞情况，如支承横梁的继续阻塞，上述情况是不会影响伸缩装置的使用。

② 状况：所有间隙宽度相同；间隙宽度不一样。

③ 措施：定期关注；必须立即清除其他杂质；清洗受污染的滑动面；如果需要更换滑动面或不清楚引发伸缩装置间隙不均匀的原因，应立即通知生产厂家。

（11）螺栓状况。

① 轨道梁伸缩装置的所有重要连接均采用螺栓连接（预应力）。螺栓具有可靠的防松动措施，发生松动的可能性极小。检测噪声时可检测螺栓状况。推荐：只根据固定数目随意检测（如每一中梁和每一位移控制单元只检查 2 个螺栓）。

② 状况：松动、损坏。

③ 措施：定期关注，无须修复；用扳手加紧；扭矩（$M_{12}=90\ \text{N}\cdot\text{m}$，$M_{16}=150\ \text{N}\cdot\text{m}$）；更换损坏的螺栓。

（12）边梁支承、中梁支承及位移弹簧。

① 边梁支承、中梁支承如果仍处在预应力状况下，必须进行检查。可以用手进行这种检测。如果能够移动和转动其中部件，说明此部件不再受预应力，且伸缩装置可能变形。核实边梁支承、中梁支承及位移弹簧的橡胶没有脱落。

② 状况：橡胶脱落。

③ 措施：定期关注，无须修复；进一步观测和检查；更换，咨询生产厂家。

5.4 疏散检修通道检修维护规程

跨座式单轨检修通道架设于高架区间，起到人员应急疏散和方便检修线路设施的作用，为了保证使用时的安全并延长其使用寿命，应对检修通道的防腐涂装、焊缝、连接装置等进行全面检查。

5.4.1 检修通道的日常检修

对所有检修桥及过渡平台的钢格板、腹板、翼缘板、肋板等外部涂装直接目测检查，若发现涂层有大面积锈蚀、空鼓、起壳、掉漆等病害现象，则测量病害面积并做好记录。

在日常检查过程中，对发现的局部性锈蚀、脱漆等涂装病害应及时进行处理。采用同等材料进行局部涂装，涂装前彻底清除病害部位锈斑及涂层，表面除锈等级达到 Sa2.5 级，涂装效果应达到整体颜色一致，且不得有大面积漆斑、漆瘤、裸露等缺陷。

1. 焊缝检查

（1）检修通道各部位的焊接质量，直接影响到检修通道安全使用性能，应进行全面、细致的检查。

（2）采用目测检查的方法检查焊接部位有无掉焊、脱焊、开裂等病害现象。

（3）发现严重焊接质量病害必须及时进行检修，焊接后焊缝应饱满、无气泡。

2. 螺栓、锁扣及铰链检查

（1）检修通道各部位大量使用螺栓连接固定，螺栓紧固情况直接影响到检修通道的安全使用性能，应进行检查。

（2）采用目测的方式检查各连接部位的螺栓及锁扣、铰链是否完好，无缺失、折断、松动等病害情况。

（3）对松动螺栓进行紧固或更换。

5.4.2 检修通道的防腐涂装

常用的防腐涂料有普通防腐涂料和富锌防腐涂料，普通涂料常用于环境腐蚀性不强及对防腐要求不是特别高的建构筑物，富锌涂料常用于环境腐蚀性较强及设计使用年限长的重要建构筑物。检修通道由于使用年限长且长期暴露在室外，所以通常选用锌含量较高的防腐材料。

跨座式轨道交通系统的检修通道不仅为线路的设备设施检修作业提供作业平台，还是供电、通信、照明等线缆的载体，在对检修通道进行除锈作业前应采取有效措施保证所有线缆不被损坏，同时在打开检修通道盖板时应避免与接触网发生撞击。

涂装应避免雨、雪、大风等天气，涂装过程中出现下雨等情况应立即停止涂装，并对已完成的涂装进行覆盖保护。进行涂装作业前应对涂装区域进行保护，避免油漆下坠影响桥下行车及污染环境。图 5.4-1 所示为检修通道防腐涂装。

图 5.4-1 检修通道防腐涂装

5.5 轨道梁下部结构检修规程

下部结构是将上部荷载传递至基础的重要承重结构，其使用状态直接影响列车安全运营。跨座式单轨交通作为一项百年工程，在长时间的运营过程中，地震、泥石流、滑坡等自然灾害，以及线路沿线的施工、车辆撞击等人为因素都可能威胁到列车的安全运营以及下部结构的使用年限。

5.5.1 凸台的维护

跨座式轨道交通凸台按使用的部位可分为：混凝土轨道梁支座锚箱凸台维护、钢轨道梁支座凸台维护和道岔凸台维护。虽然使用的部位不同，但凸台的构造及维护却大致相同。

1. 维护内容

（1）检查凸台顶面四周的挡水檐有无裂纹、破损。

（2）检查支座锚箱内部有无积水或杂物。

（3）检查支座锚箱底部排水孔，自然排水的应检查排水管道是否通畅。

（4）对需采用其他辅助设施才能将锚箱内积水排除的凸台，应检查辅助抽水孔是否通畅，抽水孔盖板紧固螺栓是否松动。

（5）检查有无开裂、裂纹、破损、露筋。

（6）检查预埋连接件有无脱落、松动、锈蚀。

2. 记录内容

应对巡检过程中发现的下列病害进行记录：

（1）支座凸台开裂、露筋，周边挡水檐破损。

（2）锚箱排水孔及排水管道堵塞。

（3）锚箱抽水孔堵塞。

（4）锚箱内有积水、积冰、较大杂物。

（5）锚箱顶面预留孔的掩盖构件脱落、松动等病害。

5.5.2 墩柱的维护

主要采用步行的方式对墩柱的倾斜、开裂、裂纹、破损、露筋等病害进行检查，巡检过程中发现的病害应详细记录其位置、大小，并按照不同病害对结构安全所产生的影响程度进行分类。墩柱附近明显的地表沉降、开裂，应查明原因，如发现是墩柱附近有施工单位对地表开挖，应立即制止其施工，并通知相关职能部门介入。如是自然灾害引起周边滑坡或地壳变形而造成地表沉降开裂，经相关部门检测沉降开裂现象暂不影响墩柱性能，应做好全面检查记录，根据记录对其定期监控和跟踪。对墩柱周边容易发生滑坡地段，应根据季节情况对滑坡地段定期巡视及监控。

墩柱因交通事故等产生的物体撞击，如有必要应委托有专业资质的检测单位进行检测并出具报告，报告内容包括墩柱安全性评价，根据报告制订病害处置措施；对墩柱定期检查监控。墩柱周边有开挖、爆破现象，应确认施工现场是否有影响墩柱结构的隐患。

盖梁裂纹、破损、露筋时应做好相应测量和记录。对渗水问题进行详细检查，检查渗水面积及深度是否影响盖梁结构。如检查中发现渗水现象严重，应通知相关检测机构对其详细检测，根据检测结果进行相应处理。

特殊情况下造成滑坡及泥石流，根据现场情况，如影响列车运营和对墩柱造成结构上的危害，应立即组织相关人员处理；如暂无影响，待列车停运后再处理。对处理后的滑坡、泥石流地段定期巡视及跟踪监控。对发生五级以上地震，应根据地震给墩柱造成的危害情况，全面检查墩柱附属设施，检查墩柱周边有无开裂、沉降，必要时委托专业资质单位进行评估。

第 6 章　早龄期 PC 轨道梁多形态瞬时结构变形研究

6.1　概　述

早龄期指自混凝土搅拌到 PC 轨道梁形体达到规定目标（即成桥形态）的全过程，该过程一般为 0 ~ 104 d。在早龄期阶段，PC 轨道梁形态演变的诱发因素主要是材料特性随龄期增长、体内应力增长（预应力和自重）、结构自身收缩。由于这些内部诱发因素对 PC 轨道梁的作用效应都与材料龄期有关，从而导致 PC 轨道梁在早龄期阶段的外观形态呈多样化，即多形态现象。

在养护阶段，PC 轨道梁逐步向成桥形态演变，为确保最后的形态与设定的目标形态一致，就要设置合理的引导机制促使 PC 轨道梁沿正确的路径向最终目标演变。引导机制主要有加载机制（预应力和自重）、养护机制及监控机制，设置这些机制的根本依据是 PC 轨道梁在不同时态的瞬时结构变形量。

6.2　PC 轨道梁材料特性增长规律

混凝土材料特性主要是抗压强度和弹性模量，它们的特征值随龄期增长而逐步提高，其水化反应会持续多年，材料特性的增长随之持续多年。在预应力混凝土结构设计和施工过程中，应合理选择混凝土的初始材龄及其强度发展过程。在分析混凝土材料时间依存特性基础上，参考国际混凝土结构协会标准和国内外有关高性能混凝土材料特性增长的研究成果，提出了 PC 轨道梁材料特性增长模型。

1. 混凝土材料的时间依存特性

混凝土是由一定比例的水、水泥、骨料、外加剂混合之后，在水与水泥发生水化反应形成水泥凝胶体，然后逐步凝固形成的多相材料。在凝结过程中，其材料特性逐步增长，即材料特性具有时间依存特性。影响混凝土强度增长的因素有配合比、水灰比、水泥品种、外加剂、养护机制等。在实际工程中，可根据需要设置不同的配合比或添加不同的外加剂，调整混凝土凝结时间，从而形成缓凝型或早强型混凝土。混凝土强度一般在初期增长较快，但是在后期数年内仍然会继续发展。实际工程中往往只用 28 d 龄期的强度，此后强度的增加值不予考虑。在早龄期，材料特性增长规律是影响结构变形的重要因素之一，因此研究混凝土材料特性随时间增长的规律十分必要。

2. 混凝土材料特性增长基本模型

国际混凝土结构协会以混凝土 28 d 抗压强度为基准，提出了混凝土强度增长的基本模型[33]。

$$\sigma_c(t)=\exp\{s\left[1-\left(\frac{28}{t_{eq}/t_1}\right)^{1/2}\right]\}\sigma_c(28) \quad (6.1)$$

式中，s 为水泥种类系数；$\sigma_c(28)$ 为混凝土 28 d 抗压强度（MPa）；t_1 为 1 d；t_{eq} 为计算时的龄期（d）。

$$f_{ck}(t)=\frac{t}{a+b\cdot t}d_{28}f_{ck} \quad (6.2)$$

式中，f_{ck} 为混凝土 28 d 抗压强度（MPa）；a、b、d_{28} 为水泥系数，取值见表 6.2.1。

表 6.2-1　水泥系数表

水泥种类	a	b	d_{28}
早强水泥	2.90	0.97	1.07
普通水泥	4.50	0.95	1.10
缓凝水泥	6.20	0.93	1.15

3. PC 轨道梁材料特性增长模型

PC 轨道梁采用的高性能混凝土，其强度高、收缩徐变小、抗老化能力强。由于 PC 轨道梁在制作期间的形态演变非常关键，故研究早龄期混凝土材料特性增长规律就特别重要。本文以工程试验数据为基础，按赵峥[34]提出的高强混凝土强度随龄期增长规律建立 PC 轨道梁混凝土的材料特性增长模型，见式（6.3）。

$$f_{cu}(t)=(M\cdot\ln t+N)\cdot f_{cu}(28) \quad (t\leqslant 28) \quad (6.3)$$

式中，$f_{cu}(t)$ 为 t 时抗压强度（MPa）；$f_{cu}(28)$ 为 28 d 龄期抗压强度（MPa）；t 表示龄期（d）。

从 60 多组试件的工程试验资料中筛选出不同季节（温度和湿度不同）的 6 组试验数据（见表 6.2-1）。根据表 6.2-2 的数据求出 3 d、14 d 和 28 d 强度的平均值即：$\overline{f_{cu}(3)}=51.80$，$\overline{f_{cu}(14)}=61.50$，$\overline{f_{cu}(28)}=65.80$。代入式（6.3）可求出待定系数 M 和 N：M=0.101 14，N=0.664 16，得到 PC 轨道梁混凝土强度计算模型为

$$f_{cu}(t)=(0.10114\cdot\ln t+0.66416)\cdot f_{cu}(28) \quad (t\leqslant 28) \quad (6.4)$$

同理，求出弹性模量的待定系数 M 和 N：M=0.059 39，N=0.740 17，得到 PC 轨道梁混凝土弹性模量计算模型为

$$E_c(t)=(0.05939\cdot\ln t+0.74017)\cdot E_c(28) \quad (t\leqslant 28) \quad (6.5)$$

式中，$E_c(t)$ 为 t 时抗压强度（MPa）；$E_c(28)$ 为 28 d 龄期抗压强度（MPa）；t 为龄期（d）。

图 6.2-1 和图 6.2-2 分别是混凝土早龄期（0～104 d）的强度和弹性模量增长曲线和工程试验数据。

分析图可知，PC 轨道梁混凝土材料特性增长呈现如下规律：

（1）抗压强度在第 3 天就达到设计值的 86.3%，在第 10 天就达到设计值，在 28 天超越了设计强度 11.4%。

（2）弹性模量在第 3 天达到设计值的 93.0%，在第 9 天达到设计值，第 28 天高出设计值 8.4%。

（3）通过 60 天和 104 天龄期的工程试验数据，对赵峥[34]提出的高强混凝土早龄期材料特性增长模型进行修正，获得了 PC 轨道梁混凝土运营期的材料特性增长模型，其结果与工程试验数据基本吻合。

综上所述，PC 轨道梁混凝土强度和弹性模量在早期发展均较快，最终的实际强度和弹性模量均比设计值要高；在第 14 天以后材料特性虽然进一步增长，但增长趋势明显减缓；在 28 天以后，材料特性增长则极为缓慢。

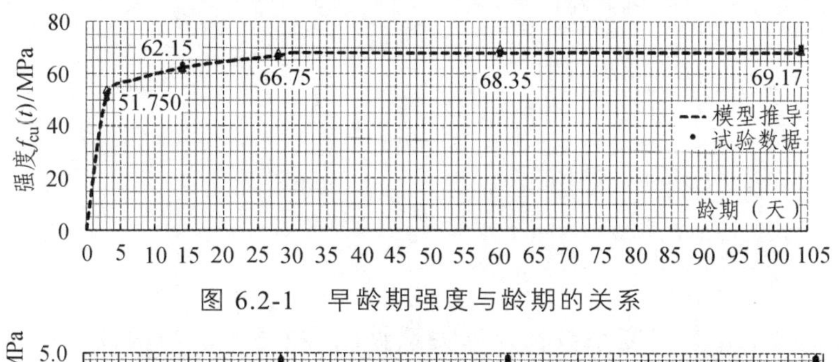

图 6.2-1　早龄期强度与龄期的关系

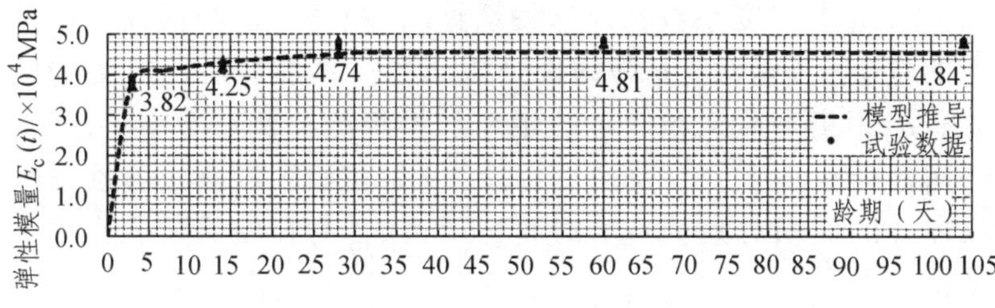

图 6.2-2　早龄期弹性模量与龄期的关系

6.3　PC 轨道梁多时态瞬时弯曲变形

6.3.1　挠度计算理论

PC 轨道梁的挠度是由预应力引起的向上挠曲变形量和外荷载（恒载和活载）引起的向下挠曲变形量两部分组成，PC 轨道梁的变形应同时考虑混凝土收缩、徐变、弹性模量随时间而变化的影响因素。

1. 预应力引起的变形量

预应力引起 PC 轨道梁向上的挠度可按材料力学式计算：

$$f_y = -\int_0^l \frac{M_y \cdot \overline{M_x}}{0.85 \cdot E_h' \cdot I_0} d_x \tag{6.8}$$

式中，M_y 为由永存预应力在任意截面 x 处产生的弯矩值；$\overline{M}_x$ 为跨中作用单位力时在任意截面 x 处产生的弯矩值；E_h' 为加载预应力时混凝土的弹性模量；I_0 为构件全截面的换算截面惯性矩。

2. 使用荷载引起的变形量

使用荷载引起的挠度可按材料力学的公式近似计算，计算准确度与抗弯刚度的合理选择有密切关系。抗弯刚度随着荷载增加而不断减小，且减小速率较荷载增加速率要快得多，弯矩和挠度曲线关系如图 6.3-1 所示。近似取图中直线 0'-2'和直线 2'-3'代替曲线，并假定在 0'-2'段的抗弯刚度为 $0.85E_hI_0$，承受的最大开裂弯矩为 M_f，假定开裂后的刚度为 $0.85E_hI_0$，承受的弯矩为（$M-M_f$）。由此得到短期荷载作用下的挠度计算公式：

$$f_M=\frac{\alpha\cdot l^2}{0.85\cdot E_h}\left[\frac{M_f}{I_0}+\frac{(M-M_f)}{I_{01}}\right] \tag{6.9}$$

$$\alpha=-\frac{4\beta^2-8\beta+1}{48\beta} \tag{6.10}$$

$$M_f=\left(\sigma_{hy}+\gamma\cdot R_1^b\right)W_{ox} \tag{6.11}$$

$$\gamma=\frac{2S_0}{W_{ox}} \tag{6.12}$$

式中，l 为计算跨径；α 为挠度系数，计算关系见图 6.3-2；M_f 为构件截面开裂弯矩；M 为使用荷载作用下的弯矩，$M\leqslant M_f$；I_0 为构件全截面的换算惯性矩；I_{01} 为构件截面开裂后的换算截面惯性矩；β 为集中荷载作用点的距离与桥跨的比例系数，$\beta<0.5$；σ_{hy} 为使用荷载作用时，受弯构件受拉边缘的有效预压应力；γ 为受拉区混凝土塑性系数；S_0 为换算截面重心轴以下或以上的面积对其重心轴的面积矩；W_{ox} 为在使用荷载作用下，构件受拉区边缘换算截面抵抗矩。

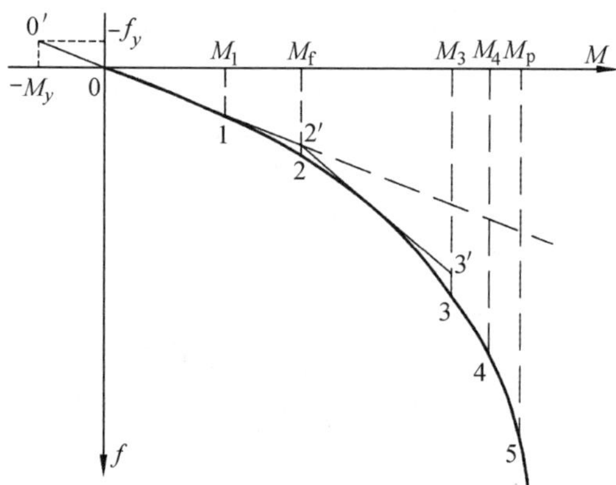

图 6.3-1　弯矩-挠度曲线关系

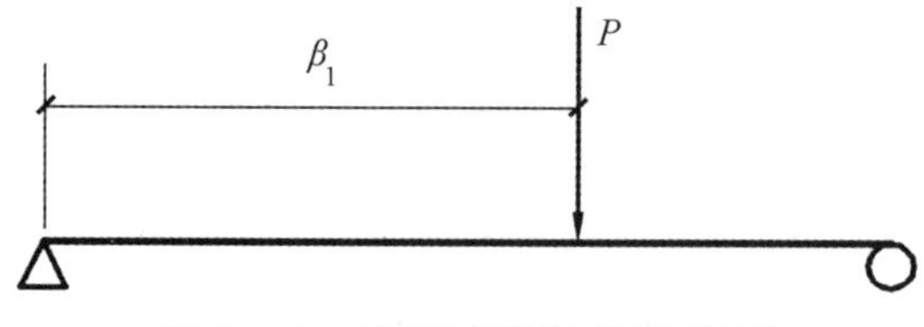

图 6.3-2　挠度系数计算示意图

3. 短期荷载作用下的总挠度

PC 轨道梁在短期荷载作用下的总挠度可按式（6.13）计算：

$$f_z=-f_y+f_M \tag{6.13}$$

式中，f_y 为永存预加应力 N_y 所产生向上的挠度，按式（6.2）计算；f_M 为 PC 轨道梁在恒载弯矩 M_{g1}，二期恒载产生的弯矩 M_{g2} 与静活载产生的弯矩 M_p 之和所产生的挠度值，按式（6.9）计算。

4. 长期荷载作用下的挠度值

按式（6.13）计算的挠度值 f_z 是在使用荷载作用下产生的初始弹性变形值，其中长期荷载（PC 梁自重 g_1，二期恒载 g_2）及预应力 N_y 作用下产生的初始弹性挠度 f_d，并称之为与长期荷载作用下的挠度 f_c 相对应的荷载短期作用挠度。由于混凝土的徐变作用，f_c 将比短期作用下的挠度 f_d 大，f_c 可按式（6.14）计算：

$$f_c = f_d\left[1+\varphi(t,t_0)\right] \tag{6.14}$$

$$f_d = -f_y + f_{g1} + f_{g2} \tag{6.15}$$

长期荷载作用下的总挠度值 f_{max} 应包括活载作用下的挠度，即

$$f_{max} = \left(-f_y + f_{g1} + f_{g2}\right)\left[1+\varphi(t,t_0)\right] + f_p \tag{6.16}$$

式中，f_y 为扣除全部预应力损失后的预加力所产生的上拱度值，按式（6.8）计算；f_{g1}，f_{g2} 是梁自重 g_1，二期恒载 g_2 作用下产生的挠度值；f_p 为静活载作用下产生的挠度值。

5. 预拱度

根据《公路钢筋混凝土及预应力混凝土桥涵设计规范》[35]的规定，预拱度应取恒载和 1/2 活载所产生的竖向挠度值，即

$$f_y' = \left(-f_y + f_{g1} + f_{g2}\right)\left[1+\varphi(t,t_0)\right] + 0.5f_p \tag{6.17}$$

由于 PC 轨道梁既是承受结构和列车的承载构件，又是列车的运行轨道，为确保列车运行的平稳和舒适性，取一个轴作用在桥跨 1/4 或 3/4 处，在跨中产生的挠度值（记为 $f_{p/4}$）计入 PC 轨道梁的预拱度，即

$$f_y' = \left(-f_y + f_{g1} + f_{g2}\right)\left[1+\varphi(t,t_0)\right] + f_{p/4} \tag{6.18}$$

6.3.2 PC 轨道梁弯曲变形有限元分析

为了研究 PC 轨道梁多时态形态变形量，本节采用有限元数值方法，模拟分析 PC 轨道梁沿轴线的弯曲变形和梁端伸缩变形。在工程实践中，PC 轨道梁的跨径和曲线半径千差万别，不可能对每一榀 PC 轨道进行分析。因此，将 PC 轨道梁按跨径和曲线半径进行分类，并进行标准化设计，计算出各标准分类的形态变形量。然后，在实践应用时，从相邻类别中选取标准结果进行内插求解不同 PC 轨道梁的结构变形量。

1. 分类标准及有限元方案

1）结构分类设计

按跨径和适用半径将 PC 轨道梁分 15 个标准类别，分类情况如表 6.3-1 所示。

表 6.3-1　标准 PC 轨道梁分类

梁型编号	梁跨/m	梁长/m	支承间距/m
1	24.00	23.97	23.20
2	22.00	21.97	21.20
3	22.00	21.97	21.20
4	22.00	21.97	21.20
5	20.00	19.97	19.20
6	20.00	19.97	19.20
7	20.00	19.97	19.20
8	18.00	17.97	17.20
9	17.00	16.97	16.20
10	16.00	15.97	15.20
11	15.00	14.97	14.20
12	14.00	13.97	13.20
13	13.00	12.97	12.20
14	12.00	11.97	11.20
15	10.00	9.97	9.20

图 6.3-3 和图 6.3-4 为 22 m 直线 PC 轨道梁构造示意图，图中尺寸单位为 mm。

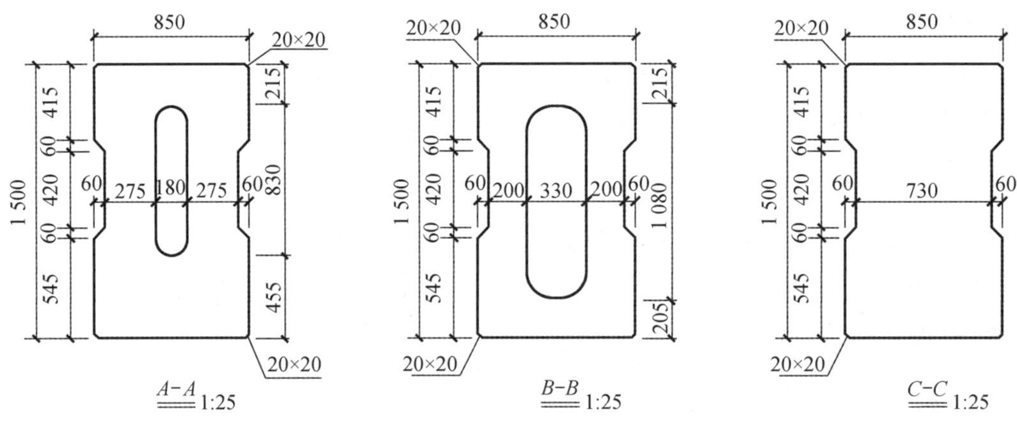

图 6.3-3　PC 轨道梁截面构造图

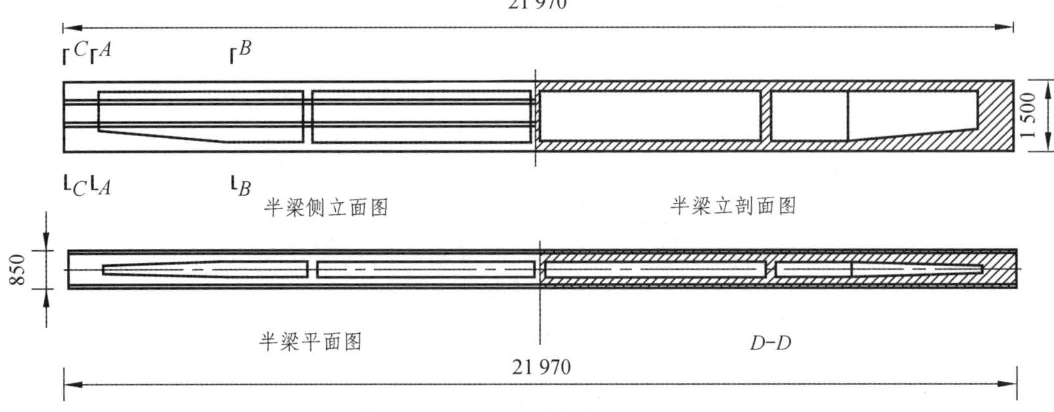

图 6.3-4　PC 轨道梁立面构造图

2）多形态演变路径的关键时态

为研究 PC 轨道梁的多形态演变过程及不同时态的瞬时结构变形量，根据 PC 轨道梁混凝土材料特性增长模型、控制龄期及施工工艺，将 PC 轨道梁的早龄期阶段划分成如表 6.3-2 所示的 8 个关键时态。

表 6.3-2　关键时态划分

项目＼时态	T_1	T_2	T_3	T_4	T_5	T_6	T_7	T_8
龄期 T_i/d	0	3	7	14	28	60	104	18250
弹性模量/MPa×10^4	0	3.70	3.85	4.10	4.10	4.10	4.10	4.10
强度/MPa	0	50	55	60	60	60	60	60
加载荷载	自重	第一批预应力		第二批预应力				二期恒载列车荷载
作业概况	浇筑砼	脱模	养护	养护	养护	养护	架梁	运营

3）材料特性设计值

由于 PC 轨道梁是一个弹性杆件结构，因此可以经典力学理论为基础，用有限元建立实体模型进行数值模拟分析。模型的材料特性标准值（见表 6.3-3）、结构尺寸、钢筋和钢绞线配置、时态划分、荷载大小及加载方案与实际情况一致。

表 6.3-3　材料特性标准值

材料	类型	抗拉强度/MPa	抗压强度/MPa	弹性模量/MPa	泊松比
混凝土	混凝土	3.50	60.00	4.1×10^4	0.2
钢　筋	HRB400	400.00	--	2.00×10^5	0.3
钢绞线	15.2×7	1 860.00	--	2.00×10^5	0.3

以 18 m PC 轨道梁的计算结果为例，阐述 PC 轨道梁在各时态 T_i（i=1，2，…，8）的结构变形量和列车活载作用下的变形曲线 T_H。

2. 梁体沿轴线的多时态变形量

图 6.3-5 是 PC 轨道梁在时态 T_i（i=2，3，…，8）时，沿纵向轴线的挠度曲线，图中横坐标是 PC 轨道梁纵向轴线，纵坐标是梁体竖向挠度。T_H 是列车活载作用下的变形曲线。由于 T_1 时态，混凝土刚浇筑，此时混凝土还未凝固，无任何外加应力，其自重完全由模板支撑，沿轴线没有任何变形，故忽略该状态的变形量。

从图 6.3-5 可得到如下结论：

（1）T_1 时态时，PC 轨道梁刚浇筑，还未凝固，预应力尚未施加，结构自重完全由底模承担，PC 轨道梁没有发生竖向弯曲变形，故各图略去 T_1。

（2）T_2 和 T_3 两个时态的变形呈下挠趋势。这是因为，实际施工中 PC 轨道梁混凝土强度还未达到设计值，且张拉的第一批预应力相对 PC 轨道梁结构自重引起的结构效应较小，故会产生逐步向下的变形。

（3）各时态的变形曲线基本是光滑的，说明 PC 轨道梁弯曲变形是连续的。

（4）随龄期增长，PC 轨道梁呈上拱弯曲变形，这是预应力分批张拉所致。

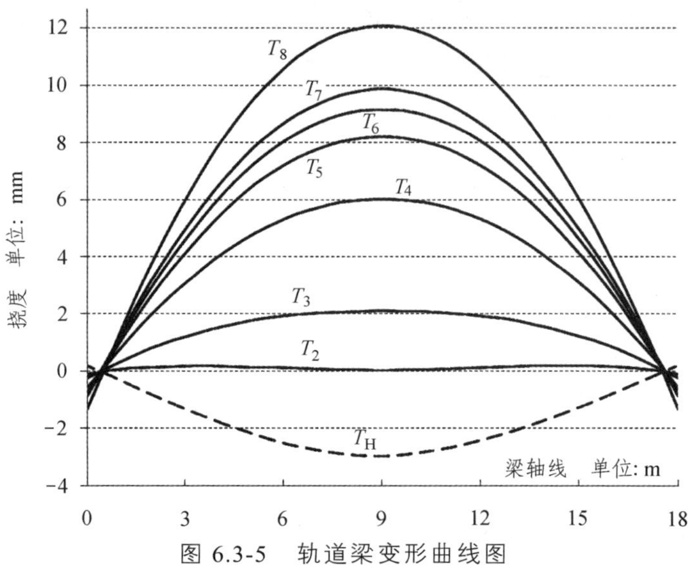

图 6.3-5　轨道梁变形曲线图

3. 梁体跨中多时态变形量

为对比不同跨径 PC 轨道梁的跨中变形量随龄期的变化规律，取直线 PC 轨道梁跨中挠度和挠度比进行对比。图 6.3-6 和图 6.3-7 描述了不同跨径 PC 轨道梁在各时态的跨中挠度和挠跨比变化趋势。为正表示上拱、为负表示下挠。

综合分析图 6.3-6 和图 6.3-7 可得到如下结论：

（1）T_1 时态，PC 轨道梁刚浇筑混凝土，混凝土还未凝固，预应力尚未施加，结构自重完全由底模承担，故各类 PC 轨道梁跨中挠度和挠跨比均为 0。

（2）T_2 时态，各类 PC 轨道梁呈下挠变形。这是因为此时段 PC 梁的边界条件由原来的满堂支撑（底模支撑）变为简支体系，结构自重由第一批预应力和混凝土结构自身强度承担，然而此阶段混凝土强度和弹性模量还未达到设计值，且第一批预应力相对较小，无法完全抵消结构自重效应，故产生下挠变形。

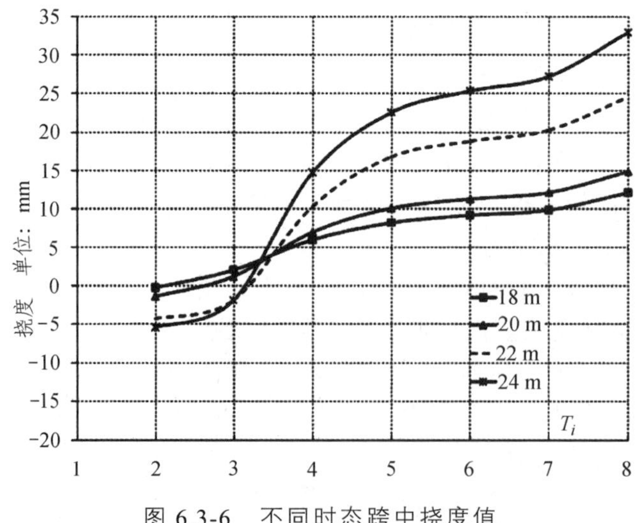

图 6.3-6　不同时态跨中挠度值

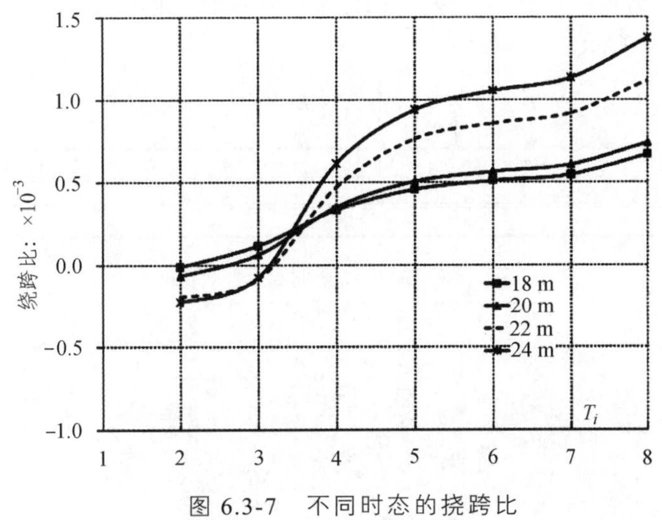

图 6.3-7　不同时态的挠跨比

（3）T_3时态，18 m 和 20 m 的 PC 轨道梁跨中出现上挠变形，而 22 m 和 24 m 的 PC 轨道梁跨中出现下挠变形。这是因为随着跨度的增大，预应力相对结构自重的效益更弱，故导致跨度大的 PC 轨道呈现下挠变形。

（4）T_4 ~ T_8时态，不同跨径 PC 轨道梁跨中挠度和挠跨比的变化均呈增长趋势。这是因为混凝土强度和弹性模量已经达到设计值（实际工程中，混凝土强度和弹性模量还在增长），PC 轨道梁结构自重已经恒定，全部预应力已经施加完毕，随着预应力效应逐步发挥，导致 PC 轨道梁呈现上挠变形。

（5）不同跨度 PC 轨道梁跨中挠度变化曲线在 T_3 ~ T_5 时段增长趋势最快，在 T_7 ~ T_8 增长较快，而在 T_2 ~ T_3 和 T_6 ~ T_7 较平缓。这是因为在 T_2 ~ T_3 时段，混凝土弹性模量和强度尚未达到设计值，第一批张拉的预应力较小，故跨中变形趋势较小；在 T_3 ~ T_5 时段，有限元模型中混凝土的强度和弹性模量基本稳定，第二批张拉的预应力较第一批预应力更大，故其跨中上挠变形最快；在 T_5 ~ T_7 阶段，PC 轨道梁预应力效应大部分已经发挥完成，但预应力效应仍然有增长，导致此阶段上挠变形缓慢增长；T_7 ~ T_8 阶段是运营期，在混凝土收缩、徐变及结构性能自平衡能力增长的共同作用下，PC 轨道将会产生一定的上挠变形，但时间跨度较大，而图中横坐标却没有反应该时间跨度，导致其变形趋势表现出较快的假象。

6.3.3　理论计算与工程实测结果对比分析

为验证前述 PC 轨道梁多时态结构瞬时变形量的准确性，利用各类 PC 轨道梁的施工实测数据统计结果与理论计算结果进行对比分析。与 PC 轨道制作模板体系相对应，测点位置均设置在模板千斤顶处，模板千斤顶位置用 J_i（i=1，2，⋯，15）表示，其中 J_8 号千斤顶与 PC 轨道梁跨中点重合。千斤顶位置见图 6.3-8（图 6.3-8 为 PC 轨道梁变形检测点布置图）。计算值是指前述理论计算结果；实测值是根据工程检测数据的统计值；差值是实测值与理论计算值之差；时态 T_i（i=1，2，⋯，7）是施工控制关键节点，时态划分详见表 6.3-2；距离是各测点到梁起端的距离；误差统计（最大值、最小值、平均值、方差）

是各测点不同时态对比差值的统计结果。PC 轨道梁弯曲变形实测值与有限元计算值之差的分布概况如图 6.3-9 所示。

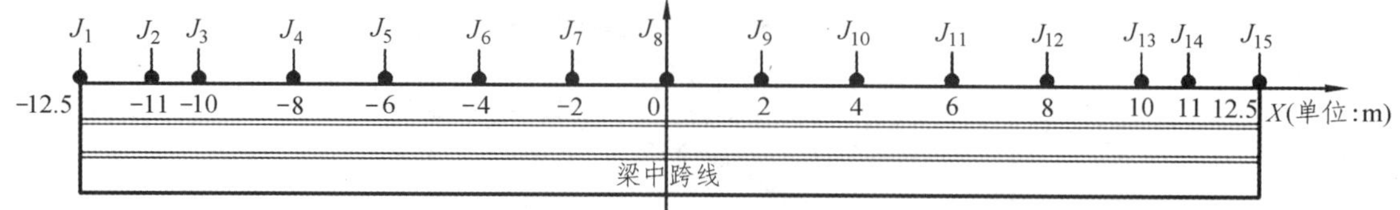

图 6.3-8　PC 轨道梁变形检测点布置图

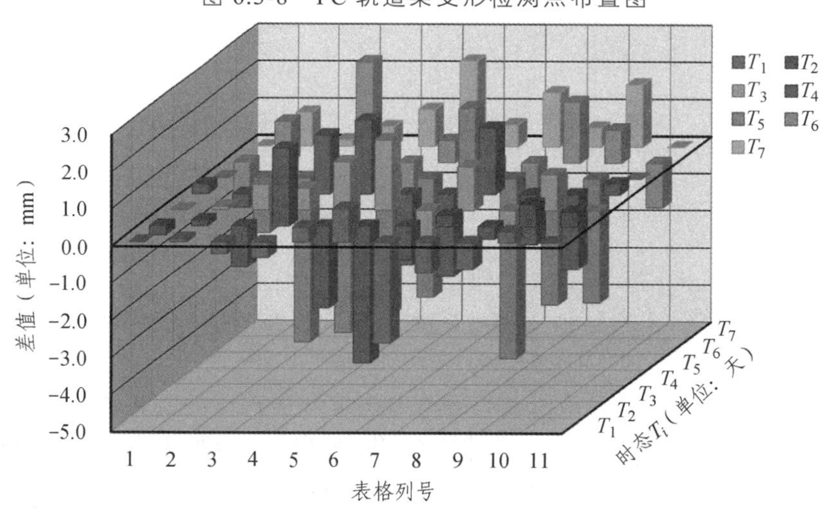

图 6.3-9　PC 轨道梁弯曲变形实测值与有限元计算值之差的分布概况图

分析图 6.3-9 可得如下结论：

（1）不同时态的计算变形量与实测变形量基本一致，差值在-5 ~ +5 mm。

（2）梁端附近的差值较小，靠近跨中区域的差值较大。

（3）同一时态中，各测点的差值呈随机分布，整体偏差较小，且围绕均值上下波动。其原因是这些数据是根据多榀 PC 轨道梁的实测结果统计而来，故导致有的测点偏差为正，有的偏差为负。

6.4　PC 轨道梁多时态伸缩变形

混凝土收缩是指混凝土在硬化过程中，由于水泥凝胶体中游离水蒸发而使混凝土体积缩小的一种物理化学现象。混凝土收缩是一种不依赖于荷载，而与时间、气候等因素有关的干燥变形。混凝土的徐变是指在持续荷载作用下，混凝土结构变形随时间增长而不断增加的现象。徐变在加载初期发展较快，而后逐渐减慢，其延续时间可达数十年。

6.4.1　混凝土收缩机理及计算理论

1. 收缩机理

混凝土在凝结过程中，伴随一系列的物理和化学反应，导致体内的水分不断减少，同时为了克服分子键的约束而产生分子张力等多种因素的影响下，其体积缩小的现象，收缩可分为干燥收缩、温度收缩和自身收缩 3 种类型[36]。

（1）干燥收缩。

在干燥环境下，混凝土毛细孔中的自由水分首先蒸发，然后水泥胶体的吸附水蒸发。开始蒸发的自由水对混凝土体积没有影响，但是随着吸附水的消失，混凝土的体积会缩小。自由水蒸发只是单纯的物理现象，不会在混凝土体内产生内力。要使胶凝体表层吸附水的蒸发，必须有大于胶凝质点间分子键的外力作用，让吸附水摆脱吸附力约束后才能蒸发，这就在混凝土内部产生了分子张力，从而导致混凝土体积缩小。

（2）温度收缩。

在混凝土凝结硬化过程中，水泥水化反应会放出热量，内部温度升高，使混凝土体积有所膨胀（即“热胀”）。此后，水泥水化反应速率降低直至结束，混凝土内部的热量不断散失，逐步进入降温过程，在此过程中混凝土体积缩小（即“冷缩”）。在整个热胀冷缩的过程中，收缩量相对较大。

（3）自身收缩。

自身收缩是由于水泥水化时消耗混凝土中的水分，导致凝胶孔液面下降而形成弯月面，使混凝土自干燥，最终导致相对湿度降低及体积减小的现象。自身收缩是混凝土收缩的一个主要来源，它主要发生在混凝土凝结初期。水灰比对自身收缩影响较大，当水灰比大于 0.5 时，其自干燥作用和自身收缩比干燥收缩量小得多，故可以忽略不计；当水灰比小于 0.35 时，混凝土体的相对湿度会很快降低到 80%以下，自身收缩与干燥收缩几乎各占一半。

2. 混凝土收缩量计算方法

混凝土收缩量计算的方法很多，本节仅给出我国桥梁设计规范对混凝土收缩量计算方法，我国桥梁规范规定的混凝土收缩应变 ε_{cs} 可按下列公式计算：

$$\varepsilon_{cs}(t,t_s)=\varepsilon_{cs0}\cdot\beta_s(t-t_s) \tag{6.19}$$

$$\varepsilon_{cs0}(t,t_s)=\varepsilon_s(f_{cm})\cdot\beta_{RH} \tag{6.20}$$

$$\varepsilon_s(f_{cm})=\left[160+10\cdot\beta_{sc}\cdot(9-\frac{f_{cm}}{f_{cm0}})\right]\times10^{-6} \tag{6.21}$$

$$\beta_{RH}=1.55\times\left[1-\left(\frac{RH}{RH_0}\right)^3\right] \tag{6.22}$$

$$\beta_s(t-t_s)=\left[\frac{(t-t_s)/t_1}{350(h/h_0)^2+(t-t_0)/t_1}\right]^{0.5} \tag{6.23}$$

式中，t 为计算时刻的混凝土龄期（d）；t_s 为收缩开始时刻的混凝土龄期（d）；$\varepsilon_{cs}(t,t_s)$ 为收缩开始时的龄期为 t_s、计算考虑的龄期为 t 时的收缩应变；ε_{cs0} 为名义徐变系数；β_s 为收缩随时间发展系数；f_{cm} 是混凝土强度等级（MPa）；f_{cm0}=10 MPa；β_{RH} 为与年平均相对湿度相关的系数；RH 为环境年平均相对湿度（%）；RH_0=100%；h 为构件理论厚度（mm）；h_0=100 mm；t_1=1 d。

6.4.2 PC 轨道梁混凝土多时态收缩试验

材料设计：混凝土标号为 C60，弹性模量为 4.10×10^4 MPa，塌落度为 12 ~ 15 mm，水泥为拉法基 P·O 52.5，表中外加剂为减水剂和减缩剂之和。

试验方案设计[37]：分别制作 3 组试件，编号为 No.1 ~ No.3，各试件材料的实际用量见表 6.4-1。试件尺寸为 100 mm×100 mm×515 mm，用 10 mm 厚聚四氟乙烯板制作试件模具，装混凝土前用润滑剂在模具内壁粘贴一层塑料薄膜，混凝土分两次装入，每次装入均振捣密实，振捣过程中不得破坏模具内侧塑料膜。试件制作完成后立即移入温度为（20±2）°C，湿度为 45%±5%的养护箱内养护 2 h，然后取出并小心抽调试件四周的聚四氟乙烯板，置入自然环境中测量不同时刻的收缩量。根据当地的气温条件，选择 3 个环境温度测试，试件 No.1 的环境温度是 35 °C，No.2 的环境温度是 23 °C，No.3 的环境温度是 10 °C。

表 6.4-1 试件参数表

编号及用量 \ 材料		水泥	砂	细石（5 ~ 10 mm）	碎石（10 ~ 20 mm）	水	外加剂
设计值	用量/kg	465.0	648.0	346.0	806.0	137.0	5.6
No.1	湿度/%	—	5.3	0.5	0.4	—	—
	含水量/%	—	34.3	1.7	3.2	—	—
	实际用量/kg	465.0	682.3	347.7	809.2	97.8	5.6
No.2	湿度/%	—	8.7	1.3	1.1	—	—
	含水量/%	—	56.4	4.5	8.9	—	—
	实际用量/kg	465.0	704.4	350.5	814.9	67.3	5.6
No.3	湿度/%	—	6.4	0.9	0.7	—	—
	含水量/%	—	41.5	3.1	5.6	—	—
	实际用量/kg	—	689.5	349.1	811.6	86.8	

根据 3 组试件的收缩试验的测试结果，分析 3 组试件的收缩量与时间的关系可知：

（1）3 组试件的收缩量在 12 h 前基本完成，说明 PC 轨道梁的混凝土收缩主要发生在初凝后至终凝前这段时间内。

（2）3 组试件在 10 ~ 24 h，体积有所膨胀，但不明显。这是因为水化热达到峰值后，体积有所膨胀，但随着水化热消散，混凝土体内部温度有所降低导致混凝土收缩继续发展。

（3）3 组混凝土初始收缩量变化速率大小关系是：No.1>No.2>No.3。这是因为环境温度越高，混凝土水化反应越快速，生成的水化物饱和后形成结晶，快速填充了混凝土内部微细孔，阻碍了混凝土体积变小。

（4）3 组混凝土最终收缩量大小关系是：No.1>No.2>No.3。说明环境温度越高，混凝土收缩量越大，这是因为环境温度越高，破坏混凝土内部吸附水分子键的能力越大，导致吸附水蒸发越多，则混凝土内受到分子张力就越大，在分子张力的挤压下，导致混凝土收缩量越大。

（5）虽然 PC 轨道梁混凝土水灰比较小（$W/C<0.35$），强度高（C60），但最终收缩值

为 $450\times10^{-6}\sim550\times10^{-6}$ m/m。这是因为它的配合比和添加剂量是经过科学研究和多次试验确定的，属于高性能混凝土。

综上所述，故建议 PC 轨道梁的收缩变形系数取为 500×10^{-6} m/m，则不同跨径的 PC 轨道梁由混凝土收缩引起的变形量 X_S 可按下式计算。

$$X_S = L\times500\times10^{-6} \tag{6.24}$$

式中，L 为 PC 轨道梁的跨径（m）。

混凝土收缩量与时间的关系如图 6.4-1 所示。

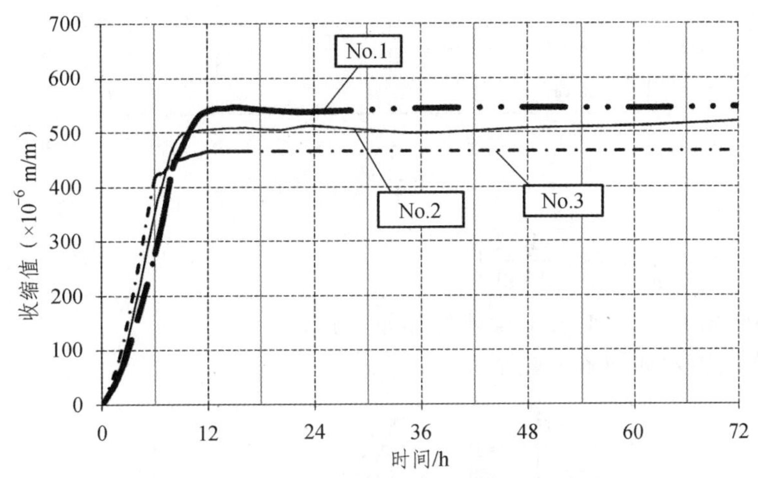

图 6.4-1　混凝土收缩量与时间的关系

收缩量 1 是由式（6.24）计算得到的混凝土收缩变形量，收缩量 2 是根据 6.3.2 节有限元方法计算得到的理论伸缩量。数据发现，当跨度 < 22 m 时，两种方法推算的伸缩量基本一致；当跨度 ≥ 22 m 后，利用式（6.24）估算的伸缩量比有限元方法计算的伸缩量小，出现此现象的原因如下：

（1）PC 轨道梁混凝土实际材料特性值比《铁路桥涵钢筋混凝土和预应力混凝土结构设计规范》规定的材料特性值高，且发展更快。

（2）收缩量 1 只是混凝土自身收缩，而收缩量 2 是混凝土收缩及预应力压缩之和。

（3）当跨度 ≥ 22 m，预应力合力偏心矩使 PC 轨道梁的弯曲变形幅度更大，由此导致梁端附加压缩量增加，而收缩量 1 则没有考虑这项的影响。

6.4.3　PC 轨道梁多时态伸缩量有限元分析

梁体伸缩量是沿梁轴线，梁体发生伸长或缩短的现象，导致梁端相对距离发生变化。它是影响 PC 轨道梁的制作放样精度和成桥后梁缝精度的关键因素。按 PC 轨道梁分类标准和有限元方案，进行模拟分析。图 6.4-2 描述了不同时态梁体伸缩量的变化趋势。

为对比不同跨径 PC 轨道梁两端伸缩量的变化趋势，取梁端转角（见图 6.4-3）为分析对象，梁端转角按式（6.25）计算：

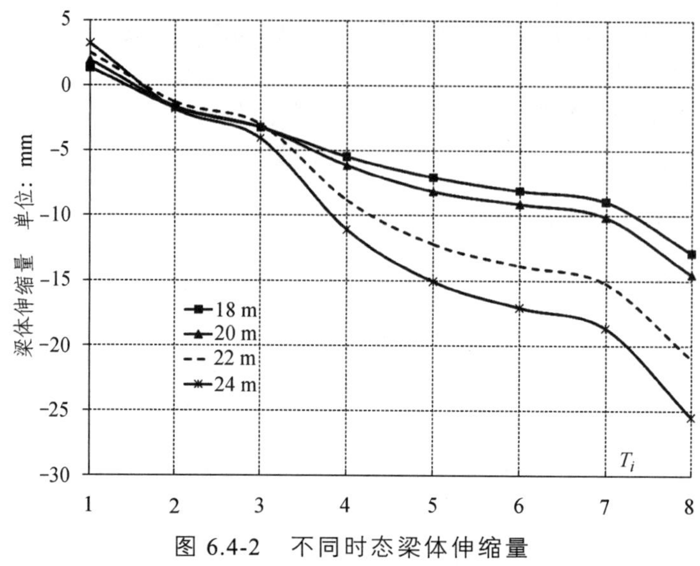

图 6.4-2 不同时态梁体伸缩量

$$\theta=\frac{180}{\pi}\arctan\left(\frac{\Delta_L/2}{1500}\right) \tag{6.25}$$

式中，θ 为梁端转角（°）；Δ_L 表示梁体伸缩量（mm）。

不同时态梁端转角如图 6.4-4 所示。

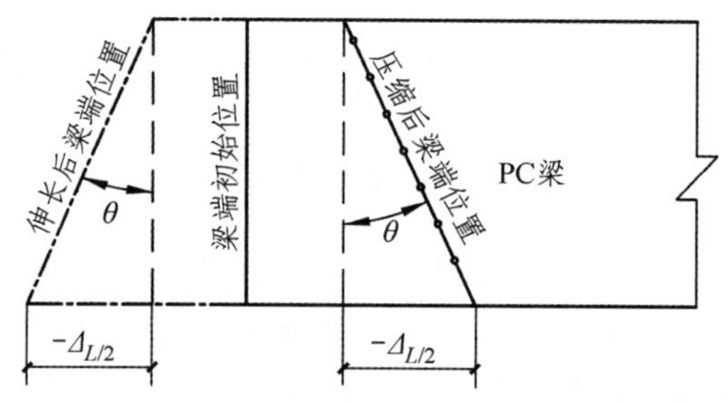

图 6.4-3 梁端转角计算示意图

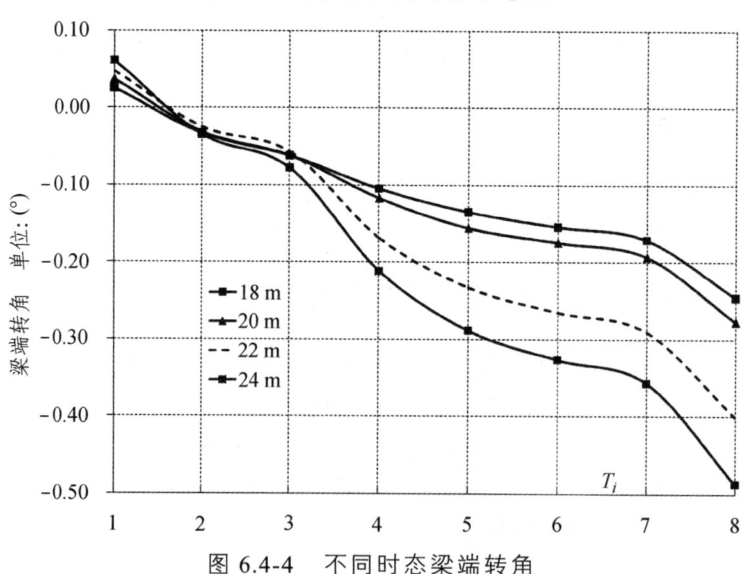

图 6.4-4 不同时态梁端转角

6.5 PC 轨道梁结构变形试验研究

本小节是在重庆在建单轨项目中选取 22 榀 PC 轨道梁进行的静载试验，根据试验结果进一步研究 PC 轨道梁在不同等级静荷载作用下的结构响应，检验理论研究的准确性。鉴于篇幅限制，仅选取一榀 PC 轨道梁的试验数据为例阐述试验结果。

6.5.1 试验方案概况

试验梁跨度为 22 m，曲线半径为 R=100 m，梁高为 1.5 m，梁宽为 0.85 m，两端及中间设有横隔板，采用预制后张法施工，成梁后为全预应力构件。试验项目为力学静载试验和变形试验[38-40]。试验目的是在正常施工和养护条件下，检测该梁强度和刚度指标。试验设备见表 6.5-1。

表 6.5-1 试验设备表

序号	设备名称	型 号	数 量	用途及功能
1	静态应变数据采集分析系统	XL2101B5+	1 套	应变（力）测试
2	裂缝测宽仪	BJQF-1 型	1 个	裂缝宽度测试
3	电子百分表	—	5 只	挠度和位移测试
4	活动支架、吊架等	—		桥梁检测辅助设施

按图 6.5-1 所示的单轨列车荷载图式设计移动荷载，并在有限元模型中计算出该 PC 轨道梁在移动荷载作用下的弯矩包络图（见图 6.5-2）。按弯矩等效的原则和单轨列车轮组间距计算出试验荷载的大小和加载位置（见图 6.5-3）。

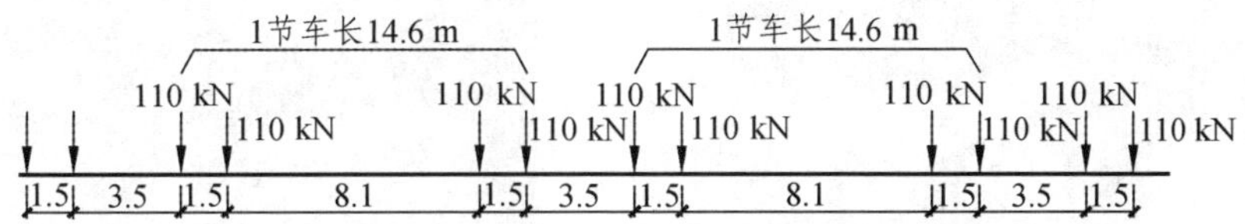

图 6.5-1 单轨列车荷载图式（尺寸单位：m）

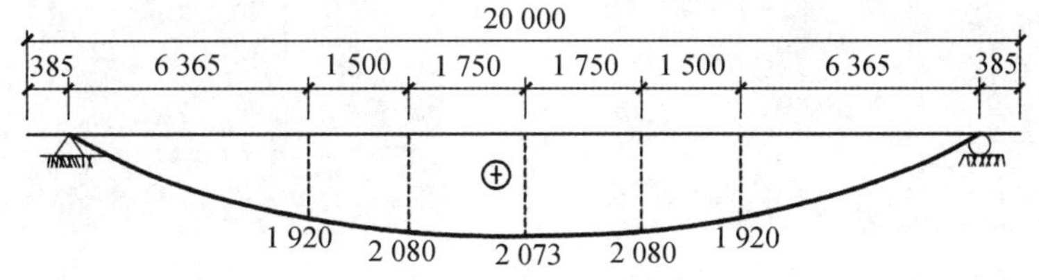

图 6.5-2 移动荷载作用下的弯矩图包络图（尺寸单位：mm；弯矩单位：kN · m）

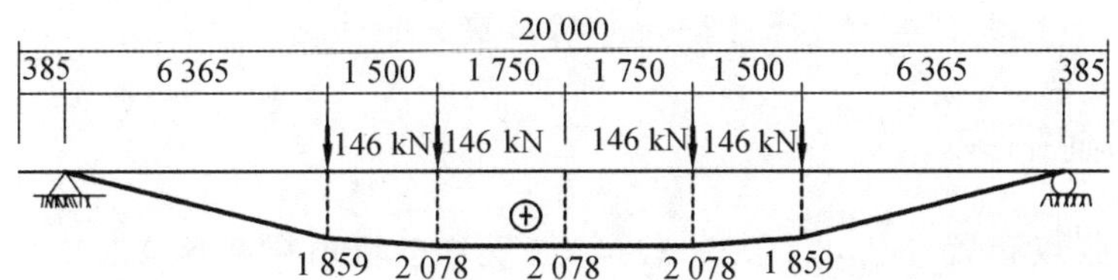

图 6.5-3 试验荷载作用下的弯矩图（尺寸单位：mm；弯矩单位：kN · m）

由图 6.5-2 和图 6.5-3 可知，试验荷载作用下跨中弯矩与实际列车荷载产生的跨中最大弯矩 M_h 基本一致，试验荷载作用下跨中最大设计荷载弯矩为 M_h=2 078 kN · m，移动列车活载作用下跨中最大弯矩为 2 073 kN · m，荷载效验系数为 2 078/2 073≈1.00，满足结构试验要求[41]。

在试验场地，设置固定墩台来模拟 PC 轨道梁支撑边界条件，用油压千斤顶和门形反力装置模拟列车荷载，用百分表测量 PC 轨道梁的变形量，图 6.5-4 是静载试验装置系统示意图。

试验荷载分 6 级进行加载，加载顺序为 20%→40%→60%→80%→100%。每次加载需维持荷载 3 ~ 5 min；荷载加载完毕后，持荷时间为 15 ~ 20 min；每级加载完毕且稳定后，才能测试应力和挠度值。

（a）门形反力装置

（b）油压千斤顶

（c）变形测量仪

（d）压力计

图 6.5-4　试验方案示意图

6.5.2　应力试验结果

应力试验的测点布置在 $L/4$、$L/2$、$3L/4$（L 为 PC 轨道梁跨度）3 个截面的 4 个角点，如图 6.5-5 所示。

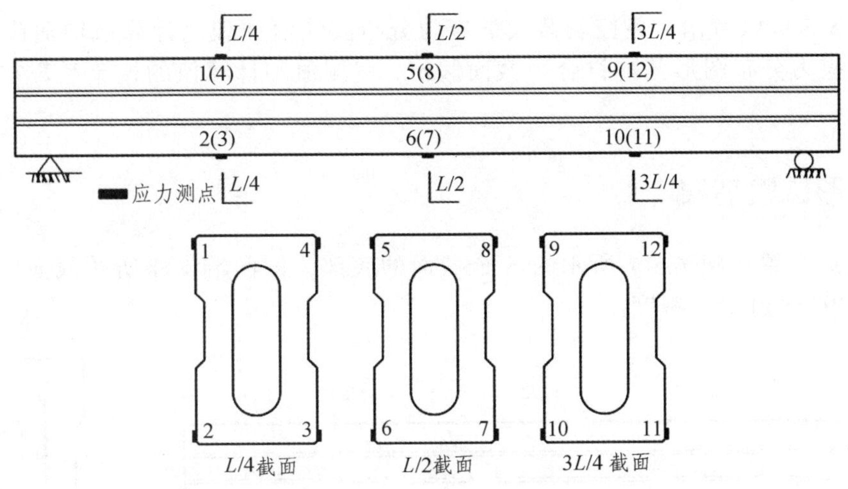

图 6.5-5　应力测点布置示意图

为控制各级荷载的施加，试验过程中采用传感器监控荷载加载量，每级荷载作用下对各测点多次读数并取平均值，各截面最大荷载作用下的应力见表 6.5-2，表中应力校验系数按式（6.26）计算。

$$\eta = \frac{\sigma_1}{\sigma_2} \tag{6.26}$$

式中：η 为应力校验系数；σ_1 为应力实测值；σ_2 为应力理论计算值。

各截面应力如表 6.5-2 所示。

表 6.5-2　各截面应力

测点	1	2	3	4	5	6	7	8	9	10	11	12
实测/MPa	−4.10	+3.82	+4.03	−4.21	−5.80	+5.69	+5.94	−6.16	−3.92	+4.14	+4.07	−4.39
理论/MPa	−5.48	+5.37	+5.37	−5.48	−7.23	+7.05	+7.05	−7.23	−5.48	+5.37	+5.37	−5.48
校验系数	0.75	0.71	0.75	0.77	0.80	0.81	0.84	0.85	0.72	0.77	0.76	0.80

注：表中数值前符号“+”表示受拉，“−”表示受压。

主控截面实测应力值取测点的平均值(各上缘中点应力为该截面上缘两点实测应力的平均值、下缘中点应力为该截面下缘两点实测应力平均值)，各截面实测应力分布和理论计算应力分布如图 6.5-6 所示。

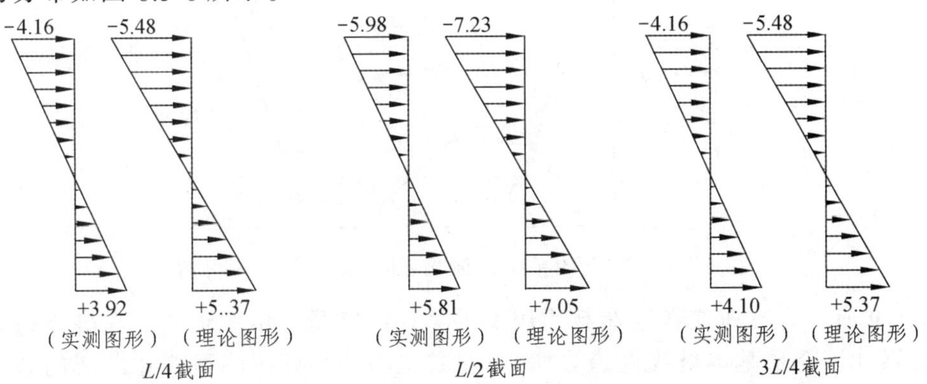

图 6.5-6　实测应力和理论计算应力分布图（单位：MPa）

从图 6.5-6 可以看出，各控制截面的应力分布实测值和理论计算值均随荷载的增加呈线性变化，应力分布图形基本符合平截面假定，实测值和计算值的校验系数在 0.75 ~ 0.85 范围内。

6.5.3 变形试验结果

变形测点布置在图 6.5-7 所示的 5 个截面的底部，即两端支座所在截面、$L/4$、$L/2$、$3L/4$，L 为 PC 轨道梁的跨度。

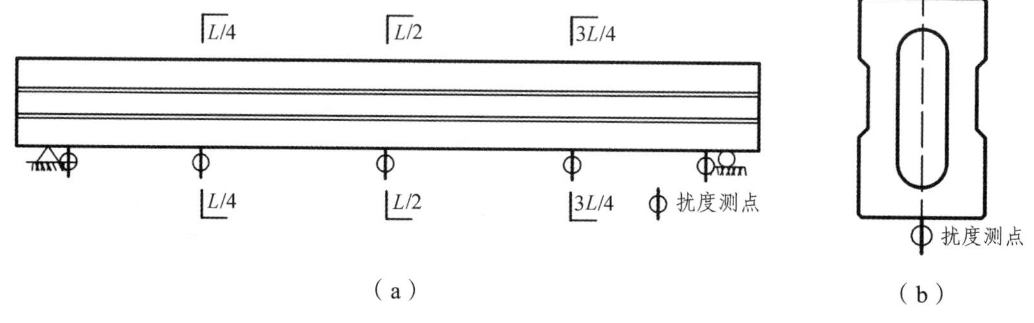

图 6.5-7 变形测点布置示意图

为控制各级荷载的施加，试验时全程采用电子传感器设备进行加载，并用电子传感器时刻测量各测点变形量。为区分支座沉降量和梁体变形量，本章将支座截面的变形定义为支座沉降量，而将 $L/2$、$L/4$、$3L/4$ 截面的竖向变形定义为挠度。

图 6.5-8 所示为支座在各级荷载作用下的沉降量，由图可知：支座在各级荷载作用下的沉降量变化曲线呈现“凹”形。这一现象说明在加载初期和末期，沉降增量较小，如加载 20%和 100%时，其沉降增量较小；在加载中期，沉降增量较大，如加载 40%时，沉降增量较大，特别是加载 60%和 80%时，沉降增量最大。

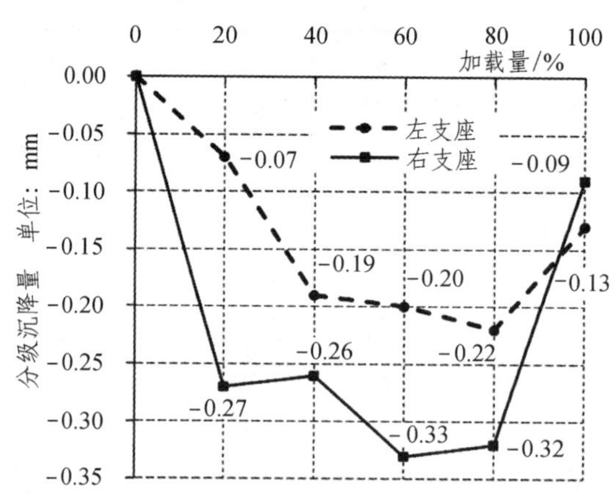

图 6.5-8 支座的单级沉降量-加载量之间的关系图

图 6.5-9 所示为支座在各级荷载作用下的累计沉降量，由图可知，在各级荷载作用下支座处的累计沉降量基本呈线性趋势加大；左右支座的累计沉降量变化曲线的斜率基本一致，表明试验加载基本符合理论要求。

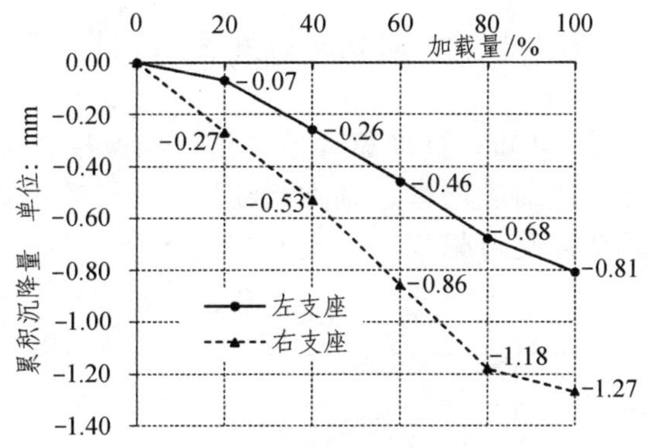

图 6.5-9 支座的累计沉降量-加载量之间的关系图

由于试验受到支座沉降、PC 轨道梁自重和加载设备重力、加载图式和预应力反拱等因素的影响，需综合考虑这些因素，并对试验试结果进行修正。式（6.27）~（6.29）为 PC 轨道梁跨中挠度修正计算公式：

$$\delta_{s,i}^{0}=\psi(\delta_{q,i}^{0}+\delta_{g}^{c}) \tag{6.27}$$

$$\delta_{q,i}^{0}=\mu_{m,i}^{0}-\frac{1}{2(\mu_{l,i}^{0}+\mu_{r,i}^{0})} \tag{6.28}$$

$$\delta_{g}^{c}=\frac{M_{g}}{M_{b}}\delta_{b}^{0}\text{ 或 }\delta_{g}^{c}=\frac{V_{g}}{V_{b}}\delta_{b}^{0} \tag{6.29}$$

式中，$\delta_{s,i}^{0}$ 为 PC 轨道梁在第 i 级试验荷载作用下，跨中短期挠度经修正后的实测值；$\delta_{q,i}^{0}$ 是经消除支座沉降后，构件在第 i 级试验荷载作用下，跨中短期挠度的实测值；δ_{g}^{c} 为 PC 轨道梁自重和加载设备重力产生的跨中挠度值；$\mu_{m,i}^{0}$ 为 PC 轨道梁在第 i 级外加试验荷载作用下跨中位移实测值（包括支座沉降）；$\mu_{l,i}^{0}$，$\mu_{r,i}^{0}$ 为第 i 级外加试验荷载作用下，PC 轨道梁左、右两端支座的实测沉降量；M_g、V_g 是 PC 轨道梁自重和加载设备重力产生的跨中弯矩值和端部剪力值；M_b、V_b 是从加载开始至 PC 轨道梁出现裂缝的第一级荷载为止，由外加荷载在 PC 轨道梁跨中截面引起的弯矩值和在端部截面产生的剪力值；δ_{b}^{0} 是从试验荷载开始至 PC 轨道梁出现裂缝的前一级荷载为止的荷载所产生的跨中挠度实测值；ψ 是用等效集中荷载代替实际荷载进行试验时加载图式的修正系数，取 $\psi=1.0$。

PC 轨道梁跨中挠度值经修正后，用校验系数评估理论计算结果与试验结果吻合程度。挠度校验系数公式为

$$\eta=\frac{\delta_{s,i}^{0}}{\delta_{s,i}^{c}} \tag{6.30}$$

式中，η 为挠度校验系数；$\delta_{s,i}^{c}$ 是在第 i 级试验荷载下 PC 轨道梁短期挠度计算值。

结构挠度校验系数 η 反映理论计算结果与试验结果的吻合程度：当 $\eta=1$ 时，说明试验结果与理论计算完全一致；当 $\eta>1$ 时，表明理论计算结果值比试验结果小，初始设计的安全度不够；当 $\eta<1$ 时，说明理论计算值比试验值大，即初始设计值有一定安全富裕。

根据主控截面挠度及支座沉降量的变化情况，绘制了荷载-挠度曲线图，如图 6.5-10

所示。为进一步反映各级荷载与挠度增量之间的关系，绘制了荷载增量-挠度增量关系图，如图 6.5-11 所示。

由图 6.5-10 和图 6.5-11 可知，挠度累计值与累计加载量基本呈线性关系，各级荷载增量所产生的挠度增量与该级荷载增量也基本呈线性关系，表明该 PC 轨道梁在整个实验过程中处于弹性状态，其变形是可修复的，没有产生残余变形。

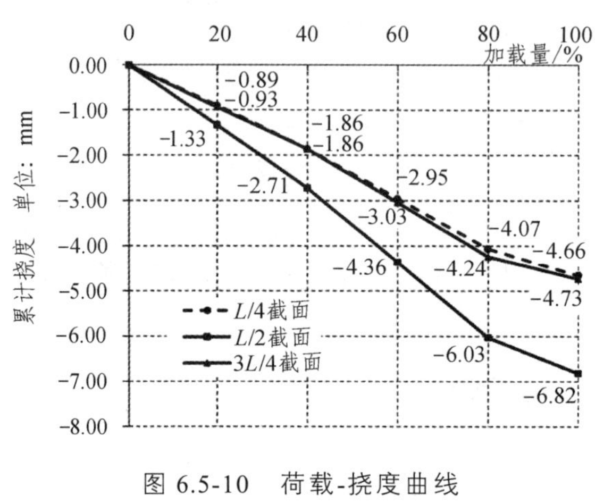

图 6.5-10　荷载-挠度曲线

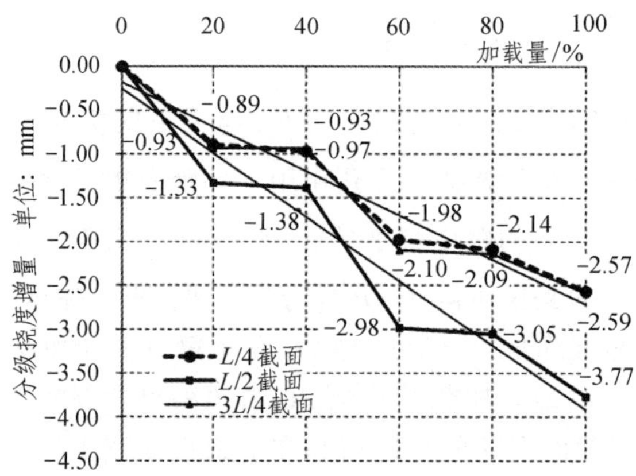

图 6.5-11　各级荷载作用下的荷载增量-挠度增量曲线

6.5.4　试验结果讨论

通过本试验结果及与理论计算值的对比，可发现 PC 轨道梁在静载作用下呈现如下规律：

（1）控制截面实测最大拉应力为 5.81 MPa，最大压应力为-5.98 MPa，校验系数 η 均小于 1.0，即实验荷载产生的应力均小于理论控制值，表明理论计算安全富裕度较大。

（2）各控制截面实测应力沿梁高方向呈线性变化，表明试验过程中，梁体处于弹性阶段，各截面变形符合平截面假定。

（3）控制截面实测最大挠度为-5.78 mm，小于理论检算值-10.17 mm，为跨度的 *L*/3 460，其挠度满足工程实践要求。挠度校验系数 η 均小于 1.0，表明 PC 轨道梁的刚度较高。

（4）卸载后，PC 轨道梁挠度相对残余变形最大值为 4.32%，小于 20%，表明 PC 轨道梁始终处于弹性状态，对循环荷载的适应能力较强。

综上所述，本试验实测结果与理论分析和模拟计算结果基本一致，在单轨列车荷载作用下，PC 轨道梁处于弹性工作状态。

第 7 章 运营期 PC 轨道梁性能自平衡能力研究

7.1 概 述

PC 轨道梁在使用期间，多种交织的动态因素将长期循环地作用于 PC 轨道梁上，这些因素将激励 PC 轨道梁的形体波动起伏而诱使结构疲劳损伤，进而迫使结构产生次生变形。一旦这些次生损伤量超过一定范围，将阻碍 PC 轨道梁既定功能的正常发挥，并带来不利影响。因此，PC 轨道梁自身还要具备足够的能力，抵御运营期内各种动态诱发因素的干扰，方可避免上述不利现象发生。最有效的办法是：准确评价各种诱发因素对 PC 轨道梁的刺激水平，将这些指标综合反映在 PC 轨道梁形体控制参数中，并在制作 PC 轨道梁时就将这种抵御能力储备在梁体内，使其在后期逐步发挥出来。然而运营期内动态诱发因素非常多，并且刺激机制复杂，对它们衡量太低，将导致 PC 轨道梁抗力不够，若衡量过高，将会增加工程投资和施工难度。

7.2 酸性腐蚀场中 PC 轨道梁抗老化能力

表 7.2-1 是重庆市 1990—2002 年降雨检测情况[42]，分析该表数据可知，重庆市城区降雨呈酸性（pH<5），且酸雨频率较高。故本文将 PC 轨道梁的环境设为酸性腐蚀场，主要腐蚀类别是碳化腐蚀和硫酸根离子腐蚀。

表 7.2-1 1990—2002 年重庆市降水监测结果

年 份	降水 pH 均值	降雨 pH 值	酸雨频率/%
1990	4.29	4.18	75.9
1991	4.45	4.35	78.9
1992	4.43	4.31	71.2
1993	4.47	4.38	79.5
1994	4.70	4.38	79.5
1995	4.75	4.30	62.4
1996	4.61	4.50	60.5
1997	4.81	4.45	60.1
1998	4.88	4.59	45.9
1999	4.88	4.45	43.8
2000	4.66	4.40	42.6
2001	4.81	4.38	41.2
2002	4.89	4.67	43.6

7.2.1 碳化腐蚀机制

当大气中的 CO_2 逐步向混凝土内部扩散，并溶于孔隙水中形成 H_2CO_3 溶液后，再与混凝土孔隙液中的水泥水化物 $Ca(OH)_2$、$CaO \cdot 2SiO_2 \cdot 3H_2O$、$CaO \cdot SiO_2 \cdot 4H_2O$ 发生物理化学反应的过程叫混凝土碳化。

碳化过程中生成的 $CaCO_3$ 属非溶解性钙盐，$CaCO_3$ 比初始水泥水化物的体积要大，导致混凝土的空隙和部分毛细空隙将被碳化产物堵塞，使混凝土体积有所增大，同时混凝土的密实度和强度有所提高。碳化虽然阻碍了大气中的二氧化碳和氧气向混凝土内部扩散，但也使混凝土的 pH 值降低，一旦混凝土的 pH 值降低到 8.5 ~ 9.0 时，将使钢筋表层的钝化膜脱落，进而导致钢筋被锈蚀，削弱钢筋混凝土结构的强度。

混凝土碳化程度受到内部因素（密实程度、水泥品种、水化物含量、骨料种类、水灰比、浇筑与养护质量等）和外部因素（气体的浓度、外界压强、环境湿度、风力效应等）的影响。国内外许多学者根据不同的碳化因素及其作用时间提出多种碳化深度 X 的计算方法，见式（7.1）~ 式（7.4）。

式（7.1）是根据费克第二定律[37]提出的碳化深度计算模型：

$$X = k\sqrt{t} \tag{7.1}$$

式中，k 为碳化系数，是反映碳化速度快慢的综合因素；t 为碳化时间（d）。

崔鹏飞等[43]提出单元因素的碳化深度计算模型：

$$X = \sqrt{2D(w_0 - w_s)\frac{t}{m_s}} \tag{7.2}$$

式中，D 为 CO_2 的渗透系数；w_0 为试块表面 CO_2 质量分数；w_s 为吸收区 CO_2 质量分数；m_s 为单位体积混凝土吸收碳酸气的质量。

郭院成等[44]提出多系数碳化深度预测模型：

$$X = \eta_1 \cdot \eta_2 \cdot \eta_3 \cdot \eta_4 \cdot \eta_5 \cdot \eta_6 \cdot \alpha \cdot \sqrt{t} \tag{7.3}$$

式中，α 为碳化深度系数；η_1、η_2、η_3、η_4、η_5、η_6 为材料及养护方法影响因子。

张誉[45]利用影响碳化因素与理论模型参数间的定量关系提出如下模型：

$$X = 839(1 - H_R) \cdot \alpha \cdot \sqrt{t} \cdot \sqrt[1.1]{\frac{m_w / m_c - 0.34}{m_c}} \tag{7.4}$$

式中，H_R 为环境相对湿度；α 为 CO_2 的体积分数；m_w 为水的质量（kg）；m_c 为水泥质量（kg）。

7.2.2 硫酸根离子腐蚀机制

硫酸根离子对钢筋混凝土的腐蚀机理非常复杂，腐蚀的途径多，而且不同腐蚀途径之间相互促进。硫酸根离子可以与混凝土空隙内的水化物发生反应，降低混凝土的碱性环境，促使钢筋表层的 Si-O 钝化膜受到碳酸根和硫酸离子加速破坏；在钝化膜受损区域聚集大量的阴离子，这些富集的阴离子将促使钝化膜完好区域产生阳极腐蚀而引起电极差，从而形成腐蚀性电池，加速局部腐蚀的发展；在钝化膜受损区域，随着阴离子的聚集，加之腐蚀性电池的通道，从而使阳极的阳离子被搬运至阴极，形成去极化作用；腐蚀性电池的形成必须要有离子交换的通道，而硫酸根离子则可以降低阴阳两极之间的电阻，给电化腐蚀形成良好回路。

7.2.3 酸性腐蚀试验

在同一批次混凝土中，取 18 组试件（编号为 No.01 ~ No.18，共 54 个标准立方体试件）测试碳化腐蚀和硫酸根腐蚀对 PC 轨道梁混凝土强度的影响，试样参数及测试结果见表 7.2-2，试件制作和抗压强度测试要求如下：

（1）立方体抗压测试龄期 3 d、14 d、28 d、42 d、60 d、128 d。

（2）将 No.01 ~ No.06 号试件放在清水中自然养护，测试其抗压强度。

（3）将 No.07 ~ No.12 放在碳化腐蚀液中浸泡后测试其抗压强度。

（4）将 No.13 ~ No.18 放在硫酸根离子腐蚀液中浸泡后测试其抗压强度。

（5）碳酸溶液配制：取 0.005 3 g 碳酸钠溶入 500 g 水，滴入 0.01 g 浓度为 36.5%的浓盐酸，然后稀释成 1 L 溶液。溶液中碳酸浓度为 0.5×10^{-4} mol/L，NaCl 浓度为 1×10^{-4} mol/L，pH 值为 4。

（6）硫酸根离子溶液配制：取 0.05 g 浓度为 98%的浓硫酸滴入 1 L 清水中，并加入适量的硫酸钠。溶液的硫酸浓度为 0.5×10^{-3} mol/L，硫酸钠浓度为 0.5×10^{-3} mol/L，pH 值为 4。

PC 轨道梁混凝土酸性腐蚀试验结果如表 7.2-2 所示。

表 7.2-2 PC 轨道梁混凝土酸性腐蚀试验结果

自然养护	试件编号	No.01	No.02	No.03	No.04	No.05	No.06
	抗压试验龄期/d	3	14	28	42	60	128
	抗压强度/MPa	48.5	62.3	64.7	65.1	65.5	66.8
碳化腐蚀试验	试件编号	No.07	No.08	No.09	No.10	No.11	No.12
	pH 值	4	4	4	4	4	4
	清水养护时间 t_1/d	0	0	0	28	28	28
	腐蚀液中浸泡时间 t_2/d	3	14	28	14	32	100
	抗压试验龄期 t_1+t_2/d	3	14	28	42	60	128
	碳化深度/mm	0.32	0.38	0.45	0.15	0.27	0.56
	抗压强度/MPa	49.6	63.7	62.6	64.3	65.2	65.9
硫酸根离子腐蚀试验	试件编号	No.13	No.14	No.15	No.16	No.17	No.18
	pH 值	4	4	4	4	4	4
	清水养护时间 t_1/d	0	0	0	28	28	28
	腐蚀液中浸泡时间 t_2/d	3	14	28	14	32	100
	抗压试验龄期 t_1+t_2/d	3	14	28	42	60	128
	抗压强度/MPa	48.6	61.7	64.8	64.8	64.2	64.9

从表 7.2-2 可得如下结论：

（1）PC 轨道梁所用混凝土对碳化腐蚀的抵抗能力较强，碳化深度较浅，没有达到钢筋表层，故对钢筋的钝化膜损害较少。

（2）在初始龄期，碳酸性溶液中养护的试件抗压强度比在清水中养护的试件抗压强度高，这是因为碳酸溶液与混凝土中的 $Ca(OH)_2$ 反应生成难容的致密结晶体，填充在混凝土的空隙中，从而提高了混凝土的抗压强度。

（3）PC 轨道梁所采用的混凝土对硫酸根离子腐蚀的抵抗能力较强。

（4）在初始龄期，硫酸性溶液中养护的试件抗压强度比在清水中养护的试件抗压强度高；但在后期，随着硫酸根离子腐蚀的深入，试件强度开始下降。这是因为初期硫酸溶液与混凝土中的 $Ca(OH)_2$ 反应生成的难溶盐，结晶后填充在混凝土的微细孔中，提高了混凝土的抗压强度，但在后期，硫酸根离子与混凝土的水化物反应生成的钙矾石数量增多，将微细孔挤压开裂而损害了试件的整体性，从而导致其强度有所下降。

7.2.4 性能退化对结构变形的综合性评价

在腐蚀环境场中，随着各种腐蚀介质的浸入，混凝土结构性能有逐步衰退的趋势。根据腐蚀程度，按下列方法评价 PC 轨道梁结构性能的退化情况。

（1）当钢筋锈蚀率<10%时，混凝土没有发生胀裂或剥蚀，只是钢筋有效面积受损，同时钢筋与混凝土之间咬合力有所降低。对此，可适当降低钢筋屈服强度和钢筋混凝土协同工作能力，按钢筋混凝土结构设计原理计算结构承载力。

（2）当钢筋锈蚀率>10%时，可按下列公式评价 PC 轨道梁的承载能力、短期刚度及预应力重新分布[46]：

① 承载能力。

锈蚀后钢筋的极限强度：$$\sigma_{sc}^{u}=\frac{\overline{\tau}_{u,w}\cdot\pi\cdot d\cdot l}{\frac{\pi}{4}\cdot d^{2}} \tag{7.5}$$

受弯构件的弯曲承载力：$$M_{u}=0.85\sigma_{sc}^{u}\cdot A_{s,c}\cdot h_{0} \tag{7.6}$$

式中，$\overline{\tau}_{u,w}$ 是锈胀开裂后的平均极限黏结强度（MPa）；$A_{s,c}$ 是锈后受拉钢筋截面（mm^2）；l 是构件长度；d 是受拉钢筋直径（mm）；h_0 是截面有效高度（mm）。

② 短期刚度。

$$B_{s,c}=\frac{E_{s}\cdot k_{b}'\cdot A_{s,c}\cdot h_{0,c}^{2}}{0.2+1.15\varphi_{c}+\dfrac{6\alpha_{E}\cdot\rho_{s,c}}{1+3.5\gamma_{f,c}'}} \tag{7.7}$$

式中，k_b' 表示黏结性能退化对刚度的影响系数；$\gamma_{f,c}'$ 是锈后受压翼缘面积与腹板有效面积的比值；φ_c 是裂缝间纵向受拉钢筋应变不均匀系数；$\rho_{s,c}$ 是锈后纵向受拉钢筋配筋率；α_E 是钢筋弹性模量与混凝土弹性模量的比值；E_s 是混凝土弹性模量（MPa）；$h_{0,c}$ 是结构高度（mm）。

③ 预应力分布。

$$(\varepsilon_{pe}+\Delta\varepsilon_{p})\cdot E_{p}\cdot(1-\xi)\cdot A_{p}=\frac{\sigma_{c}-\Delta\varepsilon_{c}\cdot E_{c}}{\sigma_{c}}\cdot\frac{\sigma_{p}\cdot A_{p}}{A_{0}}A_{c} \tag{7.8}$$

式中，ε_{pe} 是预应力筋扣除所有损失后的应变；$\Delta\varepsilon_p$ 是锈蚀处预应力筋应变增大量；E_p 是预应力筋的弹性模量（MPa）；ξ是预应力筋的锈蚀率；A_p是预应力筋初始面积（mm^2）；σ_c是锈蚀处混凝土初始应力（MPa）；$\Delta\varepsilon_c$是锈蚀处混凝土应变减小量，$\Delta\varepsilon_p=\Delta\varepsilon_c$；$E_c$是混凝土的弹性模量（MPa）；$\sigma_p$是锈蚀处预应力钢筋初始应力（MPa）；$A_0$是PC轨道梁初始截面换算面积（$mm^2$）；$A_c$是扣除钢筋后梁混凝土截面净面积（$mm^2$）。

7.3 PC轨道梁徐变变形分析

7.3.1 混凝土的徐变机理

混凝土的徐变是指在不变荷载持续作用下，结构应变逐步增长的现象。徐变机理非常复杂，至今还没有较好的理论和方法对其进行准确、全面的诠释。一般将徐变分为基本徐变和干燥徐变两部分。当外部环境与混凝土内部存在温度差或湿度差时，为维持水分平衡，混凝土与外部环境将发生水分交换，导致混凝土体积失水缩小、吸水膨胀的交替变形叫干燥徐变。基本徐变指混凝土与外界环境不产生水分交换，而是由于混凝土内部应力变化导致微细孔张开、胶凝颗粒流动、微裂隙增大等，最终在混凝土内部产生持续应变的现象。根据是否具有可逆性，将徐变分为弹性徐变（可恢复）和塑性应变（或残余应变，不可恢复）。

1. 基本徐变机理

混凝土材料大部分为粗细骨料，这些骨料的强度比混凝土自身强度高，当外部荷载使混凝土发生塑性破坏时，粗细骨料仍然处于弹性受力阶段，即便荷载撤除后，混凝土仍然能有部分回弹，该部分为弹性徐变。混凝土凝胶颗粒在持续荷载和表层吸附水膜的润滑共同作用下，凝胶颗粒会缓慢滑移，当荷载卸除后，表层吸附水间的吸附力又会把这些颗粒逐步拉回到原来位置，故这部分变形是弹性徐变。当持续荷载超过一定范围后，混凝土内部裂纹逐步发展，晶体之间的平衡被打破，当荷载拆除后，内部晶体组织又重新排列达到新的平衡状态，但是两种状态之间存在残余应变，该部分是塑性徐变。

2. 干燥徐变机理

由于毛细孔中自由水消散导致混凝土体积缩小是不可逆的变形，该部分变形主要发生在浇筑初期（龄期<104 d）。在使用期间，由于温度差和湿度差同样会导致混凝土与外部环境发生自由水相互交换；与此同时，混凝土内部的水化反应仍然在不断进行；这些因素使混凝土内部水分的平衡状态不断发生改变而引起结构变形，这类变形是不可逆的塑性徐变，但是这类徐变对结构的整体徐变贡献非常小，可以忽略。环境腐蚀也会改变混凝土内部水分的平衡，它所引起的变形主要体现在结构性能的退化而导致的残余变形增量中，故它属于基本变形，当混凝土应力水平在弹性范围内，其变形是可逆的弹性徐变，否则是不可逆的塑性徐变。

综上所述，基本徐变是水泥胶凝体与结合水的黏稠变形或滞后变形，它主要是后期徐变；干缩变形是结构内部自由水增发所致，它以初期收缩徐变为主。

3. 徐变影响因素

影响徐变的内部因素有水泥种类、水灰比、骨料级配、浇筑及养护质量。影响徐变的外部因素有荷载大小、加载龄期、荷载持续时间、后期使用及维护条件、外部环境的温度、湿度及腐蚀环境的场强等。

7.3.2 徐变计算方法

国内外很多机构和学者对混凝土结构的徐变计算进行了研究，下面是常用的几种计算方法。

1. 徐变系数理论模型

欧洲混凝土委员会（CEB）及国际预应力混凝土协会（FIP）提出，在 t 时刻施加大小为 f_c 的持续应力所产生的徐变终值 ε_e 计算模型。

$$\varepsilon_c = \frac{f_c}{E_c}\cdot\phi_c \tag{7.9}$$

$$\phi_c = k_c\cdot k_d\cdot k_b\cdot k_e\cdot k_t \tag{7.10}$$

式中，E_c 是混凝土 28 d 龄期的弹性模量；k_c 是环境湿度对徐变的影响系数；k_d 是加载时龄期的影响系数；k_b 是水泥浆的质量及数量对徐变的影响系数；k_e 是水灰比对徐变的影响系数；k_t 是反映荷载持续时间的影响系数。k_c、k_d、k_b、k_e、k_t 的计算方法详见欧洲混凝土委员会及国际预应力混凝土委员标准（CEB-FIP）。

2. 我国公路规范给定的徐变系数

我国公路规范给定的徐变系数 ϕ 可按下列公式计算：

$$\phi(t,t_0) = \phi_0\cdot\beta_c(t,t_0) \tag{7.11}$$

$$\phi_0 = \phi_{RH}\cdot\beta(f_{cm})\cdot\beta(t_0) \tag{7.12}$$

$$\phi_{RH} = 1+\frac{1-RH/RH_0}{0.46\left(h/h_0\right)^{1/3}} \tag{7.13}$$

$$\beta\left(f_{cm}\right) = \frac{0.53}{\left(f_{cm}/f_{cm0}\right)^{0.5}} \tag{7.14}$$

$$\beta\left(t_0\right) = \frac{1}{0.1+\left(t_0/t_1\right)^{0.2}} \tag{7.15}$$

$$\beta_c\left(t-t_0\right) = \left[\frac{\left(t-t_0\right)/t_1}{\beta_H+\left(t-t_0\right)/t_1}\right]^{0.3} \tag{7.16}$$

$$\beta_H = 150\times\left[1+\left(1.2\frac{RH}{RH_0}\right)^{18}\right]\frac{h}{h_0}+250\leqslant 1\ 500 \tag{7.17}$$

式中，t_0 表示加载时的混凝土龄期（d）；t 是计算时刻的混凝土龄期（d）；$\phi\left(t,t_0\right)$ 是加载龄期为 t_0，计算考虑龄期为 t 时刻的混凝土徐变系数；ϕ_0 是名义徐变系数；β_c 表示加载后徐变随时间发展的系数。

3. 不同方法计算的徐变系数比较

图 7.3-1 是根据欧洲规范（CEB-FIP）、我国公路规范（JTG D62）、日本规范和韩国规范分别计算得到 PC 轨道梁的徐变系数-持荷时间关系曲线。混凝土为 C60，加载龄期为 10 d。

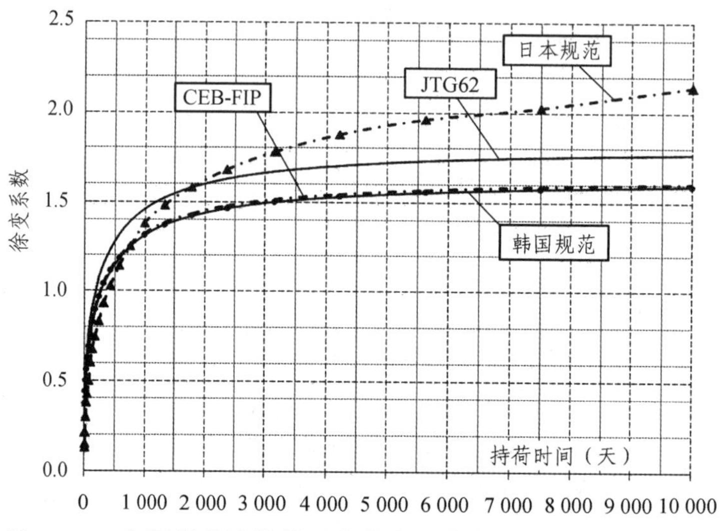

图 7.3-1　各国规范计算得到的徐变系数-持荷时间关系曲线图

从图 7.3-1 可知，日本规范计算的徐变系数最大，徐变趋势快；韩国规范计算的徐变系数最小，与欧洲规范计算结果基本一致；我国公路规范计算的徐变系数适中，但在持荷 1 000 d 前的徐变发展最快，而 1 000 d 以后的发展趋势较为平缓。

7.4　短期移动荷载作用下 PC 轨道梁的时程研究

单轨列车从第一个车轮驶入某 PC 轨道梁开始，到最后一个车轮驶离该 PC 轨道梁为止，作用在 PC 轨道梁上的轮载数量及作用位置是不断变化的，梁体结构响应也随之变化。对此，本文采用有限元方法，模拟单轨列车移动轮载击振下，PC 轨道梁结构响应的时程特征。

7.4.1　列车行驶参数

按《跨座式单轨交通设计规范》[47]计算单轨列车的行驶参数：

（1）动力系数为 $1+\mu$，其中 μ 值按式（7.18）计算：

$$\mu=\frac{20}{50+L} \tag{7.18}$$

式中，L 为 PC 轨道梁跨度（m）。

（2）离心力等于列车静活载乘以离心率 C，C 值按式（7.19）计算，离心力作用于 PC 轨道梁顶面以上车辆重心处。

$$C=\frac{v^2}{127\cdot R} \tag{7.19}$$

式中，v 为设计列车速度（km/h）；R 为曲线半径（m）。

（3）列车横向摇摆力应按列车单轴重的 25%计算，作用在 PC 轨道梁顶面且垂直于轨道梁轴线方向。

（4）一节车自第一个轮驶入到最后一个轮驶离同一榀 PC 轨道梁的时间为

$$t=\frac{L+n\cdot L_{车}}{v} \tag{7.20}$$

式中，$L_{车}$ 是一节车的长度（m），取 14.6 m；n 是编组列车的车厢数量。

以 8 节编组列车，按设计时速 80 km 通过跨度为 22 m、半径为 100 m 的曲线 PC 轨道梁为例，阐述 PC 轨道梁在移动轮载击振下的时程特性。表 7.4-1 是按式（7.18）~ 式（7.20）计算单轨列车的行驶参数。

表 7.4-1　跨度 22 m 的 PC 轨道梁列车行驶参数

编组	单轴重 /kN	动力系数	离心力 /kN	摇摆力 /kN	制动力 /kN	速度 /（km/h）	行驶距离 /m	持续时间 /s
8 节	110.0	1.3	55.4	27.5	16.5	80.0	138.8	6.246

图 7.4-1 是 8 节编组列车以 80 km/h 的速度通过 22 m 轨道梁时，各轮载驶入 PC 轨道梁的时间顺序。

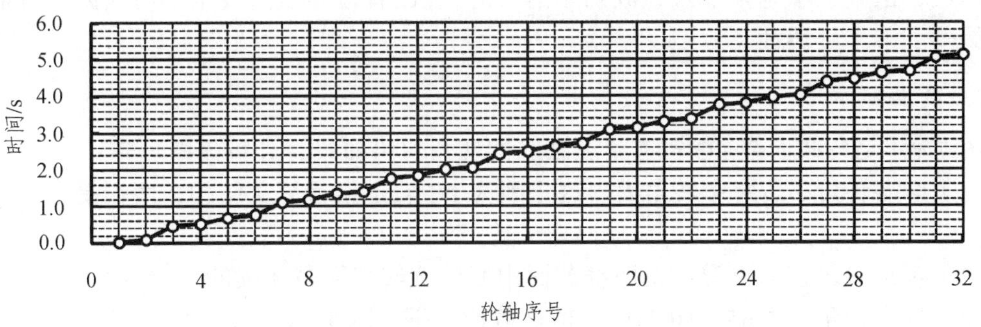

图 7.4-1　8 节编组列车各轴通过同一点的时间（按 80 km/h 计算）

在后续研究中，取图 7.4-2 所示的 5 个截面 A（梁起端）、B（1/4 跨）、C（跨中）、D（3/4 跨）、E（梁终端）的结果进行分析讨论。

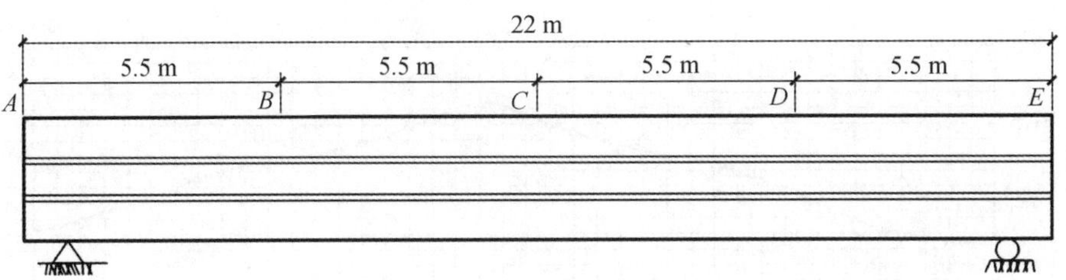

图 7.4-2　控制截面选择

7.4.2 结构响应包络曲线

在有限元模型中，求出移动列车荷载引起结构响应的包络曲线。

1. 挠度包络曲线

图 7.4-3 是在移动列车荷载作用下，PC 轨道梁挠度沿轴线的包络图，其中恒载是指由 PC 轨道梁自重和预应力共同引起的起拱曲线，竖向活载是指由移动列车荷载引起 PC 轨道梁挠度包络曲线，恒+竖向活载是指在自重、预应力和移动列车荷载共同作用下，PC 轨道梁挠度包络曲线。

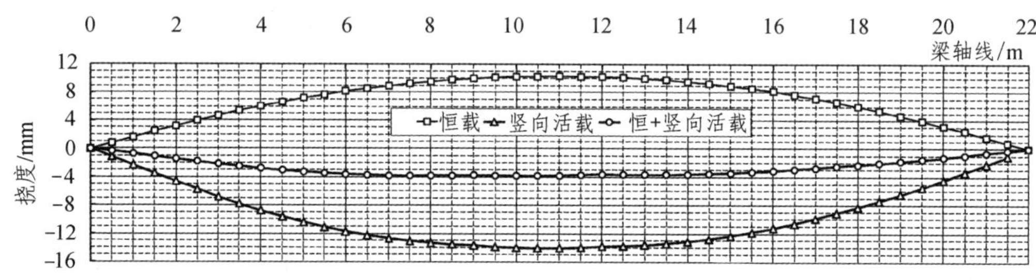

图 7.4-3 荷载引起梁体沿轴线的挠度包络图

分析图 7.4-3 可知：

（1）PC 轨道梁挠度包络曲线是光滑的抛物线，表明 PC 轨道梁变形是连续的。

（2）预应力导致 PC 轨道梁呈上拱变形，而列车荷载导致 PC 轨道梁向下挠曲，二者方向相反，但其大小基本一致，故列车运行时，PC 轨道梁顶曲线基本与线路设计曲线一致，保障了乘车舒适性。

2. 截面旋转角

图 7.4-4 是各截面绕 PC 轨道梁纵轴线的转角包络曲线，分析该图可知：

（1）梁端转角小，跨中转角大，这是因为 PC 轨道梁为简支结构，两端受到支座约束所致。

（2）转角曲线较为平滑，说明绕截面中心的旋转变形是连续的。

（3）最大转角是 1.65×10^{-3} rad，即该截面上下缘水平偏差为：

$$1\,500\times\tan(1.65\times10^{-3}\times\pi/180)=7.6\times10^{-4}\ \text{mm}\approx0$$

表明 PC 轨道梁的横向刚度较大，曲线半径和竖向荷载引起的偏心距对 PC 轨道梁的扭转效应较小。

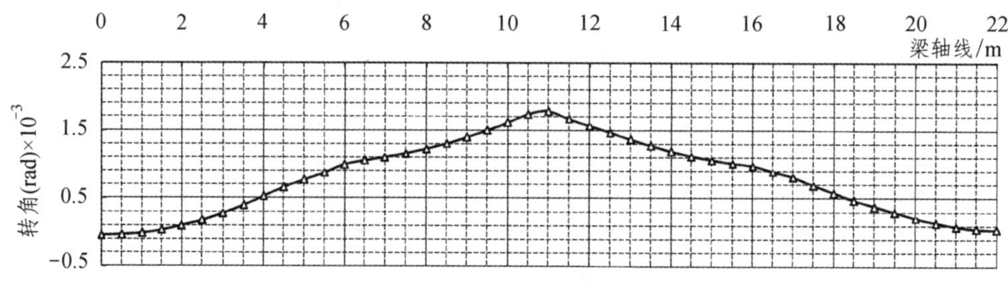

图 7.4-4 列车荷载引起梁体截面沿轴线的转角

3. 正截面应力

图 7.4-5 是 PC 轨道截面正应力包络曲线，分析该图可知：

（1）梁端应力较小，跨中应力较大。

（2）应力包络线呈“W”形或“M”形的光滑曲线，表明 1/4 跨和 3/4 跨的应力比跨中应力大。其原因是：预应力钢绞线沿轴线呈曲线分布，导致预应力效应在跨中较大；恒载和活载效应在跨中大、两端小；但预应力引起的应力与恒载和活载引起的应力符号相反，故二者中和后的应力曲线呈“W”形。

（3）在列车活载作用下，梁顶压应力有所增大，但梁底压应力增幅较小。其原因是：PC 轨道梁是全预应力构件，它在列车荷载作用下，钢绞线的刚度有所增强，下缘由列车荷载引起的拉应力将会抵消部分预应力，导致作用在下缘混凝土的预加压应力减小；而列车荷载引起上缘压应力由混凝土全部承担（为安全起见，本文忽略普通钢筋承载能力），故上缘混凝土应力增幅较大。

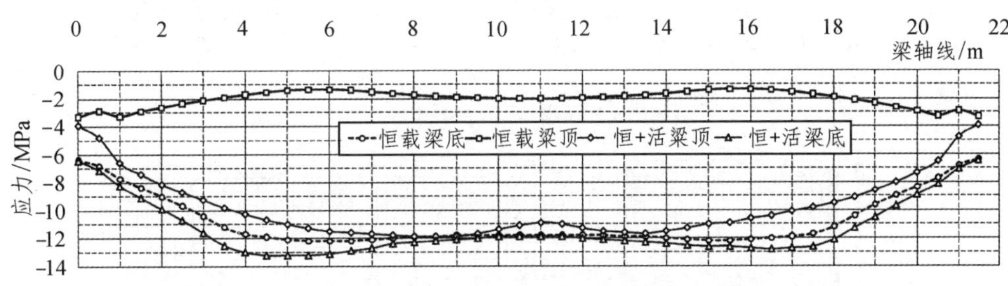

图 7.4-5 混凝土正应力包络图

7.4.3 挠度时程特征分析

在有限元模型中，分析步距为 0.001 s，可获得 PC 轨道梁在每一步的结构效应值，图 7.4-6 是有限元软件输出 C 截面竖向挠度的时程特征曲线。为便于分析，本文以 0.1 s 为步距，求出有限元输出结果（例如图 7.4-6）中各时段范围内（0.1 s）振幅的最大值 f_{max} 和最小值 f_{min}，并按式（7.21）求得该时段的振动中心 f_0：

$$f_0=0.5\times(f_{max}+f_{min}) \tag{7.21}$$

设某时刻 t_i 的振幅为 f_i，若 f_i 满足式（7.22）

$$\frac{|f_i-f_0|}{|f_{max}-f_{min}|}<0.05 \tag{7.22}$$

则删除 t_i 时刻的数据，由此去除次要步距，图 7.4-6 处理后的结果见图 7.4-7（b）。后续时程曲线图均是按上述方法处理后的结果，对应的原始图形不再列出。

图 7.4-7 为 B、C、D 3 个截面顶点的挠度时程曲线图，图中下挠为负，上拱为正。

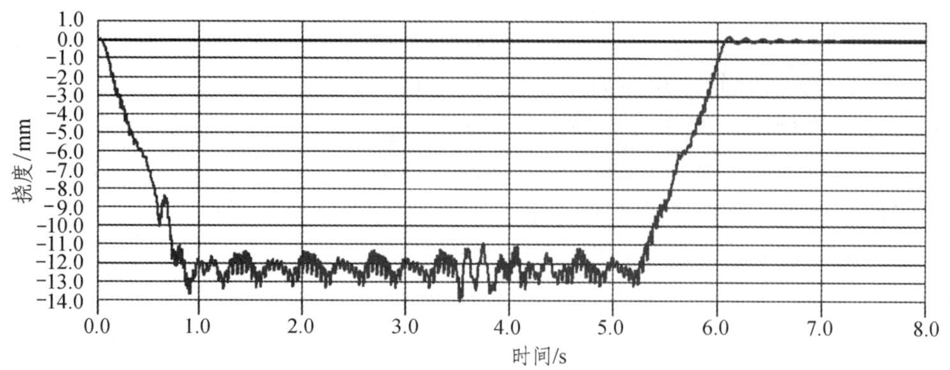

图 7.4-6　*C* 截面时程特征曲线（有限元输出）

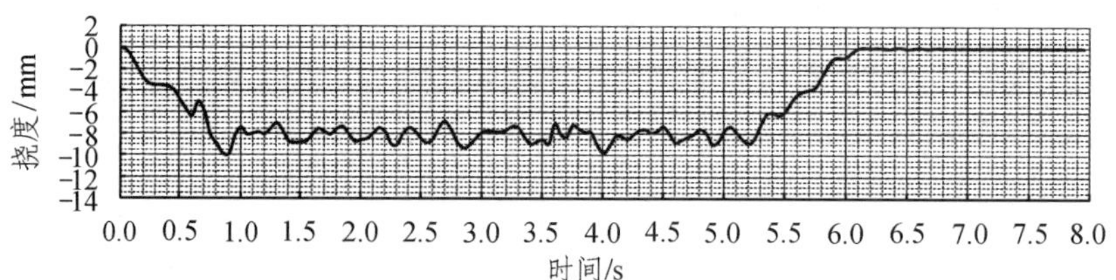

（a）*B* 截面（1/4 跨）

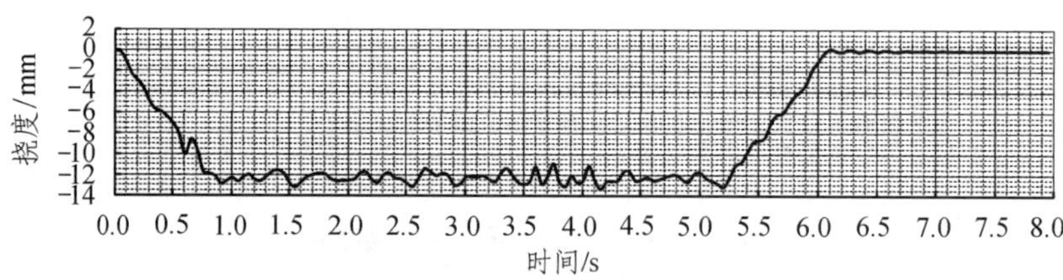

（b）*C* 截面（跨中）

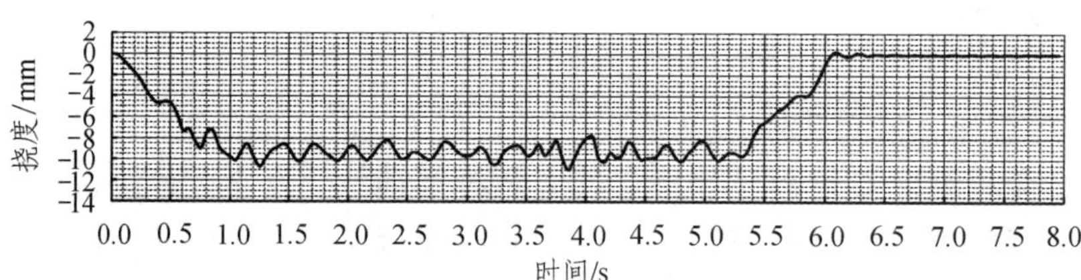

（c）*D* 截面（3/4 跨）

图 7.4-7　关键截面顶点竖向挠度的时程曲线

分析图 7.4-7 可知：

（1）在移动列车荷载作用下，各截面顶点挠度的时程曲线均随列车运行时间呈周期波动变化。

（2）各截面挠度的时程曲线均呈现 4 个阶段，增长阶段（第一阶段，0 ~ 0.9 s）、稳定阶段（第二阶段，0.9 ~ 5.3 s）、下降阶段（第三阶段，5.3 ~ 6.1 s）、剩余变形消散阶段（第四阶段，6.1 ~ 8 s）。

（3）第一和第三阶段的波动形态较小，且基本呈反对称形态。

（4）进入第二阶段后，PC 轨道梁达到某一动态平衡状态，并围绕该动态平衡点做上下振动，振动的周期和振幅基本恒定。

7.4.4　梁端转角时程特征分析

图 7.4-9 是梁端截面挠中心轴（x 轴，见图 7.4-8）的转角变形规律，图中绕截面中心轴顺时针转为正，绕截面中心轴逆时针转为负，两端转角差是指起端转角的绝对值$|\alpha|$与末端转角绝对值$|\beta|$之差。

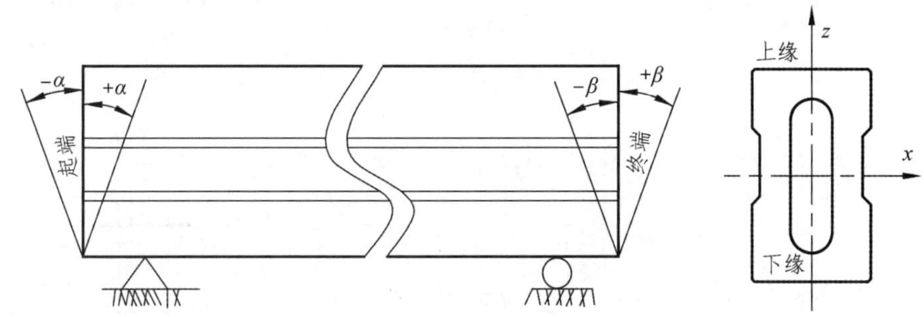

图 7.4-8　梁端转角示意图

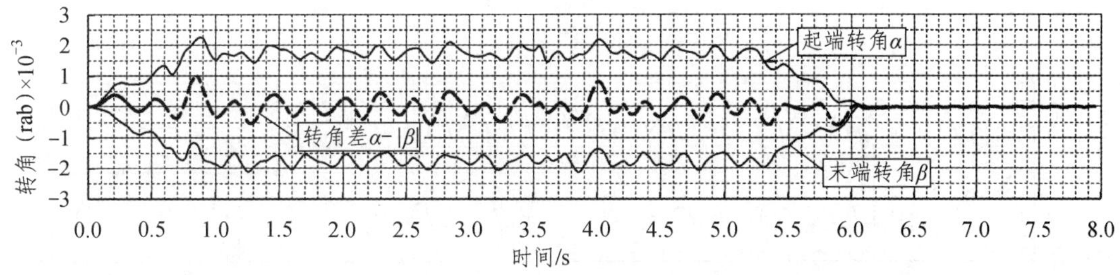

图 7.4-9　两端截面转角时程曲线

分析图 7.4-9 可知：

（1）在移动列车荷载作用下，梁端转角的时程曲线呈波动起伏变化。

（2）梁端转角的时程曲线呈 4 个阶段，即增长阶段（第一阶段，0 ~ 0.85 s），稳定阶段（第二阶段，0.85 ~ 5.2 s），下降阶段（第三阶段，5.2 ~ 6.0 s），消散阶段（第四阶段，6.0 ~ 8.0 s）。

（3）第二阶段振幅最大，且振幅基本恒定；第一阶段和第三阶段振幅较小，第一阶段振幅呈上升趋势，第三阶段振幅呈下降趋势；第四阶段振幅最小，其振幅衰减较快。

（4）两端转角时程曲线的形态基本一致，符号相反。起端在 0.85 s 出现第一个波峰（极大值），而终端在 0.85 s 出现一个波谷（极小值，由于终端转角为负，要将其反号后便可知是波谷）。即在第二阶段中，起端转角峰值和末端转角谷值同步，表明梁端转角是不同步的。

（5）转角差在 1.0 ~ 6.0 s 时段，基本呈等幅振动，其形态与起端转角第二阶段的形态基本一致，周期与两端转角变化周期基本一致。进一步说明两端转角不同步。

7.4.5　正应力时程特征分析

图 7.4-10 是 B、C、D 3 个截面（截面划分见图 7.4-2）正应力的时程曲线，图中上缘是指截面顶点的应力，下缘是指截面底点的应力。

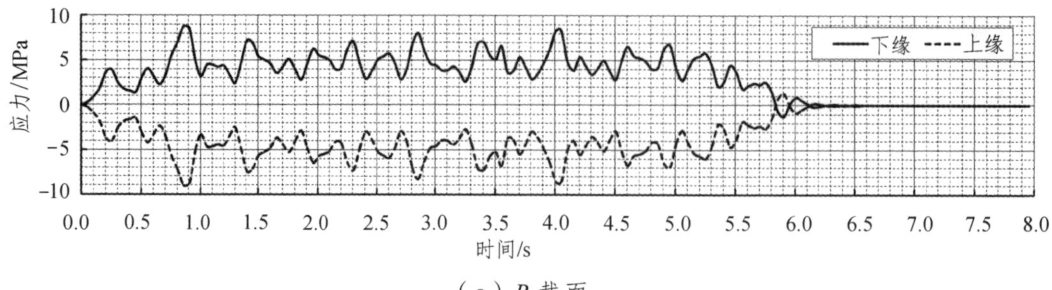

（a）*B* 截面

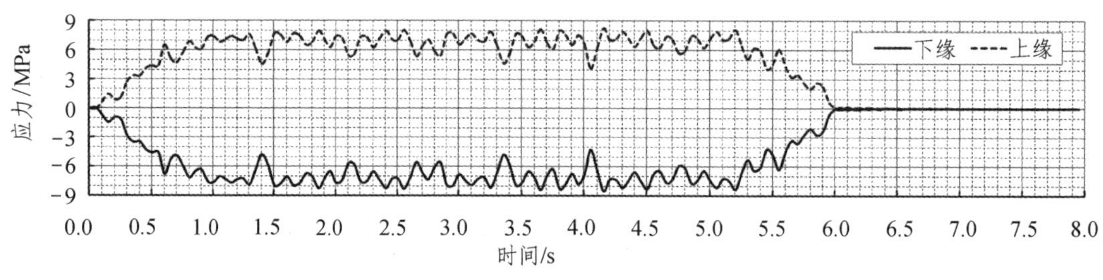

（b）*C* 截面

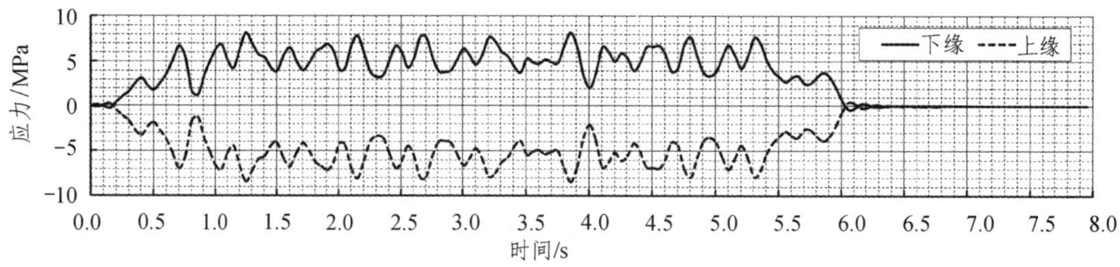

（c）*D* 截面

图 7.4-10　关键截面正应力时程曲线

分析图 7.4-10 可知：

（1）各截面的正应力时程曲线包括：增长阶段（第一阶段，0 ~ 1.0 s），稳定阶段（第二阶段，1.0 ~ 5.7 s），下降阶段（第三阶段，5.7 ~ 6.0 s），消散阶段（第四阶段，6.0 ~ 8.0 s）。

（2）各截面上缘正应力和下缘正应力时程曲线基本呈对称形态，表明上、下缘正应力大小相同，符号相反，故可推断 PC 轨道梁各截面的正应力呈线形分布。

（3）第二阶段振幅最大，振幅和周期基本稳定；第一阶段振幅较小并呈上升趋势；第三阶段，振幅较小并呈减小趋势；第四阶段振幅最小，并快速衰退。

（4）由第四阶段剩余正应力消散情况可以推断，列车驶离后，截面正应力呈波动变化，并快速消散。

（5）稳定阶段，*B* 截面正应力变化幅度上缘为 2.5 ~ 9.0 MPa，下缘为−2.5 ~ −8.5 MPa，振幅为 3 ~ 6.5 MPa；*C* 截面正应力变化幅度上缘为 4.5 ~ 8 MPa，下缘为−4.5 ~ −8 MPa，振幅为 2 ~ 3.5 MPa；*D* 截面正应力变化幅度上缘为 2 ~ 8 MPa，下缘为−2 ~ −8 MPa，振幅为 2.5 ~ 6 MPa。说明靠近跨中截面的应力较均匀，靠近梁端截面的应力偏差较大。

（6）稳定阶段各点极值特性不一致，在 1.06 s 时，*B* 和 *D* 截面上缘为波峰，*C* 截面上缘则为波谷；2.31 s 时，*B* 截面上缘是波峰，*C* 和 *D* 截面上缘是波谷；在 4.06 s 时，*B* 截面上缘是波峰，*C* 截面上缘是波谷，*D* 截面则在上坡。因此，在稳定阶段各截面正应力的极值不同步，且极值特性也不同。

应力特性示意图见图 7.4-11。

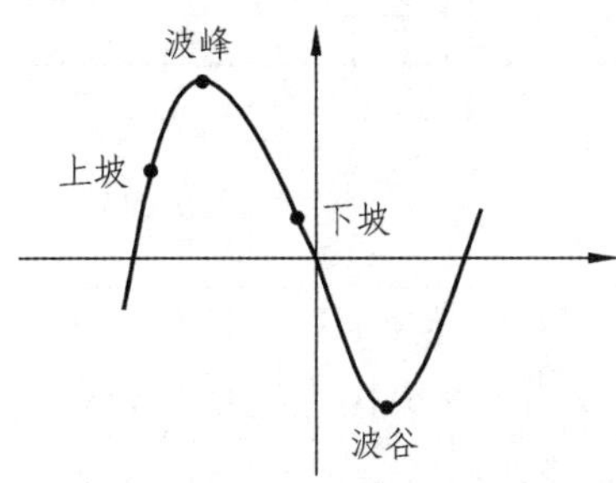

图 7.4-11　应力特性示意图

（7）表 7.4-2 是 *B*、*C*、*D* 3 个截面的最大应力绝对值（峰值应力）及其出现时间。由表可知，3 个截面的峰值时间不协调，峰值出现先后顺序是 *B* 早于 *D*，*D* 早于 *C*，但是峰值应力基本一致。根据前述挠度包络曲线结果可知，*C* 截面挠度最大，*B* 和 *D* 截面挠度基本一致，导致应力和挠度不协调的原因是预应力的平衡效应。

表 7.4-2　关键截面峰值应力出现的时间

截面	*B*	*C*	*D*
峰值应力/MPa	8.74	8.25	8.18
时间/s	0.86	4.16	3.15

7.4.6　剪应力时程特性分析

图 7.4-12 是 *B*、*C*、*D* 3 个截面的剪应力时程曲线，分析图可知：

（1）*B* 和 *D* 截面剪应力时程曲线的形态基本对称。*B* 截面具有增长阶段（第一阶段，0 ~ 0.5 s），稳定阶段（第二阶段，0.5 ~ 5.5 s），下降阶段（第三阶段，5.5 ~ 6.0 s），消散阶段（第四阶段，6.0 ~ 8.0 s），但是第一阶段和第三阶段波动不明显（D 截面与 B 截面对称）。

（2）*C* 截面有稳定阶段（第一阶段，0 ~ 6.0 s），消散阶段（第四阶段，6.0 ~ 8.0 s）。

（3）在稳定阶段，*C* 截面的周期和振幅比截面 *B* 和 *D* 的周期和振幅长，说明 *C* 截面的剪应力波动幅度较大，振动频率较小（周期较大），而 *B* 和 *D* 截面剪应力波动较小，振动频率较高。

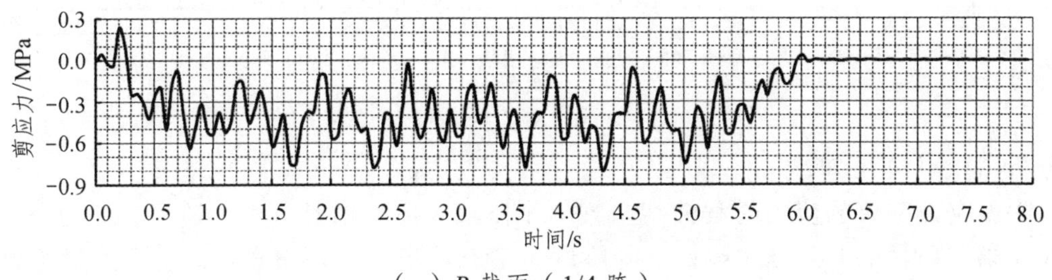

（a）*B* 截面（1/4 跨）

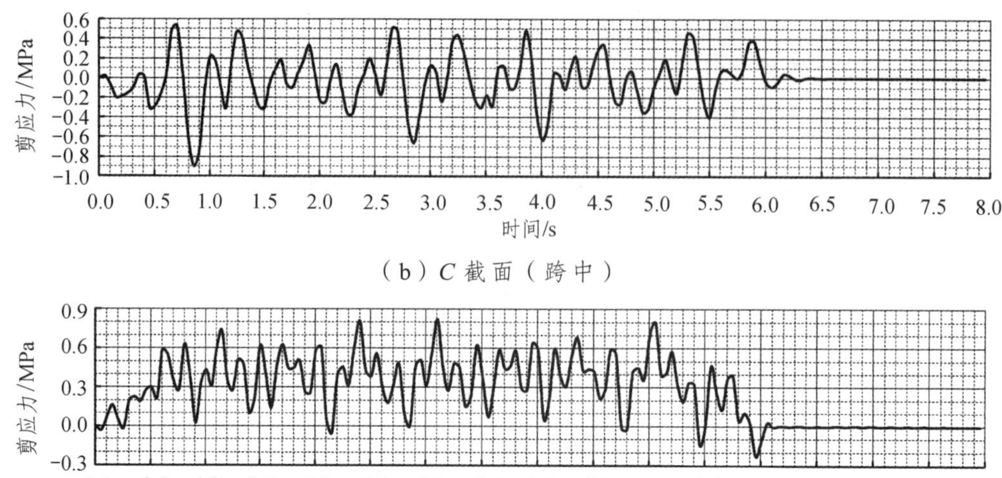

（b）*C* 截面（跨中）

（c）*D* 截面（3/4 跨）

图 7.4-12　关键截面剪应力时程曲线

7.4.7　预应力钢束时程特性分析

图 7.4-13 是钢束布置图，以 N09 号钢束应力幅值时程特征为例（见图 7.4-14），讨论预应力钢束在移动列车荷载作用下的应力时程特性。

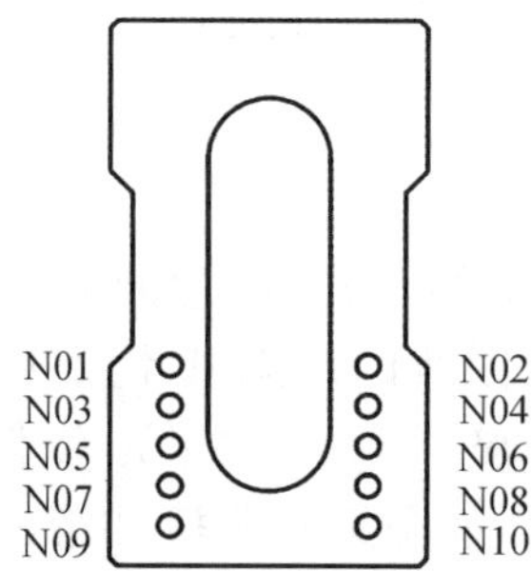

图 7.4-13　预应力钢束布置图

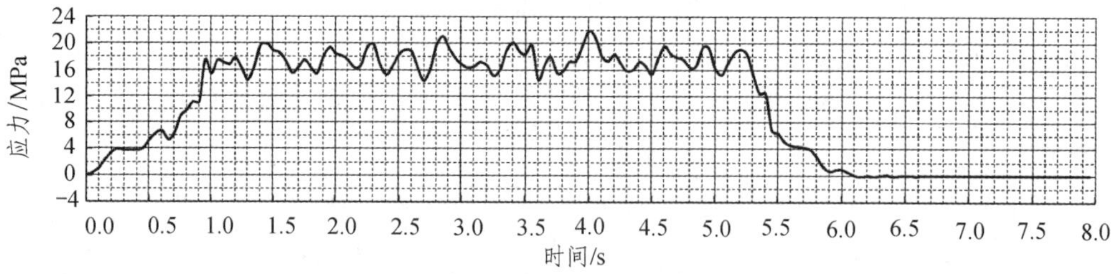

图 7.4-14　钢束应力时程特征曲线

分析图 7.4-14 可知：

（1）预应力钢束的应力时程曲线呈现 4 个阶段：应力增长（第一阶段，0 ~ 1.0 s）；稳定阶段（第二阶段，1.0 ~ 5.3 s）；下降阶段（第三阶段，5.3 ~ 6.0 s）；消散阶段（第四阶段，6.0 ~ 7.0 s）。

（2）在第一阶段和第三阶段，应力波动幅度较小。第一阶段可视为单调上升，因为此阶段进入 PC 轨道梁的轮载数量逐步增多。与此相反，在第三阶段可视为单调下降阶段，因为此阶段列车轮载逐步驶离 PC 轨道梁。

（3）在第二阶段，应力达到某一动态平衡状态，并围绕 18 MPa 上下波动。其原因是本阶段作用在 PC 轨道梁上的轮载数量变化最少（在 4 ~ 6 个轮载之间），相对其他阶段而言，应力变化幅度最小；随着轮载作用位置不断变化，应力又围绕动态平衡点上下波动。

7.5 循环荷载作用下 PC 轨道梁的疲劳研究

运营期间，PC 轨道梁将在交替变换的外部环境中，受到单轨列车荷载的长期循环作用。这种长期循环荷载，可能使 PC 轨道梁自身特性发生改变而引起梁体线形发生变化；若这种影响较大，在建设初期就应计入其变化量。

在 7.4 节中，采用移动列车荷载研究了 PC 轨道梁结构响应的时程特性，获得 PC 轨道梁截面应力、挠度和梁端转角等结构特性的时程参数，发现单次编组列车通过 PC 轨道梁时，结构特性的时程曲线呈现周期性变化，这就给疲劳荷载的荷载谱设计提供了样本。本节在此基础上，利用雨流计法[48]统计出单次编组列车引起结构响应的幅值谱，然后采用 Miner 线性累计损伤度建立 PC 轨道梁的疲劳损伤度及其疲劳寿命的评定准则。

7.5.1 交通量统计

表 7.5-1 是重庆单轨列车编组和列车荷载值，图 7.5-1 是 8 节编组列车。8 辆编组列车为*Mc1+Mp+M+M+M+M+Mp+Mc2*，6 辆编组列车为*Mc1+Mp+M+M+Mp+Mc2*。4 辆编组列车为*Mc1+Mp+Mp+Mc2*。其中，Mc 车是带有司机室的动车，有 1 台动力转向架和 1 台无动力转向架，M 和 Mp 车是一般动车，具有 1 台或 2 台动力转向架。以 M 车的超员荷载为例，列车质量 41.4 t，单轴轴重为 103.5 kN（一节车有 4 个轴），设计轴重 110 kN。

表 7.5-1 重庆单轨列车编组和列车荷载值

载客量				Mc	M、Mp	总重		
						4 辆编组	6 辆编组	8 辆编组
AW0	空载	列车质量	t	28.60	27.60	112.40	167.60	222.80
AW1	座位	乘客	人数/人	33*	36	138	210	282
			质量/t	1.98	2.16	8.28	12.60	16.92
		列车质量	t	30.58	29.76	120.68	180.20	239.72
AW2	额定载荷	乘客	人数/人	152*	165	634	964	1294
			质量/t	9.12	9.90	38.04	57.84	77.64
		列车质量	t	37.72	37.50	150.44	225.44	300.44
AW3	超常载荷	乘客	人数/人	212*	230	844	1344	1804
			质量/t	12.72	13.80	53.04	80.64	108.24
		列车质量	t	41.32	41.40	165.44	248.24	331.04

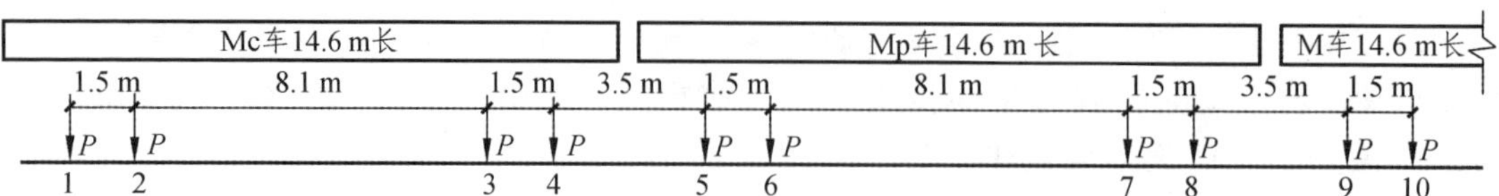

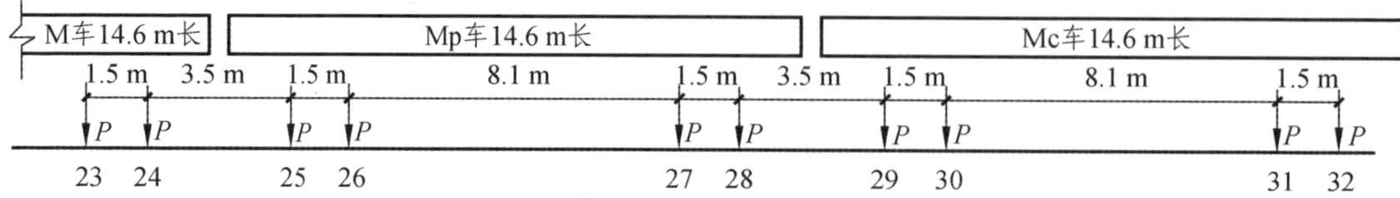

图 7.5-1　列车编组示意图

表 7.5-2 是某城市单轨线路交通规划时刻表。

表 7.5-2　某城市单轨线路交通规划时刻表

运营规划 / 运营时刻	初期（3 年）		近期（10 年）		远期（25 年）		远景（62 年）	
	对数	间隔 /min	对数	间隔 /min	对数	间隔 /min	对数	间隔 /min
5:30—6:30	6	10	8	7.5	6	10	8	7.5
6:30—7:30	10	6	15	4	14	4.3	16	3.8
7:30—8:30	18	3.4	21	2.9	24	2.5	30	2
8:30—9:30	18	3.4	21	2.9	24	2.5	30	2
9:30—10:30	14	4.3	15	4	16	3.8	20	3
10:30—11:30	10	6	10	6	12	5	12	5
11:30—12:30	10	6	10	6	12	5	12	5
12:30—13:30	10	6	10	6	12	5	12	5
13:30—14:30	10	6	10	6	12	5	12	5
14:30—15:30	10	6	10	6	12	5	12	5
15:30—16:30	10	6	10	6	12	5	12	5
16:30—17:30	10	6	12	5	14	4.3	16	3.8
17:30—18:30	17	3.6	20	3	22	2.8	28	2.2
18:30—19:30	17	3.6	20	3	22	2.8	28	2.2
19:30—20:30	12	5	12	5	14	4.3	16	3.8
20:30—21:30	10	6	10	6	12	5	12	5
21:30—22:30	8	7.5	8	7.5	10	6	10	6
22:30—23:30	6	10	6	10	6	10	8	7.5
日总计对数	206	—	228	—	256	—	294	—
全年总计对数	75 190	—	83 220	—	93 440	—	107 310	—

根据表 7.5-2 可统计出 100 年内通过每榀 PC 轨道的列车次数为：3×75 190+10×83 220+25×93 440+62×107 310=10 046 990 次。

7.5.2　疲劳幅值谱统计方法

采用雨流计数法统计疲劳幅值谱，计算出全循环的幅值，获得不同幅值范围的频次、频次直方图，为后续循环疲劳荷载提供荷载历程谱。

1. 计数原理

如图 7.5-2（c）所示，荷载历程形同一座高层建筑物，雨点依次由上向下流动，根据雨点向下流动的痕迹确定出荷载循环，并计算各循环的幅值。疲劳寿命计算时，每个循环荷载就对应一个应力环。

2. 计数规则

（1）调整荷载历程，以最高峰值或最低谷值为雨流的起点（视二者的绝对值哪一个更大而定）。

（2）雨流依次从每个峰值或谷值的内侧往下流，在下一个峰值或谷值处落下，直到对面有一个比开始时的峰值更大或谷值更小时停止。

（3）当雨流遇到来自上层屋顶流下的雨流时即行停止。

（4）取出所有全循环，并记录下各循环的幅值和均值。

3. 雨流计数法示例

如图 7.5-2（a）所示，其起点不是最高峰值或最低谷值，故重新安排荷载历程，见图 7.5-2（b）。最高点 a 为荷载历程的起点，将 a 点以后的荷载历程移到 c 点前面，使 c'与 c 重合。把图 7.5-2（b）所示的荷载历程顺时针旋转 90°，得到图 7.5-2（c）。根据雨流计数规则，对这个荷载历程进行一次雨流计数，得到 8 个雨流。

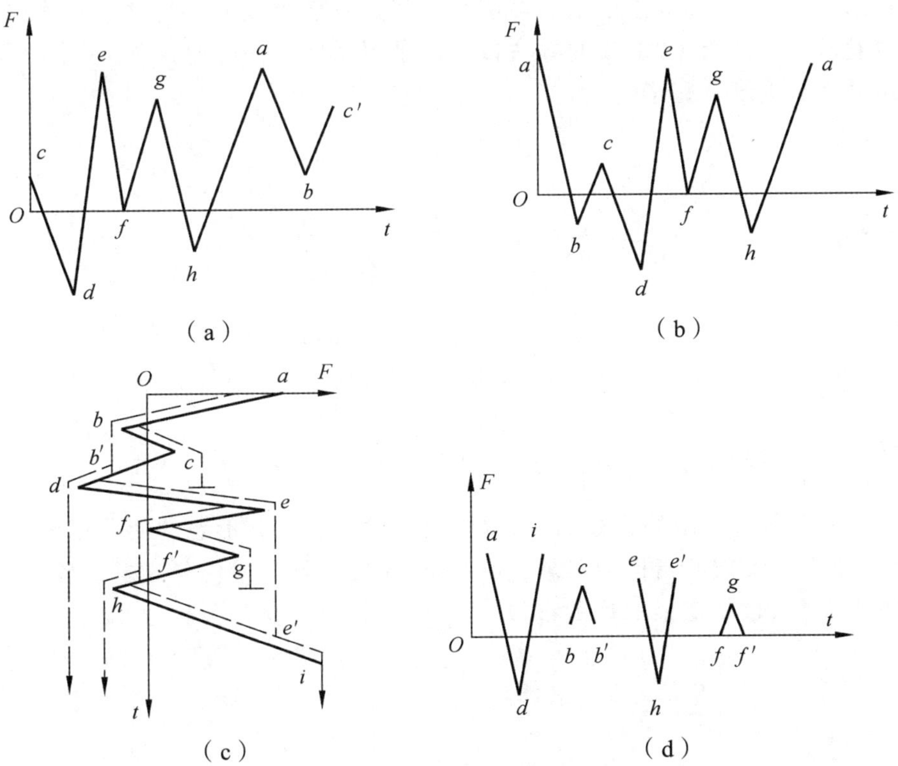

图 7.5-2　雨流计数法原理

（1）$a \to b \to b' \to d$，然后下落。

（2）$b \to c \to d$ 点的对应处，由于 d 的谷值比 b 为低。

（3）$c \to b'$，遇到来自上面的雨流 $abb'd$。

（4）bc 与 cb'构成一个全循环 bcb'，取出全循环 bcb'。

（5）$d \to e \to e' \to i$ 点下落。

（6）$e \to f \to f' \to h$ 点下落。

（7）$f \to g \to h$ 点对侧的对应处，由于 h 的谷值比 f 为低。

（8）$g \to f'$处，由于遇到雨流 $eff'h$。

然后取出全循环 fgf'；$h \to e'$由于遇到雨流 $dee'i$；取出全循环 $eff'he'$；而 $abb'd$ 与 $dee'i$ 又组成全循环 $abb'dee'i$，取出 $abb'dee'i$。至此，已将全部荷载历程计算完毕，形成如图 7.5-2（d）所示的 4 个循环。

4. 编程实现计数

本次编制计算机程序实现雨流法统计，程序基本思路如下：

（1）找出绝对值最大的谷值或峰值，将其后数据移至最前端，构成新的数据组。

（2）从起点开始依次取出相邻的 4 个峰值和谷值点进行比较，若出现图 7.5-3 所示的两种情况之一时，则存在一个闭循环（如 bcb'），记下该循环的幅值（峰值与谷值之差），并抹去中间两个峰值和谷值（如 b 和 c）。从每一个谷值或峰值开始，重复取出相邻的 4 个峰值和谷值，进行比较，直至所有峰值和谷值比较结束，记录下每次的闭循环。

（3）在第（2）步中没有被记录的峰值和谷值是发散收敛的，将这些峰值进行排列并改造成收敛发散型，按第（2）步的方法再次记录闭循环。一般通过 2 ~ 3 个阶段的计数，可将所有闭循环数据统计完毕。

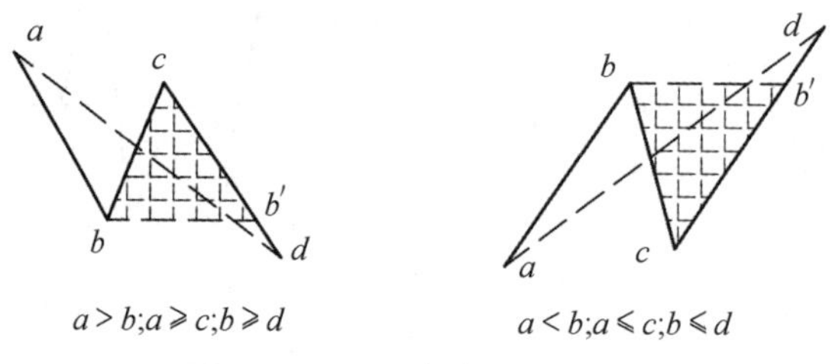

图 7.5-3　雨流法循环比较

7.5.3　疲劳损伤准则

相对常规疲劳分析采用的指标而言，PC 轨道梁更注重其形态的疲劳损伤，故本节以影响 PC 轨道梁形态参数的指标为对象，利用 Miner 疲劳累计损伤公式建立疲劳损伤准则，并按下列公式推算 PC 轨道梁的疲劳参数。

$$\Delta F_{\mathrm{e}}=\left[\sum_{i=1}^{k}\frac{\Delta F_i^m n_i}{N}\right]^{1/m}\leqslant\left[F_N\right] \tag{7.23}$$

$$D=\frac{\Delta F_{\mathrm{e}}}{\left[F_N\right]} \tag{7.24}$$

$$Y_e = \frac{Y_G}{D} \tag{7.25}$$

式中，ΔF_e是疲劳幅值（本文分别指等效应力幅$\Delta\sigma_e$和等效梁端转角幅$\Delta\alpha_e$）；k是幅值谱中各级幅值的数目；i表示离散幅值次序的整数；n_i是发生在幅值ΔF_i下的循环数，由相应的计数法确定；N是设计寿命期内所有幅值的循环总数，$N=\sum n_i$；ΔF_i是第i级幅值；$[F_N]$是在N次循环下的容许疲劳幅值；m是疲劳曲线的指数，本书取3；D是疲劳损伤度；Y_G是设计年限；Y_e是疲劳寿命。

7.5.4 混凝土截面正应力疲劳分析

根据《铁路桥涵钢筋混凝土和预应力混凝土结构设计规范》和《跨座式单轨交通设计规范》的要求，PC轨道梁为全预应力构件，故在运营期内，全截面受压，即任何截面不得产生拉应力，且压应力应小于容许混凝土压应力。该要求可用式（7.26）表示：

$$0 < \sigma_{恒} + \sigma_{活} + \Delta\sigma_e \leqslant \frac{1}{\gamma}\cdot[\sigma_{压}] \tag{7.26}$$

式中，$[\sigma_{压}]$是混凝土容许弯曲压应力，按《铁路桥涵钢筋混凝土和预应力混凝土结构设计规范》取20 MPa。$\sigma_{恒}$是指由恒载（自重+预应力）引起混凝土的截面应力（MPa）；$\sigma_{活}$是由列车静载引起混凝土的最大截面应力（MPa）；$\Delta\sigma_e$是由循环列车荷载引起截面的疲劳应力值（MPa）；γ是安全系数。

根据7.4节静力分析的结果可知，列车荷载在PC轨道梁截面上缘产生压应力，在下缘产生拉应力。则长期循环列车荷载引起PC轨道上缘容许疲劳压应力值$[\sigma_{e,压}]$和下缘容许疲劳拉应力值$[\sigma_{e,拉}]$分别按下列公式计算：

$$[\sigma_{e,压}] = \frac{1}{\gamma}\cdot[\sigma_{压}] - \sigma_{恒} - \sigma_{活,压} \tag{7.27}$$

$$[\sigma_{e,拉}] = \frac{1}{\gamma}\cdot 0 - \sigma_{恒} - \sigma_{活,拉} \tag{7.28}$$

式中，$[\sigma_{e,压}]$是截面上缘容许疲劳压应力幅；$[\sigma_{e,拉}]$是截面下缘容许疲劳拉应力幅；$\sigma_{活,压}$是列车荷载引起截面上缘压应力；$\sigma_{活,拉}$是列车荷载引起截面下缘拉应力。

将循环频次矩阵的合计值分别与对应均值分组中心相乘，然后求平均值，便可得到幅值波动中心$\bar{F}$（见式7.29），同理可求得均值波动中心$\bar{U}$（见式7.30）。

$$\bar{F} = \frac{\sum_{i=1}^{n}(t_{f,i}\cdot\bar{u}_i)}{T} \tag{7.29}$$

$$\bar{U} = \frac{\sum_{i=1}^{m}(t_{u,i}\cdot\bar{f}_i)}{T} \tag{7.30}$$

式中，$\bar{F}$是幅值波动中心；$\bar{U}$是均值波动中心；$\bar{u}_i$是各均值分组的中值；$\bar{f}_i$是各幅值的中值；$t_{f,i}$是均值中心为$\bar{u}_i$时，对应的幅值合计次数；$t_{u,i}$是幅值中心为$\bar{f}_i$时，对应的均值合计次数；T是循环总次数。

求出波动中心后，以一个变量的中值（如均值的中值）为横坐标，以另一个变量的频次合计值（如幅值合计）为纵坐标，绘出频次直方图。图 7.5-4 和图 7.5-5 是跨中上缘混凝土正应力幅值频次直方图和均值频次直方图。

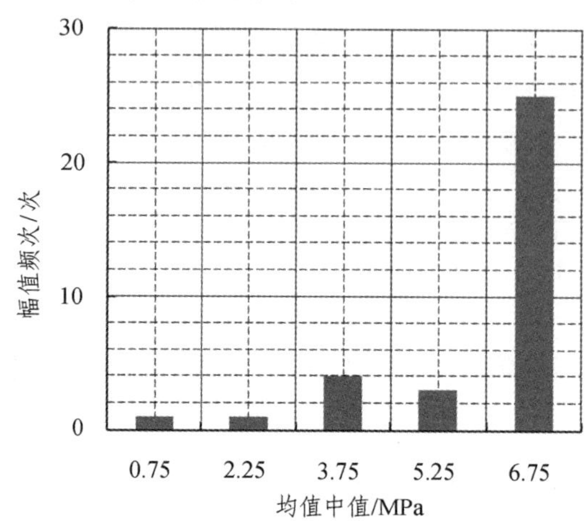

图 7.5-4　B截面上缘混凝土正应力幅值频次直方图

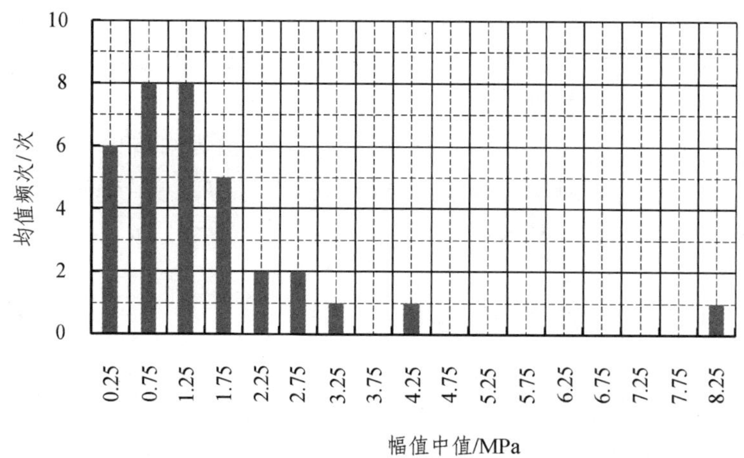

图 7.5-5　B截面上缘混凝土正应力均值频次直方图

7.5.5　预应力钢绞线疲劳分析

预应力钢绞线的疲劳损伤程度直接关系 PC 轨道梁的挠度和梁端转角，故本节用预应力钢绞线代替梁体挠度，进行整体线形的疲劳分析。根据《铁路桥涵钢筋混凝土和预应力混凝土结构设计规范》的要求，预应力钢绞线的容许应力幅为 140 MPa，考虑疲劳应力幅后是由活载引起钢绞线的应力幅（静力分析结果见表 7.5-3）；$\Delta\sigma_e$是由循环列车荷载引起钢绞线的疲劳应力幅；$[\Delta\sigma]$是钢绞线的容许应力幅，按《铁路桥涵钢筋混凝土和预应力混凝土结构设计规范》取 140 MPa；γ是安全系数，本文取 1.3。

以 7.4.7 节所述移动列车荷载作用下钢绞线应力幅的时程特征曲线为样本，利用雨流计数法求出钢绞线的应力幅值谱。表 7.5-3 是 N09 号钢绞线疲劳幅值谱。

表 7.5-3　N09 号钢绞线疲劳幅值谱（MPa）

序号	最小值	最大值	幅值	均值
1	2.7	9.1	6.4	5.9
2	1.1	4.4	3.3	2.8
3	5.2	14.6	9.4	9.9
4	1.6	7.1	5.5	4.3
5	2.5	2.7	0.2	2.6
6	2.1	8.6	6.5	5.3
7	5.0	15.1	10.1	10.0
8	9.3	23.1	13.8	16.7
9	5.7	16.6	10.9	11.1
10	2.6	13.1	10.5	7.8
11	3.9	15.5	11.6	9.7
12	4.8	11.5	6.7	8.1
13	7.9	22.4	14.5	15.2
14	2.0	19.9	17.9	10.9
15	2.6	10.3	7.7	6.4
16	8.0	24.3	16.3	16.2
17	8.2	26.9	18.7	17.6
疲劳幅值			12.3	

利用公式（7.23）~（7.25）求出钢绞线的疲劳幅值、疲劳损伤度、疲劳寿命，N09 号钢束的计算结果见表 7.5-4。

表 7.5-4　疲劳特性分析结果

<table>
<tr><th>项目</th><th>位置</th><th>疲劳幅值
ΔF_e</th><th>容许疲劳幅值
$[F_N]$</th><th>疲劳损伤度
D</th><th>疲劳寿命
Y_e/年</th><th>疲劳寿命比值</th></tr>
<tr><td rowspan="6">混凝土截面正应力</td><td>B 截面上缘</td><td>4.00 MPa</td><td>压 4.88 MPa</td><td>0.820</td><td>120</td><td rowspan="2">0.282</td></tr>
<tr><td>B 截面下缘</td><td>3.10 MPa</td><td>拉 13.20 MPa</td><td>0.235</td><td>425</td></tr>
<tr><td>C 截面上缘</td><td>2.80 MPa</td><td>压 4.48 MPa</td><td>0.625</td><td>160</td><td rowspan="2">0.391</td></tr>
<tr><td>C 截面下缘</td><td>2.90 MPa</td><td>拉 11.90 MPa</td><td>0.244</td><td>409</td></tr>
<tr><td>D 截面上缘</td><td>4.30 MPa</td><td>压 4.98 MPa</td><td>0.863</td><td>115</td><td rowspan="2">0.314</td></tr>
<tr><td>D 截面下缘</td><td>3.50 MPa</td><td>拉 12.80 MPa</td><td>0.273</td><td>366</td></tr>
<tr><td rowspan="2">梁端转角</td><td>起端</td><td>0.008 rad</td><td>0.0283 rad</td><td>0.283</td><td>353</td><td></td></tr>
<tr><td>末端</td><td>0.009 rad</td><td>0.0283 rad</td><td>0.318</td><td>314</td><td></td></tr>
<tr><td>钢绞线应力</td><td>N09</td><td>12.30 MPa</td><td>49.45 MPa</td><td>0.249</td><td>401</td><td></td></tr>
</table>

注：表中“疲劳寿命比值”是指同一截面上下缘的混凝土疲劳寿命之比。

7.5.6　疲劳特性评价

根据疲劳损伤准则，结合 PC 轨道梁运营要求，以混凝土截面疲劳应力幅、钢绞线疲劳应力幅、梁端转角疲劳幅为PC轨道梁的疲劳指标，评价PC轨道梁在长期列车循环荷载作用下的疲劳损伤和疲劳寿命。表7.5-4是跨度为22 m，半径为100 m的曲线梁，在8节编组列车以时速80 km运行的疲劳特性分析结果。

由于单轨列车荷载图式稳定、轮载变化较小、发车间隔明确，故这里采用一列编组列车引起PC轨道梁的应力时程曲线进行研究，分析表7.5-4可知：

（1）混凝土截面应力、梁端转角、钢绞线应力的疲劳寿命均大于100年的设计年限，故PC轨道梁抵御列车荷载长期循环动力击振效应的能力较强。

（2）混凝土截面应力上缘疲劳寿命比下缘的疲劳寿命要小，同一截面混凝土疲劳寿命之比为0.282 ~ 0.391，说明长期列车循环击振对PC轨道梁上缘的损伤较下缘的损伤更大。

（3）上缘混凝土疲劳寿命大小顺序是：C（160年）> B（120年）> D（115年）。原因是轮载数变化（第一阶段和第三阶段轮载数范围是1 ~ 6个，第二阶段是4 ~ 6个）时，越靠近跨中截面的应力波动越小，越靠近梁端，应力波动越大。

（4）下缘混凝土疲劳寿命大小顺序是：B（425年）> C（409年）> D（366年）。这与列车行进方向（列车是由$B \rightarrow C \rightarrow D$的方向行进）一致，即列车行进方向对混凝土下缘应力有一定影响，越靠近起始端，疲劳寿命越大，越靠近终端，疲劳寿命越小。

（5）梁端转角的疲劳寿命大小顺序是：起端（353年）> 终端（314年），这与下缘混凝土疲劳寿命一致，表明列车行驶方向对梁端转角疲劳寿命有一定影响。

（6）从总体上看，下缘混凝土疲劳寿命 > 钢束疲劳寿命 > 梁端转角疲劳寿命 > 上缘混凝土疲劳寿命。这主要是上缘混凝土受到单轨列车轮载的直接作用，将导致混凝土有一定磨损，同时列车在PC轨道梁上缘引起的应力全部由混凝土承担，故上缘混凝土疲劳损伤最大；而列车轮载引起的拉应力主要由预应力承担，且列车轮载在下缘产生的拉应力还会抵消下缘混凝土的压应力水平，因此下缘混凝土的疲劳寿命最长。

7.6 动力荷载循环次数对结构特性影响分析

根据7.4节所获得的PC轨道梁结构特性时程曲线，利用7.5节所提取时程曲线中的应力循环和应力幅值，构造出疲劳荷载幅值系数谱；然后通过有限元模型，在PC轨道梁最不利位置施加不同循环次数的等效疲劳荷载后，再施加相同级数的静力循环荷载，研究PC轨道梁对长期动力循环的适应能力。

7.6.1 动力模拟方案

1. 分析步骤

（1）按影响线计算荷载作用的最不利位置。

（2）通过移动荷载计算结构应力时程曲线。

（3）按雨流计数法提取应力循环和应力幅值。

（4）构造应力幅值系数谱。

（5）在有限元模型中，按应力幅值系数谱在最不利位置施加等效循环荷载。

2. 应力幅值系数谱

在 7.4 节中，通过移动列车荷载已求得移动单轨列车击振 PC 轨道梁时，梁体结构的时程参数及应力幅值谱；7.5 节以时程特性参数求得 PC 轨道梁的疲劳幅值谱。故用上述研究成果（以跨中应力幅值谱为例）得到的疲劳幅值谱为样本，将所有应力幅值除以最大的应力幅值（即归一化处理），然后按时程特征曲线的顺序排列构成应力幅值系数列（见图 7.6-1），以此作为等效疲劳荷载的荷载历程系数。

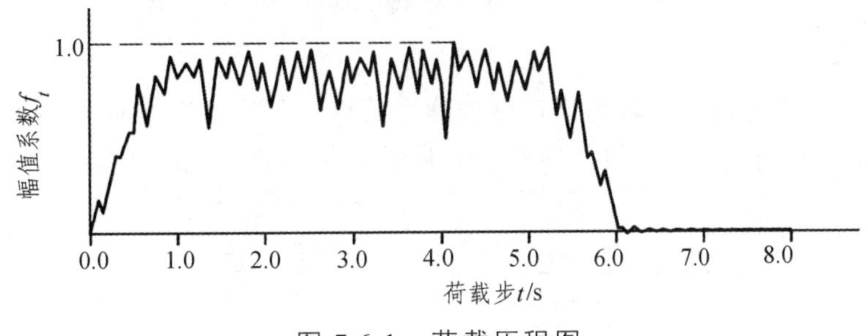

图 7.6-1　荷载历程图

3. 最不利加载位置

任意时刻最多有 6 个轴作用在跨径为 22 m 的 PC 轨道梁上，采用影响线原理求出不利加载位置和影响线系数，图 7.6-2 是不同轮载位置时，跨中截面的影响系数。图（b）是最不利轮载位置，其影响系数是 3.22。

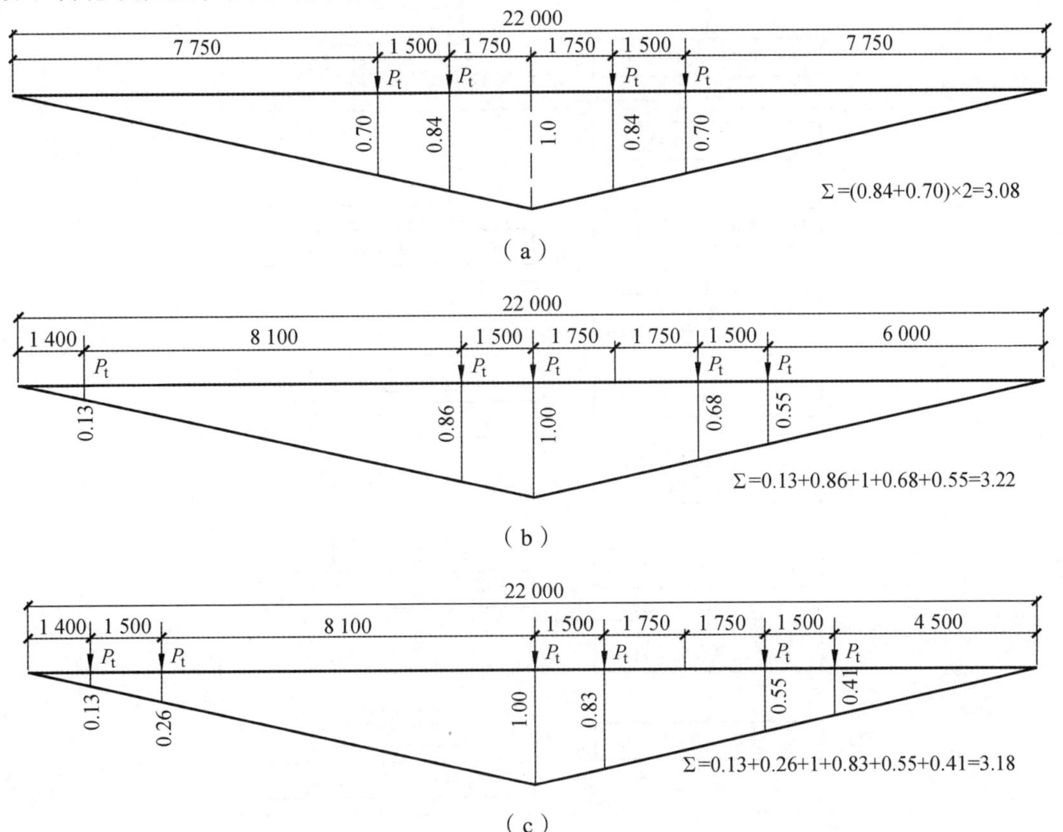

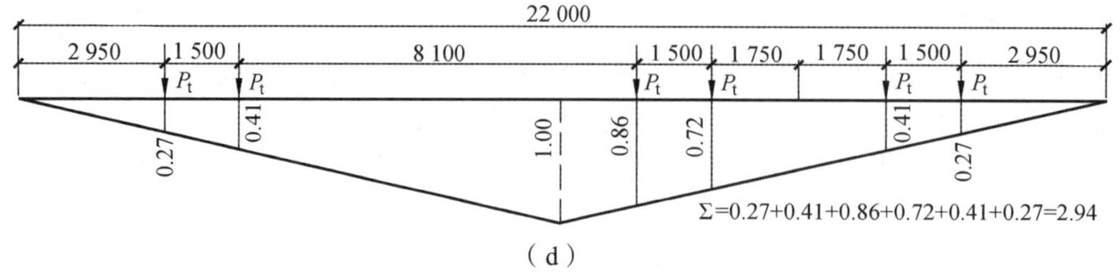

（d）

图 7.6-2　按影响线计算跨中最不利加载位置

4. 加载方案

模拟荷载按如下步骤加载：静力循环施加静力荷载→荷载历程施加循环疲劳荷载→静力循环施加静力荷载，循环静力荷载（每一步做 3 个循环），加载方案见图 7.6-3，循环荷载方案如下：

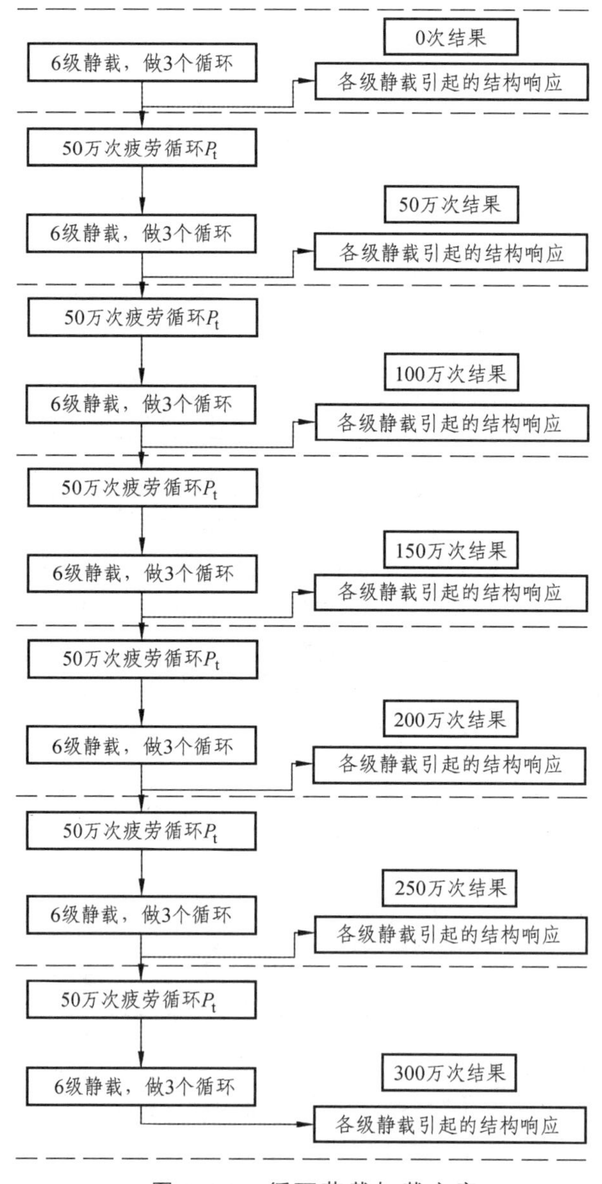

图 7.6-3　循环荷载加载方案

（1）静力荷载循环（kN）加载顺序：0.0→100→200→300→400→500→600。

（2）疲劳循环次数（万次）：50→100→150→200→250→300。

（3）由于列车设计轴重为 110 kN，按《跨座式单轨交通设计规范》取列车动力系数为 1.3，则等效静荷载 q 为：

$$q=1.3\times 110=143\ \text{kN}$$

（4）单次循环荷载序列按图 7.6-1 所示的荷载历程进行加载，每一步等效循环荷载 P_t 按下式计算：

$$P_t = f_t \times q \tag{7.31}$$

式中，P_t 是荷载步 t 时的等效荷载值；f_t 是荷载步 t 时的幅值系数，按图 7.6-1 计算；q 为等效静力荷载，取 143 kN。

5. 有限元模型概况

混凝土采用 solid95 模拟，共划分 328 个单元；钢绞线用 link8 单元模拟，每束钢绞线划分为 44 个单元。控制截面的 0.5 m 范围内的网格划分尺度是其他区域的一半。在有限元模型中，输入材料特性值、疲劳荷载谱及等效荷载后（见图 7.6-4）等参数，便可进行疲劳计算，有限元模型如图 7.6-5 所示。

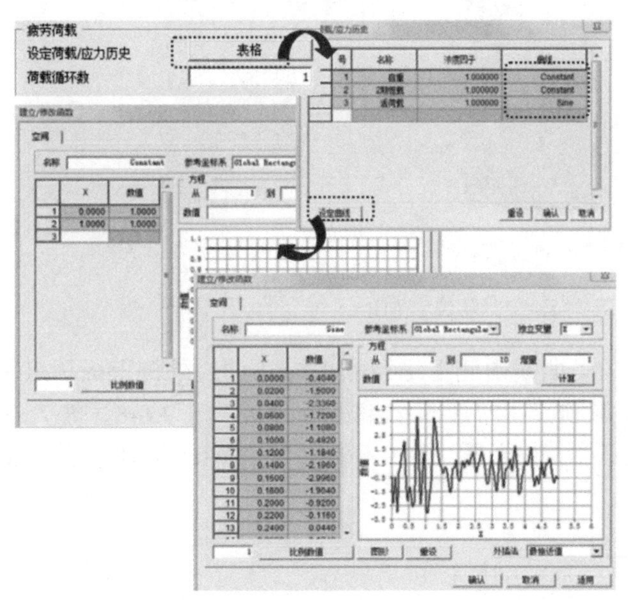

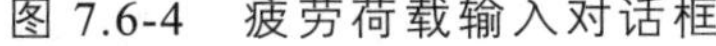
图 7.6-4 疲劳荷载输入对话框

图 7.6-5 动力分析有限元模型

7.6.2 计算结果

提取梁体的应力、挠度和结构动力特征的计算结果进行分析。

1. 应力分析

图 7.6-6 是 PC 轨道梁体应力云图。

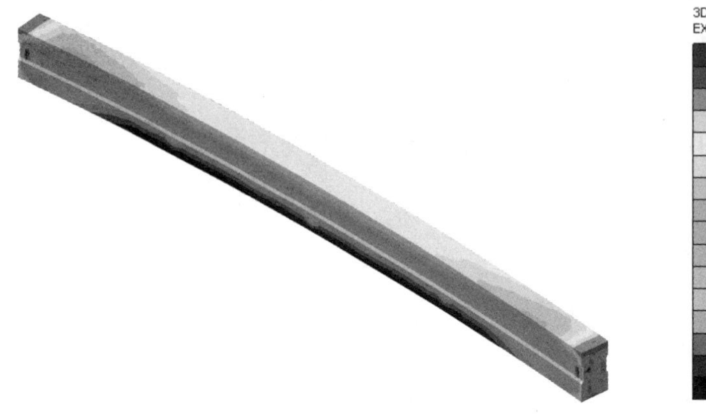

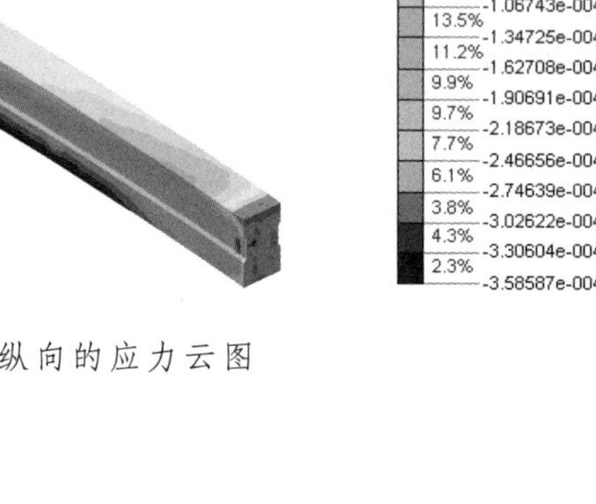

（a）梁体沿纵向的应力云图

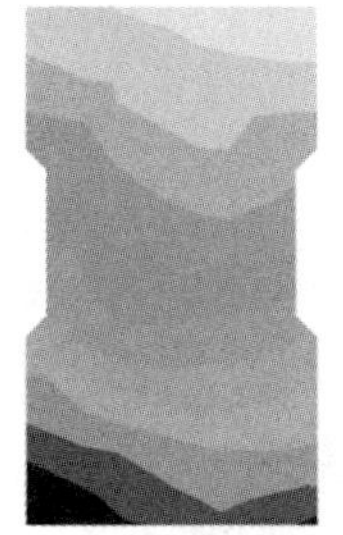

（b）B 截面应力云图

（c）C 截面应力云图

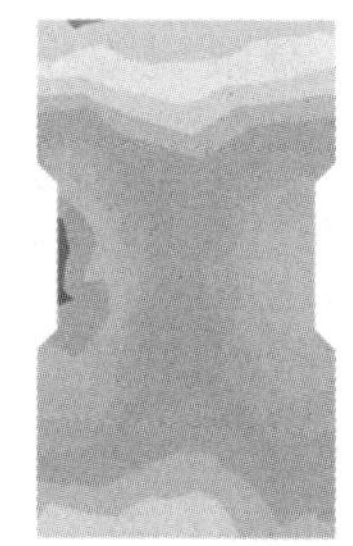

（d）D 截面应力云图

图 7.6-6　梁体应力云图（单位：MPa）

取图 7.6-7 所示跨中截面的 4 个角点 A（曲线内侧上缘顶点）、B（曲线外侧上缘顶点）、C（曲线内侧下缘顶点）、D（曲线外侧下缘顶点）的计算结果进行分析。图 7.6-8、图 7.6-9 是疲劳荷载作用前后的 A 点、B 点荷载-应力曲线图，图 7.6-10、图 7.6-11 为跨中截面曲线内侧、外侧应力沿高度分布图。

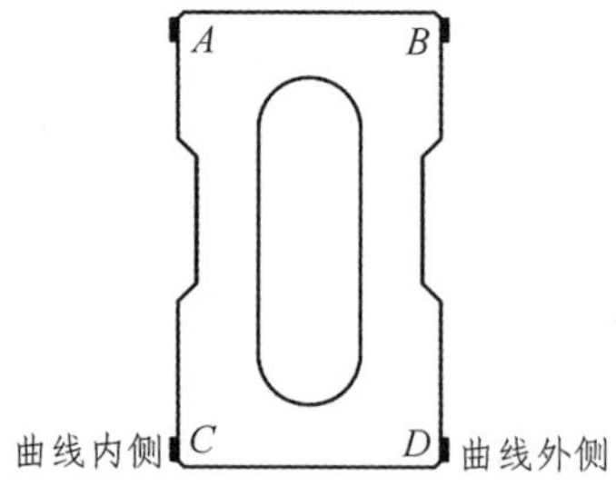

图 7.6-7　应力点示意图

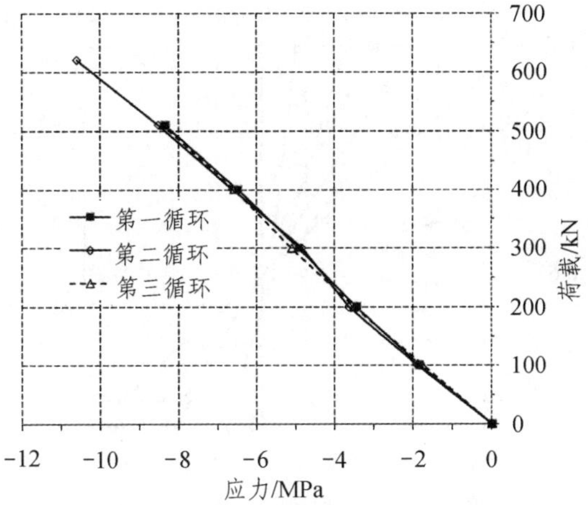

（a）疲劳前

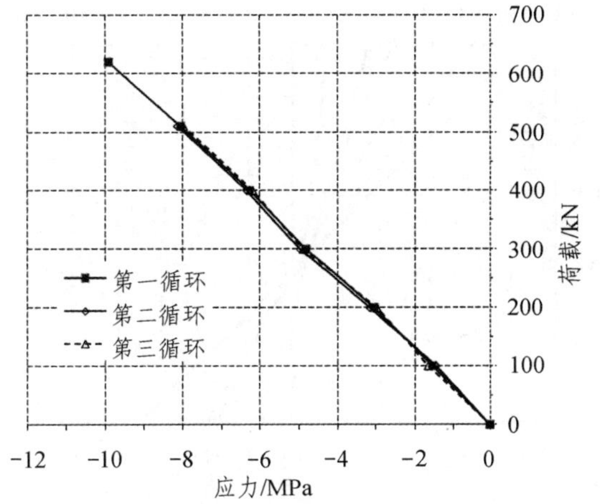

（b）300 万次疲劳后

图 7.6-8 *A* 点荷载-应力曲线图

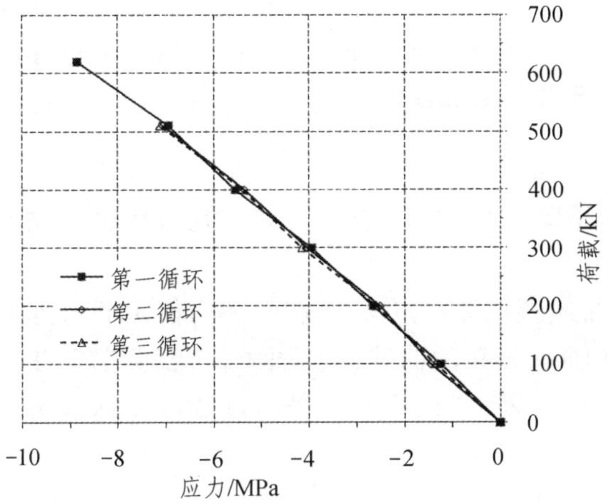

（a）疲劳前

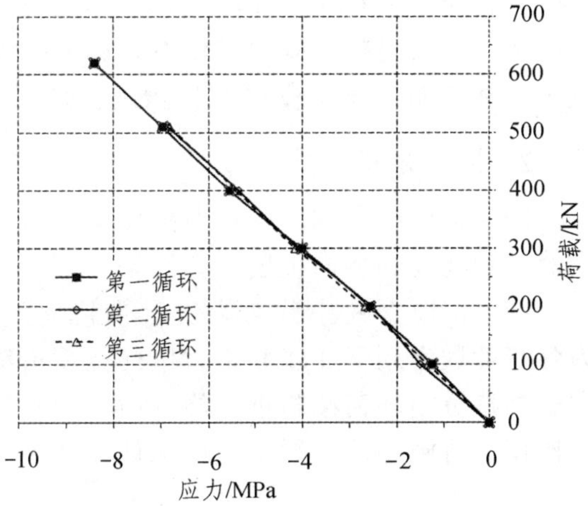

（b）疲劳后

图 7.6-9 *B* 点荷载-应力曲线图

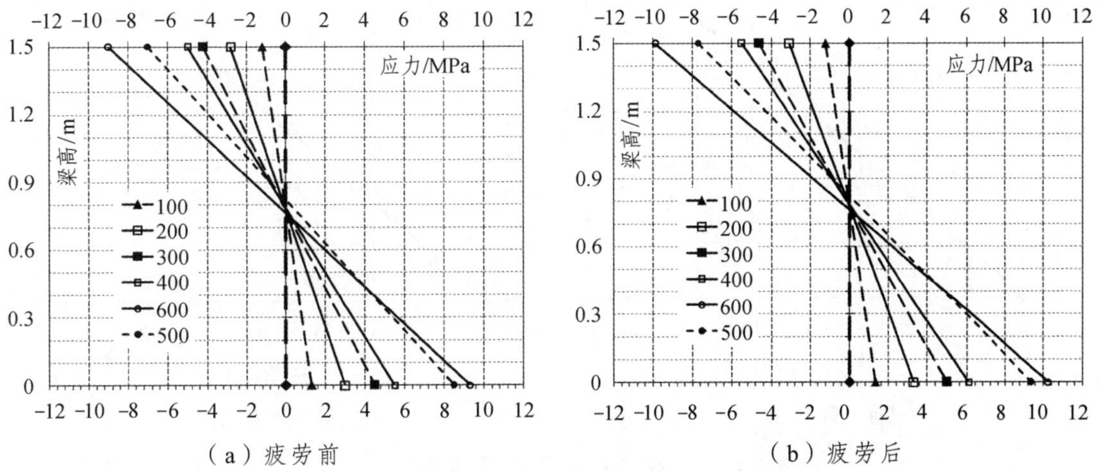

（a）疲劳前

（b）疲劳后

图 7.6-10 跨中截面曲线内侧应力沿高度分布图

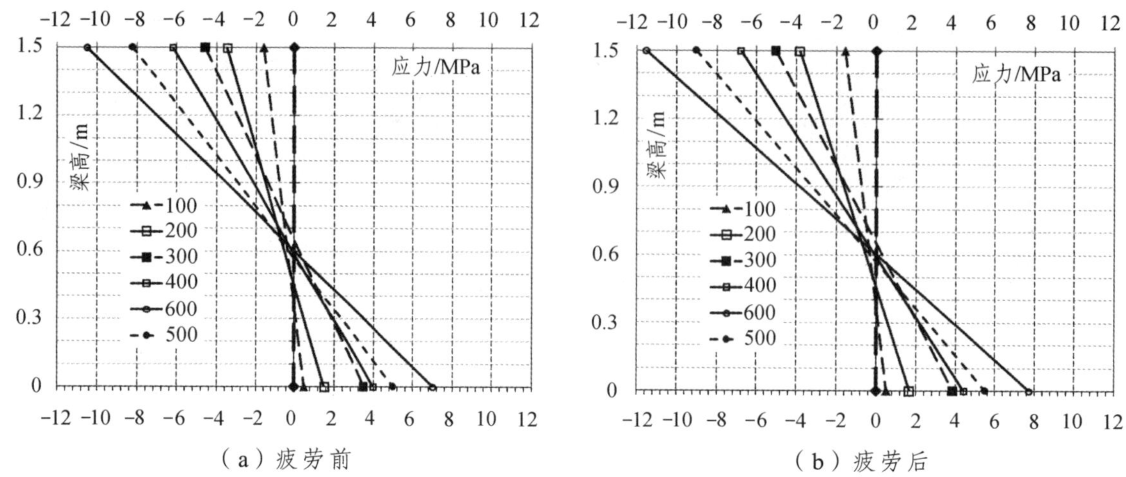

（a）疲劳前　　（b）疲劳后

图 7.6-11　跨中截面曲线外侧应力沿高度分布

分析图 7.6-8～图 7.6-11 可知，在疲劳荷载循环作用前后，各级静力荷载作用下跨中截面上、下缘混凝土应力变化不大。这说明，循环动力荷载对 PC 轨道梁结构应力的影响较小，在长期循环荷载作用下 PC 轨道梁的工作状态比较稳定。

2. 挠度分析

同应力分析一致，取跨中截面 4 个角点（见图 7.6-7）*A*、*B*、*C*、*D*，在各级循环次数中的竖向挠度和横向挠度计算结果为例。

图 7.6-12 是跨中截面荷载-竖向挠度关系曲线图（取 *C* 点和 *D* 点的平均值）。图 7.6-13 为各级荷载作用下 PC 轨道梁竖向挠度沿纵向轴线分布的曲线图。图中，"疲劳前"是指在施加疲劳循环荷载前进行静力循环的模拟计算结果；"疲劳后"是通过 300 万次疲劳荷载作用后再施加静力循环的模拟计算结果。

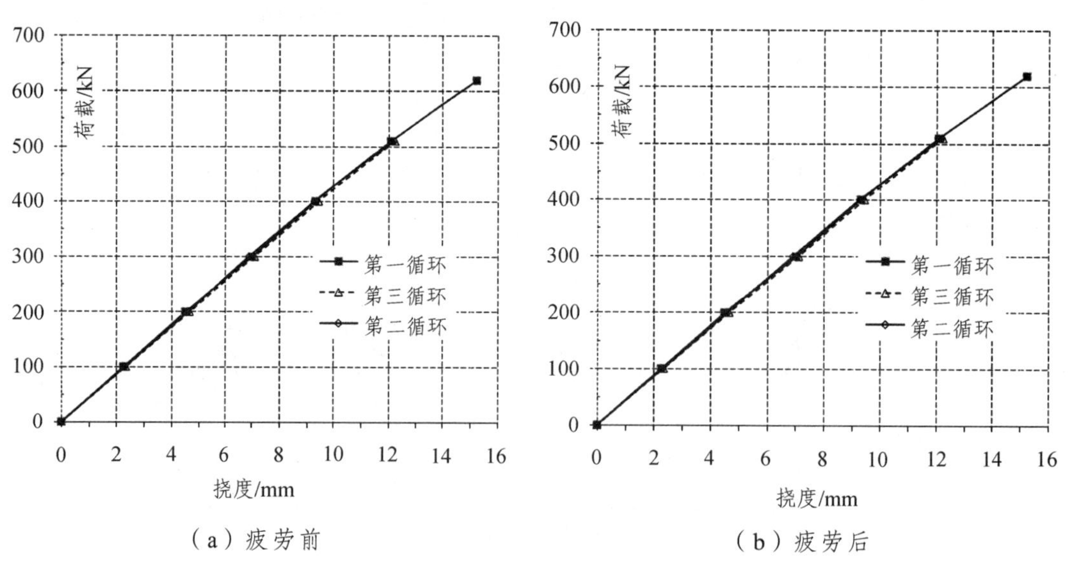

（a）疲劳前　　（b）疲劳后

图 7.6-12　跨中截面荷载-竖向挠度曲线图

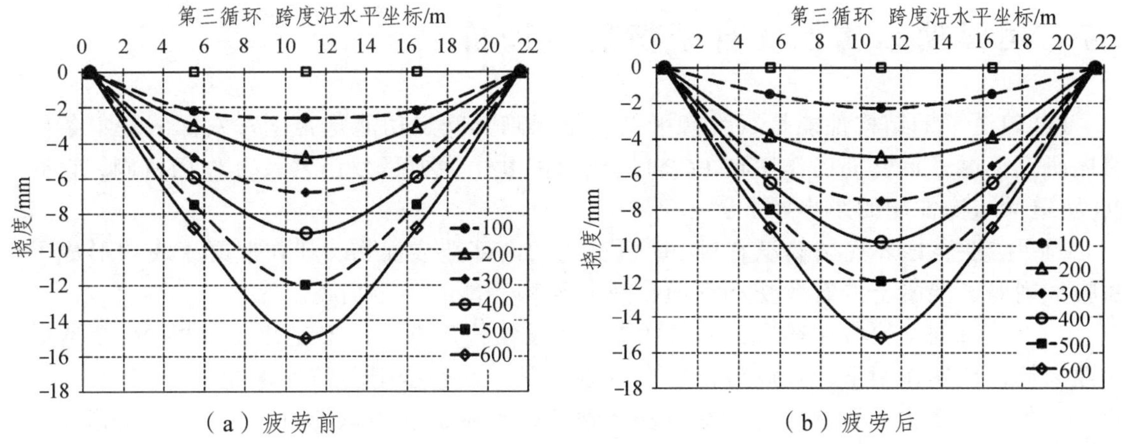

（a）疲劳前　　（b）疲劳后

图 7.6-13　竖向挠度沿纵向轴线分布的曲线图

分析图 7.6-11 ~ 图 7.13 可得如下结论：

（1）疲劳荷载作用前后，各级荷载循次数的疲劳荷载引起跨中最大竖向挠度及横向挠度增量很小，增幅在 1.10% ~ 3.50%，小于 5.00%。

（2）疲劳荷载在各级次数后引起的 *C* 点（曲线内侧下缘顶点）竖向挠度要比 *D* 点（曲线外侧下缘顶点）竖向挠度大。这是曲线梁超高和偏心荷载引起曲线内侧的附加挠度所致。同理，超高和偏心荷载也会引起横向附加挠度，导致 *A* 点（曲线内侧上缘顶点）横向挠度要比 *B* 点（曲线外侧上缘顶点）横向挠度大。

（3）跨中横向挠度相对竖向挠度较小，两者之比为 0.12 ~ 0.15，说明偏心荷载和曲线超高对竖向挠度的贡献较小，可以忽略不计。

（4）竖向挠度沿纵向轴线的分布呈光滑曲线，中间大，支座处约为 0，说明疲劳荷载没有在 PC 轨道梁内部产生缺陷 PC 轨道梁能适应长期荷载循环作用。

（5）在经过 300 万次疲劳荷载循环作用后，沿 PC 轨道梁纵向轴线的挠度变形量没有发生明显改变，基本与静力荷载作用初期的变形量一致。

综上所述，疲劳荷载对 PC 轨道梁的变形特性影响可以忽略。长期荷载循环作用下引起的横向挠度和竖向挠度与初始状态静力荷载引起的横向挠度和竖向挠度基本一致，即曲线超高和偏心荷载对竖向挠度的影响可忽略。

3. 动力特性

通过有限元模型数值分析，可得 PC 轨道梁在各级循环次数的疲劳荷载作用后，梁体的自振频率、阻尼系数。竖向频率变化范围是 6.853 ~ 6.865，横向频率变化范围是 3.486 ~ 3.503，各级循环次数的疲劳荷载作用后的阻尼系数见表 7.6-1。分析表 7.6-1 可得：阻尼系数与疲劳循环作用次数成反比；100 万次前阻尼系数衰减较快，此后趋于稳定；竖向一阶阻尼系数衰减约 33%，横向一阶阻尼系数衰减约 12%。

表 7.6-1　一阶阻尼系数与疲劳荷载循环次数的关系

疲劳次数/万次	0	50	100	150	200	250	300	最大降幅
竖向阻尼系数	0.027	0.024	0.021	0.021	0.020	0.019	0.018	33%
横向阻尼系数	0.047	0.044	0.043	0.042	0.042	0.042	0.041	12%

7.7 运营期结构性能自平衡能力评价

PC 轨道梁的结构性能是否维持平衡，是保障其既定功能是否正常发挥的基本条件。前述研究探讨了运营期内作用在 PC 轨道梁上的几个主要诱发因素及其作用机制，它们对 PC 轨道梁结构性能的影响如下：

（1）酸性腐蚀环境虽然没有对 PC 轨道梁的内部造成损伤，却在混凝土表层形成了腐蚀膜，削弱了混凝土的有效受压截面，故对结构性能有一定损伤。

（2）单轨列车轮载循环击振迫使 PC 轨道梁结构形态呈波形变化，有损 PC 轨道梁的弹性指标，长期作用下，其疲劳损伤有一定积累，并逐步削弱结构性能。

（3）季节变化、昼夜交替、季节性降雨等因素所诱发环境场内产生温度差和湿度差，这些场强差激励 PC 轨道梁结构形成不断变化的梯度应力，迫使 PC 轨道梁的形体发生波动变形，这种循环变形量也会损伤结构的弹性性能。

（4）PC 轨道梁在制作过程中可能残留有缺陷，这些缺陷有利于环境腐蚀、动力疲劳的加速增长，从而破坏结构的整体性能。

（5）根据第 6.3 节的研究可知，PC 轨道梁的实际材料特性（强度和弹性模量）比设计值要高出 10%以上，它们作为预备能力储备起来，然后在运营期逐步释放，可以提高结构的内部性能。

（6）当 PC 轨道梁的最终弯矩是正弯矩时，预应力效应引起结构的徐变变形是以下挠变形为主（不利方向）；当最终弯矩是负弯矩时，预应力效应引起结构的徐变变形是以上拱为主（有利方向）。

综上所述，第 1 项～4 项是不利机制，它们将诱发 PC 轨道梁性能走向衰退；第 5 项是有利因素，将增强结构性能；而第 6 项既可以成为不利因素，也可以成为有利因素。故如何利用预应力效应对结构性能的自平衡能力的大小至关重要。图 7.7-1 所示为 PC 轨道梁结构性能指标函数图。

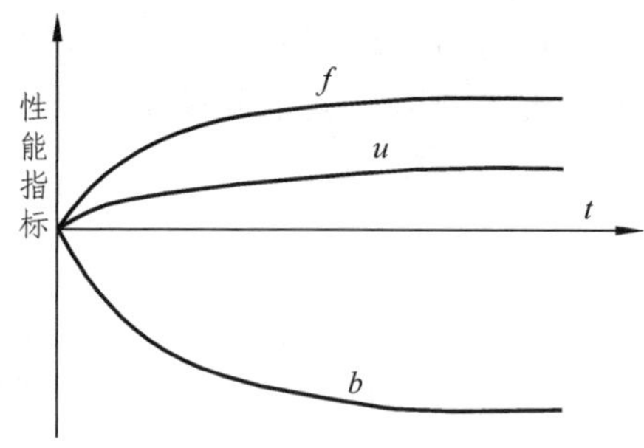

图 7.7-1　PC 轨道梁结构性指标函数图

设不利因素引起结构性能衰退函数 B 为

$$B = \int_0^\infty b \cdot \mathrm{d}t \tag{7.32}$$

设有利因素引起结构性能增强函数 F 为

$$F = \int_0^\infty f \cdot \mathrm{d}t \tag{7.33}$$

设预应力引起结构徐变影响结构性能的函数 U 为

$$U=\int_0^{\infty} u \cdot \mathrm{d}t \tag{7.34}$$

则任意时刻 PC 轨道梁结构性能平衡函数 E 可表示为

$$E=-B+F \pm U=-\int_0^{\infty} b \cdot \mathrm{d}t+\int_0^{\infty} f \cdot \mathrm{d}t \pm \int_0^{\infty} u \cdot \mathrm{d}t \tag{7.35}$$

式中，b 是不利因素引起结构性能衰退指标；f 是剩余强度发挥对结构性能增强指标；u 是预应力效应引起结构徐变对性能的影响指标；t 为计算时刻（d）。

显然，当 E=0 时，结构性能处于平衡状态；当 E>0 时，结构性能处于增强状态；当 E<0 时，结构性能处于衰退状态。E 所处什么状态，关键是看 U 的功能水平，故结构设计时，可根据式（7.35）右边前两项的情况，调整 U 的能力水平。

第 8 章　PC 轨道梁多时态形体制作参数推导及应用研究

8.1　概　述

跨座式单轨交通对地形的适应能力强，可灵活选择线路走向和坡度，但这将会造成大部分 PC 轨道梁不能按标准构件设计和施工。PC 轨道梁是在专业工厂中预制而成，支座锚箱却在施工现场与下部结构施工同步预埋在盖梁之中，待各部分构件施工完毕后，再将 PC 轨道梁吊装定位到盖梁上，并通过支座锚箱与下部结构形成梁桥体系。由于后期安装精度要求高，为控制各环节的误差，每一榀 PC 轨道梁必须有独立的设计文件和对应的控制参数来指导整个施工作业。

8.2　坐标转换方法

在第 7 章中研究了 PC 轨道梁的线形推导，该推导过程是在全局坐标系（项目初期由勘测单位给出整个项目的坐标系）下完成，见图 8.2-1（a）。然而，PC 轨道梁制作时以底模台车中心轴为基准，见图 8.2-1（b），需将 PC 轨道梁底线形从全局坐标转换到局部坐标下，然后才能推导工法控制参数。另外，支座锚箱定位参数又是在全局坐标中确定的，所以在推导完工法参数后又要将 PC 轨道梁从局部坐标转换到全局坐标系下，方能推导支座锚箱定位参数。上述过程需要按空间坐标转换理论将梁体在不同坐标系进行相互转换[49]。

（a）全局坐标系中的 PC 轨道梁

（b）局部坐标系中的 PC 轨道梁

图 8.2-1　PC 轨道梁在不同坐标系的状态

对于二维直角坐标，如图 8.2-2 所示，可得如下坐标转换公式：

$$\begin{bmatrix} X_2 \\ Y_2 \end{bmatrix} = \begin{bmatrix} \cos\theta & \sin\theta \\ -\sin\theta & \cos\theta \end{bmatrix} \begin{bmatrix} X_1 \\ Y_1 \end{bmatrix} \tag{8.1}$$

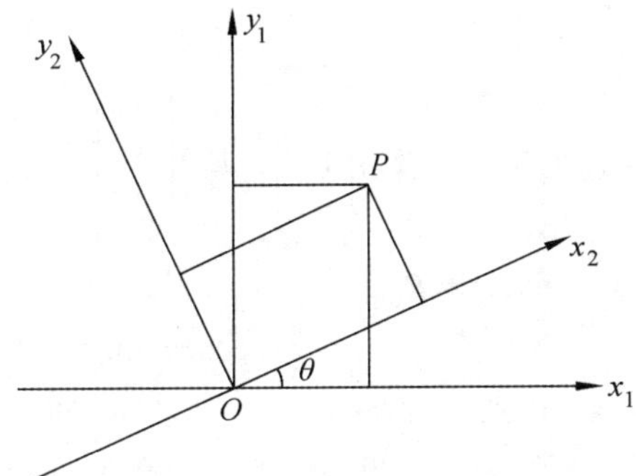

图 8.2-2　平面坐标转换示意图

在三维空间直角坐标系中，具有相同原点的两坐标系变换一般需要在 3 个坐标平面上通过 3 次旋转才能完成，如图 8.2-3 所示。设旋转次序为：

（1）绕 OZ_1 旋转 ε_Z 角，OX_1，OY_1 旋转至 OX^o，OY^o。

（2）绕 OY^o 旋转 ε_Y 角，OX^o，OZ_1 旋转至 OX_2，OZ^o。

（3）绕 OX_2 旋转 ε_X 角，OY^o，OZ^o 旋转至 OY_2，OZ_2。

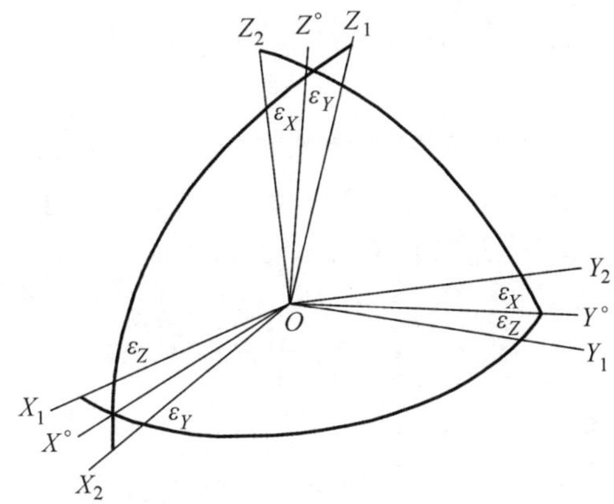

图 8.2-3　空间坐标转换示意图

ε_X，ε_Y，ε_Z 为三维空间直角坐标变换的 3 个旋转角（也称欧拉角），与它们相对应的旋转矩阵分别为：

$$R_1(\varepsilon_X)=\begin{bmatrix}1 & 0 & 0\\ 0 & \cos\varepsilon_X & \sin\varepsilon_X\\ 0 & -\sin\varepsilon_X & \cos\varepsilon_X\end{bmatrix} \tag{8.2}$$

$$R_2(\varepsilon_Y)=\begin{bmatrix}\cos\varepsilon_Y & 0 & -\sin\varepsilon_Y\\ 0 & 1 & 0\\ \sin\varepsilon_Y & 0 & \cos\varepsilon_Y\end{bmatrix} \tag{8.3}$$

$$R_3(\varepsilon_Z)=\begin{bmatrix}\cos\varepsilon_Z & \sin\varepsilon_Z & 0\\ -\sin\varepsilon_Z & \cos\varepsilon_Z & 0\\ 0 & 0 & 1\end{bmatrix} \tag{8.4}$$

令

$$R_0=R_1(\varepsilon_X)R_2(\varepsilon_Y)R_3(\varepsilon_Z) \tag{8.5}$$

则有

$$\begin{bmatrix} X_2 \\ Y_2 \\ Z_2 \end{bmatrix} = R_1(\varepsilon_X)R_2(\varepsilon_Y)R_3(\varepsilon_Z)\begin{bmatrix} X_1 \\ Y_1 \\ Z_1 \end{bmatrix} = R_0)\begin{bmatrix} X_1 \\ Y_1 \\ Z_1 \end{bmatrix} \tag{8.6}$$

通过式（8.2）~式（8.6）可求得 R_0:

$$R_0 = \begin{bmatrix} \cos\varepsilon_Y \cos\varepsilon_Z & \cos\varepsilon_Y \sin\varepsilon_Z & -\sin\varepsilon_Y \\ -\cos\varepsilon_X \sin\varepsilon_Z + \sin\varepsilon_X \sin\varepsilon_Y \cos\varepsilon_Z & \cos\varepsilon_X \cos\varepsilon_Z + \sin\varepsilon_X \sin\varepsilon_Y \sin\varepsilon_Z & \sin\varepsilon_X \cos\varepsilon_Y \\ \sin\varepsilon_X \sin\varepsilon_Z + \cos\varepsilon_X \sin\varepsilon_Y \cos\varepsilon_Z & -\sin\varepsilon_X \cos\varepsilon_Z + \cos\varepsilon_X \sin\varepsilon_Y \sin\varepsilon_Z & \cos\varepsilon_X \cos\varepsilon_Y \end{bmatrix} \tag{8.7}$$

一般 ε_X， ε_Y， ε_Z 为微小转角，可取：

$$\cos\varepsilon_X = \cos\varepsilon_Y = \cos\varepsilon_Z = 1 \tag{8.8}$$

$$\sin\varepsilon_X = \varepsilon_X，\quad \sin\varepsilon_Y = \varepsilon_Y，\quad \sin\varepsilon_Z = \varepsilon_Z \tag{8.9}$$

$$\sin\varepsilon_X \sin\varepsilon_Y = \sin\varepsilon_X \sin\varepsilon_Z = \sin\varepsilon_Z \sin\varepsilon_Y = 0 \tag{8.10}$$

则式（8.7）可化简为

$$R_0 = \begin{bmatrix} 1 & \varepsilon_Z & -\varepsilon_Y \\ -\varepsilon_Z & 1 & \varepsilon_X \\ \varepsilon_Y & -\varepsilon_X & 1 \end{bmatrix} \tag{8.11}$$

式（8.11）称微分旋转矩阵。

当两个空间直角坐标系的坐标换算变量既有旋转又有平移时（见图 8.2-4），则存在 3 个平移参数（$\Delta X_0,\Delta Y_0,\Delta Z_0$）和 3 个旋转参数（$\varepsilon_X,\varepsilon_Y,\varepsilon_Z$）。由于两个坐标系尺度可能不同，故还有一个尺度变化参数（m），即共计有 7 个参数。

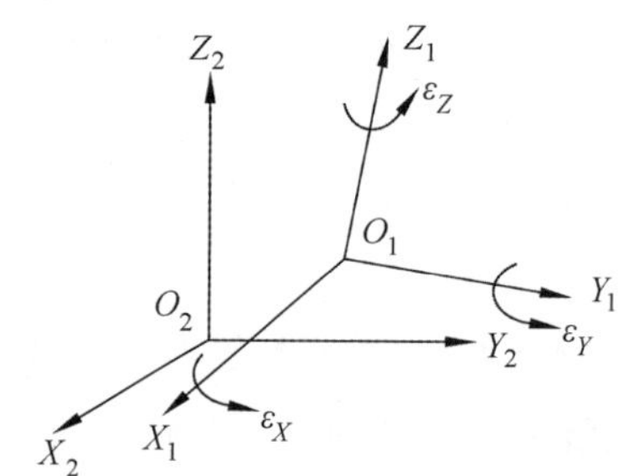

图 8.2-4　不同空间直角坐标系转换

$$\begin{bmatrix} X_2 \\ Y_2 \\ Z_2 \end{bmatrix} = (1+m)\begin{bmatrix} X_1 \\ Y_1 \\ Z_1 \end{bmatrix} + \begin{bmatrix} 1 & \varepsilon_Z & -\varepsilon_Y \\ -\varepsilon_Z & 1 & \varepsilon_X \\ \varepsilon_Y & -\varepsilon_X & 1 \end{bmatrix}\begin{bmatrix} X_1 \\ Y_1 \\ Z_1 \end{bmatrix} + \begin{bmatrix} \Delta X_0 \\ \Delta Y_0 \\ \Delta Z_0 \end{bmatrix} \tag{8.12}$$

式（8.12）为两个不同空间直角坐标之间的转换模型，含有 7 个转换参数。为求得这 7 个转换参数，至少需要 3 个公共点，当多于 3 个公共点时，可按最小二乘法求得各参数的最优解。

8.3　PC 轨道梁三维制作参数分析

PC 轨道梁是全预应力混凝土预制结构，它是在专业的梁厂内，用专业的千斤顶体系把专业的模板体系塑造成精确的模具形态（梁体初始放样轮廓）后浇筑而成，并在养护期间动态控制其形态沿正确路径向目标形态演变，最终形成单轨交通的专用轨道，这一系列施工作业都是依据PC轨道梁多时态形体制作控制参数进行的。

8.3.1 关键制作参数及要求

PC轨道梁的理论形态应是规整的长方体，但在恒载（自重、预应力和二期恒载）、混凝土收缩、徐变等各种因素作用下，它将在不同时态中变成不同形态的不规则六面体。为使竣工后的顶面、侧面和梁端部的形态符合设计要求，就需要将它制作成与最终形态相反的不规则六面体结构。PC轨道梁是在专业工厂中预制完成，其制作和养护工艺复杂，每一榀PC轨道梁均需按照工法指导书的要求开展各项施工作业，并在养护过程中全程动态监控梁体不同时态的形态演变状况。因此，三维制作参数的设计对PC轨道梁的制作养护非常重要。

1. 关键参数含义及相互关系

（1）2条曲线：即梁顶曲线和梁底曲线。梁顶曲线对梁端位置、走行面、导向面、稳定面、侧模等参数设计起控制作用，梁底曲线对端模倾角、施工放样、支座定位、台车控制轴线起控制作用，而梁长、反拱度等参数需由二者共同控制。

（2）3组参数：即反拱度、千斤顶拉压量、端模角度（包括倾角、转角、与台车轴线夹角）。反拱度是协调由荷载引起的梁体竖向变形及超高引起走行面的横向坡度；千斤顶拉压量控制梁体平面线形；端模角度控制由荷载引起的梁端变形和由超高引起的走行面横坡。

（3）5个模板：即一个底模、两个侧模、两个端模。底模始终是平的；侧模由千斤顶拉压量确定；端模则由端模角度、梁长确定。根据这5个模板可以确定梁的放样轮廓。

（4）竖曲线和超高用反拱度值综合体现。平面线形由千斤顶拉压量控制侧模弯曲程度，从而实现直线、缓和曲线和圆曲线段的线形设计。

除了上述关键要素外，工法中还应包括下列辅助信息：

（1）基本条件：主要是说明PC轨道梁线路的设计条件、桥跨信息、支座和指形板类型、系统预埋件等。

（2）材料信息：普通钢筋配置情况、钢绞线配置和张拉控制。

（3）养护监测数据：主要是关键阶段的梁体变形。

（4）验收指标：主要包括顶面线形、侧面线形、梁端倾角和转角、关键截面梁高、梁的弦长和弧长、支座中心距离等。

2. 模板控制参数推导

根据梁体放样形态，在制作局部坐标系中推导PC轨道梁的模板控制参数，所涉及的坐标转换方法见8.2节。

（1）由初始形态和千斤顶在局部坐标中的空间关系，求出千斤顶的位移量，施工时只需按该项参数对各千斤顶调节相应拉压量后，便可确定侧模形态。

（2）同侧模千斤顶一致，根据侧模千斤顶及梁端截面在局部坐标系的空间位置关系，推导出侧模千斤顶的调节量，并确定出侧模控制转角。

（3）求出两侧模对应千斤顶所在平面的梁顶反拱度，施工时调节两侧走行条的上下位移量后，便可确定梁顶曲面。

8.3.2 多时态形体监控参数推导

PC 轨道梁在不同时态的形体是不同的，为便于养护期间动态监控 PC 轨道梁的形态演变和监测出厂形态，规划的时态路径设置各时态的形体监控参数。各时态间形体差异量的本质是梁体结构瞬时变形。PC 轨道梁多时态形体控制参数包括梁顶曲线多时态参数、梁长多时态参数、梁端截面多时态控制参数等。

1. 梁顶多时态监控参数

设跨中形体控制量为 f，根据前述研究内容，f 可按式（8.13）计算。

$$f = f_{P,i} + f_D + f_L + f_V + f_{C,k} + f_{T,k} + f_{E,k} \tag{8.13}$$

式中，$f_{P,i}$ 是第 i 时态由预应力作用引起的上拱量；f_D 是由恒载（除预应力外）引起的下挠量；f_L 是由列车荷载引起的下挠量；f_V 是由线路设计参数引起的变形量；$f_{C,k}$ 是第 k 时态由徐变引起的上拱量；$f_{T,k}$ 是第 k 时态由于结构性能退化引起的下挠量；$f_{E,k}$ 是第 k 时态环境引起结构的变形量。

若将列车荷载乘以动力系数后，可以作为静载加在 PC 轨道梁最不利位置，求出列车对 PC 轨道梁的结构变形量，则式（8.13）中的参数 $f_{P,i}$、f_D、f_L 和 f_V 便可采用静力分析的方法进行研究，考虑到 $f_{P,i}$ 与混凝土材料早期特性的时间依存有关，可根据材料各时态的特性，分别估算出来，因此将这几个变量作为静态因素，采用静力分析的方法求出。

$f_{C,k}$、$f_{T,k}$、$f_{E,k}$ 在使用期间，它们与结构性能退化有关，在 PC 轨道梁的使用期内持续发展，估算相对复杂。

8.4 PC 轨道梁空间定位参数设计

PC 轨道梁通过锚杆将埋设在梁体内的支座与埋设在桥墩上的支座锚箱连接起来，形成单轨梁桥体系。由于 PC 轨道梁在梁厂预制完成，而支座锚箱则是同桥墩盖梁同步施工，在现场通过现浇预埋完成。为了准确地实现 PC 轨道梁的定位，必须推导出其空间定位参数，即支座锚箱的空间定位参数（简称“支座锚箱参数”）。以往推导支座锚箱坐标参数时，以梁缝中心里程为基准，考虑支座到梁端的距离、超高、梁高等因素在二维平面坐标系中推导。其推导过程依赖线路、桥梁及 PC 轨道梁等专业的设计参数，同时推导结果与 PC 轨道梁又不闭合、精度难以保障。此外，以往设计方法或设计软件需要输入的参数较多、计算量大、效率低下。

对此，本小节将 PC 轨道梁从局部坐标转换到全局坐标下，根据支座在 PC 轨道梁中预埋的实际位置自上而下逐步推导出支座锚箱的空间定位参数。推导时，要求支座顶面与 PC 轨道梁底面重合及支座底面与锚箱顶面重合，同时根据 PC 轨道梁底的超高及纵坡实际值进行调整。

8.4.1　参数定义

锚箱支座参数是锚箱安装定位的施工依据，主要包括空间坐标（X，Y，Z）、横坡和方位角[50]。表 8.4-1 为锚箱支座定位参数示例，图 8.4-1 为锚箱支座参数示意图。

表 8.4-1 锚箱支座定位参数表（单位：m）

序号	墩号	中线桩号	右线桩号	位置	X	Y	高程	横坡	方位角
1	QJ05-D1	MK5+830.708	YK5+828.848	b	91 962.393	71 711.736	310.874	0.00%	19°29′33"
2				a	91 962.770	71 711.870	312.890		
3				d	91 963.148	71 712.003	310.851	-0.05%	19°27′39"

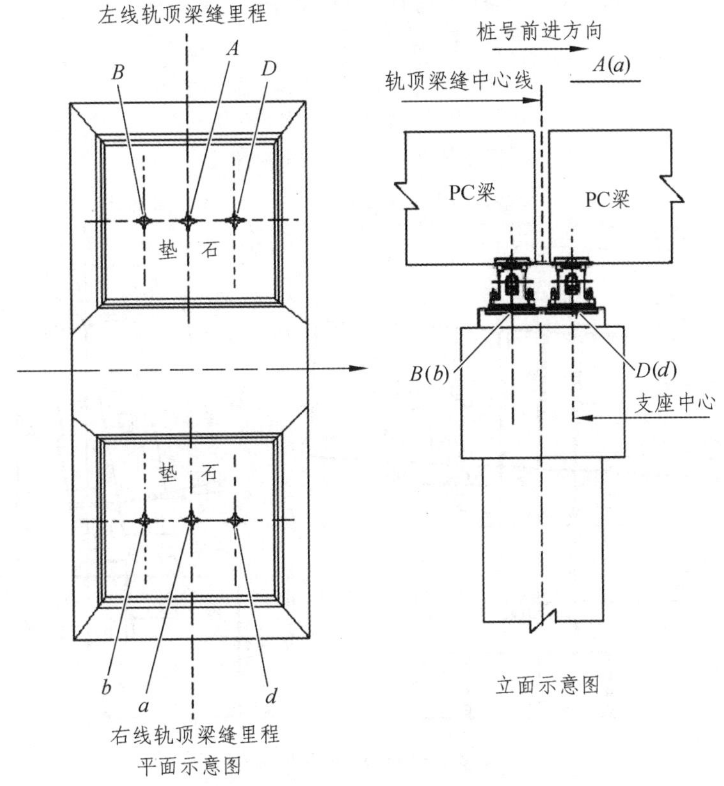

图 8.4-1　锚箱支座参数示意图

通过图 8.4-1 的示意，解释表中各参数含义：

A（a）点为左（右）线梁顶面中线与梁缝中心平面的交点；B（b）点为同一盖梁上左（右）线小里程端支座锚箱顶面的中心；D（d）点为同一盖梁上左（右）线大里程端支座锚箱顶面的中心。

方位角：是正北向按顺时针方向旋转至设计线路上某点处，指向线路里程增大方向的线路切线所形成的夹角。

支座垫石横坡正负号：从小里程向大里程方向看，该圆曲线圆心在左侧时为正，反之为负。

8.4.2 几何推导

图 8.4-2 为方位角示意图，图 8.4-3 为坐标推导几何关系示意图。根据图 8.4-2 和图 8.4-3，第 8.4.1 节相关内容即可推导出 X 和 H_2 的计算公式，见式（8.14）~式（8.22）。由此可以确定锚箱支座的坐标，而方位角则按图 8.4-2 计算。

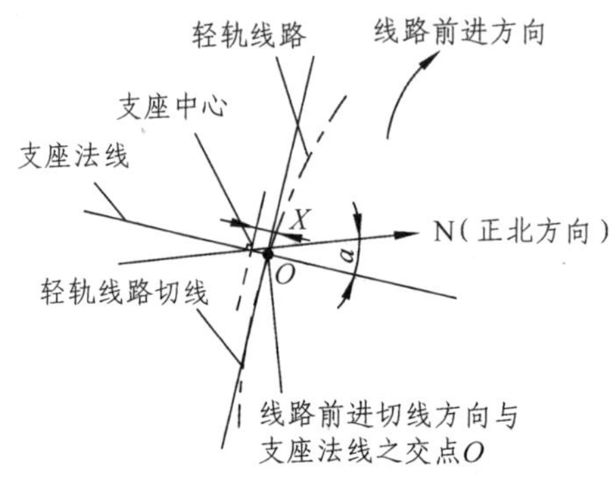

图 8.4-2　方位角示意图

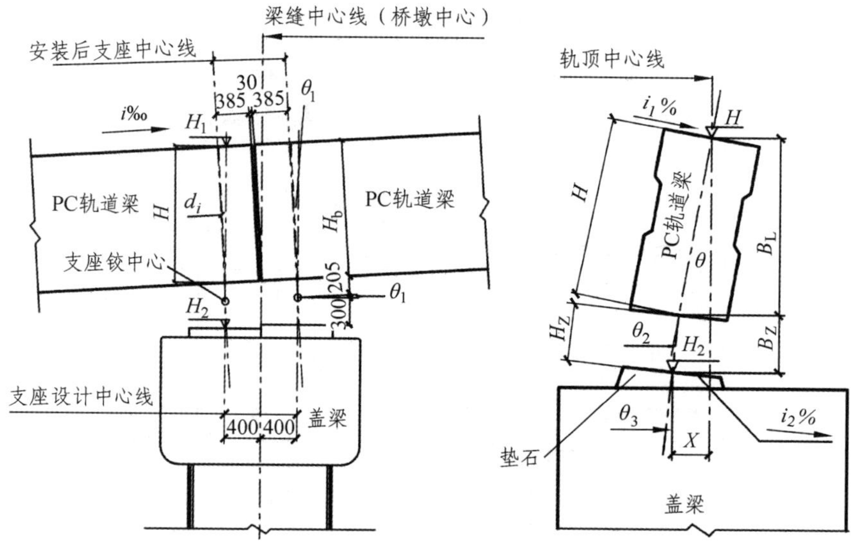

图 8.4-3　锚箱支座几何关系图

PC 轨道梁支座中心与相邻两 PC 轨道的梁缝中心间的距离是 400 mm，支座法线及梁端面均垂直于左（右）线路的切线。

$$X = B_L \tan\theta + H_Z \sin\theta_3 \tag{8.14}$$

$$H_2 = H_1 - B_L - B_Z \tag{8.15}$$

$$B_Z = H_Z \cos\theta_3 \tag{8.16}$$

$$H_Z = 0.3 + \frac{0.205}{\cos\theta_1} \tag{8.17}$$

$$B_L = H\cos\theta \tag{8.18}$$

$$H = \frac{H_b}{\cos\theta_1} \tag{8.19}$$

$$\tan\theta = i_1\% \tag{8.20}$$

$$\tan\theta_1 = i‰ \tag{8.21}$$

$$\tan\theta_3 = i_2\% \tag{8.22}$$

式中，X 为平面上支座锚箱中心距线路中心的水平距离，用于确定支座锚箱中心的坐标；i 为线路设计纵坡；i_1 为支座锚箱中心处线路的超高；i_2 为支座锚箱顶面横坡；H_b 为支座中心所在截面 PC 轨道梁的截面高度；H 为过支座中心的竖直平面与 PC 轨道梁相切截面的梁高；B_L 为支座设计中心线上轨面至梁底面铅直高度；H_Z 为支座设计中心线上垂直于支座中心线方向（横向）支座高；B_Z 为支座设计中心线上 PC 轨道梁底面至支座垫石顶面的垂直距离；H_1 为支座设计中心线与 PC 轨道梁中心线交点处的轨面设计高程；H_2 为支座锚箱顶面中心的设计高程；H_3 为支座锚箱中心线与墩帽顶面交点处的高程；θ 为横断面上支座位置处梁中心线与铅垂线间的夹角；θ_1 为纵断面上由线路纵坡引起的轨面与水平面间夹角；θ_2 为横断面上 PC 轨道梁中心线与支座中心线间夹角；θ_3 为横断面上支座中心线与铅垂线间夹角。

8.5 PC 轨道梁桥体系精度评估

PC 轨道梁桥体系精度评估主要包括如下两方面内容：

（1）通过分析工法制作参数和支座锚箱参数的误差评估设计精度。

（2）通过分析 PC 轨道梁制作误差和支座锚箱预埋误差评估施工精度。

8.5.1 工法参数误差分析

分析的工法参数有：反拱度、千斤顶拉压量、梁长（弧长和弦长）、台车放样数据、端模倾角和转角。先将 PC 轨道梁转换到局部坐标系中，选择 PC 轨道梁施工放样状态的三维模型，然后按如下办法进行对比：

（1）反拱度：逐一选定三维图形中某千斤顶断面，测量其梁高值 H_1，则反拱度 $h=H_1-1.5$（单位：m）。

（2）台车放样数据：分别测量台车放样控制点的坐标。

（3）弧长和弦长：选择放样顶点线，将每一顶点线从 PC 轨道梁跨中截面处分成两段，这些顶点线是三维多段线，查看线段长度即为其弧长，梁端顶点到跨中截面的距离即为弦长。

（4）端模的倾斜角和转角：由于角度在三维空间中测量比较麻烦，故采用测量其倾斜量和旋转量，最后利用三角关系计算梁端截面的倾角和转角。其中，倾斜量是指梁端截面顶端中点和梁底端中点的 X 坐标差，旋转量是指梁端截面顶端中点和梁底端中点的 Y 坐标差。

8.5.2 支座锚箱参数误差分析

支座锚箱参数分析的项目有 X、Y、Z 坐标及法向方位角。先将坐标系转换到全局坐标系中，然后查看支座上面两个中心轴与 PC 轨道梁底支座预埋位置是否重合，同时查看支座底面中心轴与锚箱中心轴是否重合，它们之间的差距就是支座锚箱参数误差。

8.5.3 梁缝误差分析

梁缝是竣工检测的重要项目，可以综合评定 PC 轨道梁的线性参数、梁长和梁体变形量（沿 PC 轨道梁纵向轴线的梁体变形估算值）是否满足要求。可根据各时态（3 d、7 d、14 d、28 d、104 d）梁长的施工实测值和理论设计值的之差（见图 8.5-1）来评估梁缝误差，梁缝误差按式（8.23）计算。

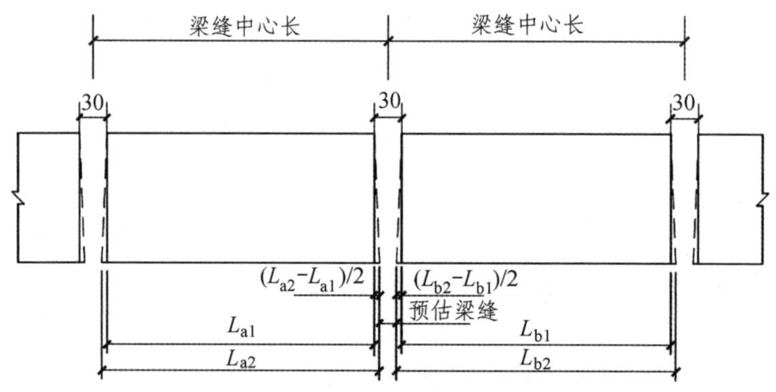

图 8.5-1　梁缝宽度预估示意图

$$梁缝估算值=30-\frac{L_{a2}-L_{a1}}{2}-\frac{L_{b2}-L_{b1}}{2} \tag{8.23}$$

式中，L_{a1}、L_{b1} 为相邻两榀 PC 轨道梁的制作实际长度（mm）；L_{a2}、L_{b2} 为相邻两榀 PC 轨道梁长的设计值（mm）。

按图 8.5-2 所示 4 点的梁长来估算梁缝大小。验算时，假设工法设计值是准确的（对应梁缝为 30 mm），若 PC 轨道梁制造完成后的实测梁长比设计值大，则预估梁缝应小于 30 mm；当制造的实际梁长比设计值小，则预估梁缝大于 30 mm。若梁缝综合评估误差超出±10 mm，则该梁工后系统误差将超限，需根据施工进度动态调整后续设计参数。

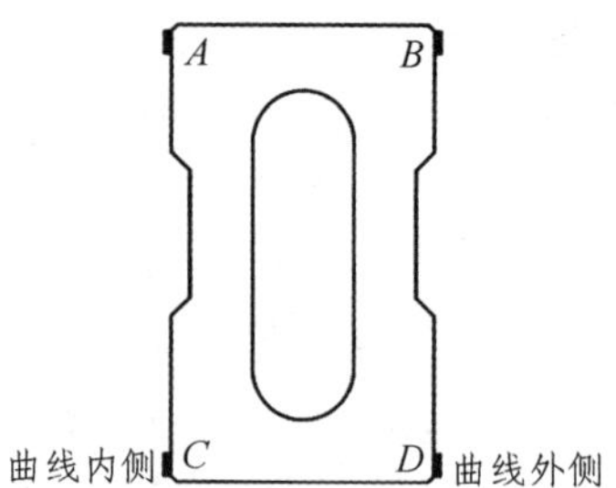

图 8.5-2　PC 梁断面关键点

8.5.4 梁桥体系累积误差评估及平差设计

在前述两个小节中，分别阐述了如何利用设计参数、施工测量参数及三维仿真模型对

PC 轨道梁工法参数、支座锚箱参数的设计误差和施工误差进行识别和计算的方法。但只对单个参数进行了评价，实际工程更注重其竣工验收的累积误差是否在规定的范围内。此外，施工测量一般要多批次进行，每一批次的测量数据之间本身就有误差。综合分析这些因素，合理评估累积误差是必要的。鉴于上述问题，本小节利用数理统计学原理对这些误差进行分类与综合评估。

误差根据产生的原因和性质可分为以下 3 类误差[51-52]：

1. 系统误差

系统误差产生的原因主要有如下几方面：量测仪表或工具结构上不完善或存在着某些缺陷、仪表安装位置不正确、量测条件（如温度、湿度、气流等）变化、量测方法不正确。系统误差表明量测结构偏离客观真实值的程度，关系到量测结果的准确度，应予以重视。系统误差有一定规律，可根据其规律找出原因，通过改进测量方法、加强仪器仪表标定手段予以消除。对于一些限于测量条件、无法消除的系统误差，需引入修正值。

2. 过失误差

过失误差主要由测量人员在量测或整理数据时粗心大意所引起。如仪表不合用、数据读错、测点混淆、记录错误、量测方法不对等，造成量测数据不可允许的错误。此类误差数值很大，符号不定，其结果显然与事实不符，须从量测数据中剔除。剔除过失误差较好的方法是利用偶然误差的正态分布理论，选择一个鉴别值去和各个测定值的偏差进行比较。

3. 偶然误差

偶然误差是量测数据中剔除了过失误差并尽可能消除系统误差之后的主要误差。偶然误差由许多微小因素所引起，主要包括量测仪表的结构不完善或零部件制造时的公差，如仪器内部摩擦、间隙等不规则变化和周围环境的条件干扰（如温度、湿度、气压的微量变化、电源电压不稳）、测试人员对仪表末位读数估计不准、量测方法有缺陷等。可采用多次量测的方法估计和消除偶然误差，。

4. 累积误差评估标准

在统计学中，将研究对象的全体称为总体，用随机变量 X 表示，组成总体的基本单元为个体。从总体 X 中随机抽取 n 个个体构成样本，用 X_1，X_2，…，X_n 表示。若样本 X_1，X_2，…，X_n 相互独立，且与 X 有相同的概率分布，则称 X_1，X_2，…，X_n 是来自总体 X 的容量为 n 的样本。常用的统计量有样本均值，样本方差 σ，样本标准差 S，它们的表达式如下：

$$\overline{X}=\frac{1}{n}\sum_{i=1}^{n}X_i \tag{8.24}$$

$$\sigma=\frac{1}{n-1}\sum_{i=1}^{n}(X_i-\overline{X})^2 \tag{8.25}$$

$$S=\sqrt{\frac{1}{n-1}\sum_{i=1}^{n}(X_i-\overline{X})^2} \tag{8.26}$$

$$\lambda = \frac{\sigma}{S} \tag{8.27}$$

式中，X_i（i=1，2，…，n）为统计样本；$\overline{X}$ 为样本均值；σ 为样本方差；S 为样本标准差；λ 为变异系数。

将施工测量误差进行分析整理，并与三维模型相应参数进行对比，求出设计参数（或测量参数）与模型参数之差构成的样本总体，然后按数理统计学原理求出总体样本的样本均值 $\overline{X}$、样本方差 σ、样本标准差 S，变异系数 λ，用这几个统计量计算累积误差，从而评估 PC 轨道梁桥体系的精度。

5. 梁桥体系平差设计

当通过前述方法评估的体系误差超出的要求后，需根据施工进度按如下几种方案调整后续施工监控参数或设计参数，消除超限误差，确保工后整体误差满足规范要求。

（1）调整 PC 轨道梁预应钢绞线的张拉龄期、张拉顺序或张拉控制应力，使后期 PC 轨道梁线形有所改善。

（2）调整 PC 轨道梁的养护机制，使得 PC 轨道梁的材料特性增长路径发生改变，进而使 PC 轨道梁形态演变回到设计的路径上。

（3）调整相邻 PC 轨道梁的设计参数和支座锚箱参数，使相邻 PC 轨道梁在接头处相互协调，从而消除已经生产 PC 轨道梁的制作误差。

（4）计算 PC 轨道的锁定温度，由于环境温度对 PC 轨道梁的形体变形有一定影响，在合理的温度环境下锁定 PC 轨道梁，通过下部结构的约束力可以消除部分制作误差。

8.6 工程应用

本研究成果已成功应用到重庆市轨道交通 3 号线北延伸段工程中，完成该项目全线 PC 轨道梁制作参数和支座锚箱空间定位参数的设计任务，并针对前期工程遗留的 PC 轨道梁进行专项研究和设计，利用了大部分遗留 PC 轨道梁，为国家挽回直接经济损失 2 500 多万元。

该项目正线里程 10.021 km（地下 0.953 km，高架 9.068 km），轨道共长 21.105 km，设地下车站 1 座，高架车站 6 座，1 个车场；车场及出入段轨道共长 10.960 km（高架 0.785 km，地面 10.175 km）。全线 PC 轨道梁总长 32.065 km，共 1 406 榀。

主线 PC 轨道梁 987 榀片，共长 21.105 km。按线形条件分：直线梁 516 榀，共长 11.787 km，占全线梁片总数的 36.7%；曲线梁 471 榀，共长 9.318 m，占全线梁片总数 33.5%。按跨度分：标准跨度 787 榀，共长 17.766 km，占全线梁片总数的 56.0%；非标准跨度 200 榀，共长 3.339 km，占全线梁片总数的 14.2%。

出入段线及场内线轨道总长 10.960 km，PC 轨道梁 419 榀。按线形条件分：直线梁 195 榀，共长 5.366 km，占全线梁片总数的 13.9%；曲线梁 224 榀，共长 5.594 km，占全线梁片总数的 15.9%。按跨度分：标准跨度 199 榀，共长 4.168 km，占全线梁片总数 14.2%；非标准跨度 220 榀，共长 6.792 km，占梁片总数的 15.6%。

该项目正线平曲线半径为 200 ~ 5000 m，超高为 0.0% ~ 9.4%，最大纵坡为 49‰；车场及出入线平曲线半径为 75 ~ 100 m，最大纵坡为 58‰；PC 轨道梁最大跨度为 24 m，最小跨度为 8 m。

选取遗留 PC 轨道梁的利用概况及某区间 PC 轨道梁制造和成桥验收数据为例，综合评定本文研究成果的合理性和适应性。

8.6.1 前期工程遗留 PC 轨道梁再利用

为将前期工程遗留的 140 余榀 PC 轨道梁充分利用在某新建项目中，先将这批遗留 PC 轨道梁的三维形体模拟出来；然后根据新建项目的线形设计条件，选出 374 处较为相近的新建 PC 轨道梁，将这些新建 PC 轨道梁和遗留 PC 轨道梁进行逐一对比分析，并合理调整新建 PC 轨道梁的线形参数和桥跨，根据遗留 PC 轨道梁与新建 PC 轨道梁的形态参数吻合程度，对遗留 PC 轨道梁进行分类（分类指标见表 8.6-1）；根据遗留 PC 轨道梁的误差情况，调整前后 5 榀 PC 轨道梁的支座锚箱参数，将遗留 PC 轨道梁的误差均衡分担到前后多榀 PC 轨道梁上，使工后成桥线形较平滑过渡，避免列车运行到遗留 PC 轨道时，发生较大跳跃或晃动，确保列车运行的舒适性。

1. 利用原则

在确保结构安全的前提下，充分研究遗留 PC 轨道梁的数据，适当调整部分车场轨道的线形，合理组合遗留 PC 轨道梁。根据遗留 PC 轨道梁与线路的拟合情况，将它们分为 5 大类别，各类别遗留 PC 轨道梁的技术标准见表 8.6-1。

表 8.6-1　类别划分技术指标

<table>
<tr><th colspan="2" rowspan="2">类别
项目</th><th rowspan="2">规范值</th><th rowspan="2">1</th><th colspan="4">2</th><th colspan="2">3</th><th rowspan="2">4</th><th rowspan="2">5</th></tr>
<tr><th>2a</th><th>2b</th><th>2c</th><th>2d</th><th>3a</th><th>3b</th></tr>
<tr><td rowspan="2">跨中线形差</td><td>平曲线</td><td>—</td><td>±5 mm</td><td>±70 mm</td><td>±30 mm</td><td>±60 mm</td><td>±30 mm</td><td>±80 mm</td><td>±50 mm</td><td>±75 mm</td><td rowspan="9">超出第 4 类</td></tr>
<tr><td>竖曲线</td><td>—</td><td>±5 mm</td><td>±5 mm</td><td>±40 mm</td><td>±40 mm</td><td>±30 mm</td><td>±40 mm</td><td>±40 mm</td><td>±40 mm</td></tr>
<tr><td rowspan="2">矢跨比</td><td>平曲线</td><td>1/2 000</td><td>1/2 000</td><td>5/2000</td><td>3/2000</td><td>1/2000</td><td>3/2000</td><td>7/2000</td><td>5/2000</td><td>7/2000</td></tr>
<tr><td>竖曲线</td><td>1/2 000</td><td>1/2 000</td><td></td><td>3/2000</td><td>1/2000</td><td>3/2000</td><td>7/2000</td><td>5/2000</td><td>7/2000</td></tr>
<tr><td rowspan="5">成桥后误差控制指标</td><td>梁缝</td><td>±10 mm</td><td>±10 mm</td><td>±10 mm</td><td>±10 mm</td><td>±10 mm</td><td>±15 mm</td><td>±10 mm</td><td>±15 mm</td><td>±15 mm</td></tr>
<tr><td>端面倾斜度</td><td>±5/1 000 rad（±7 mm）*</td><td>±7 mm</td><td>±7 mm</td><td>±7 mm</td><td>±7 mm</td><td>±7 mm</td><td>±7 mm</td><td>±10 mm</td><td>±13 mm</td></tr>
<tr><td>顶面高差</td><td>—</td><td>±2 mm</td><td>±3 mm</td><td>±3 mm</td><td>±2 mm</td><td>±2 mm</td><td>±2 mm</td><td>±6 mm</td><td>±10 mm</td></tr>
<tr><td>侧面垂直度</td><td>±5/1000 rad（±7 mm）*</td><td>±7 mm</td><td>±7 mm</td><td>±10 mm</td><td>±7 mm</td><td>±10 mm</td><td>±7 mm</td><td>±14 mm</td><td>±20 mm</td></tr>
<tr><td>接缝板高差</td><td>±2 mm</td><td>±2 mm</td><td>±2 mm</td><td>±2 mm</td><td>±2 mm</td><td>±3 mm</td><td>±2 mm</td><td>±3 mm</td><td>±4 mm</td></tr>
</table>

注：1. 表中带“*”项为角度，其括弧内的数值是按梁高 1 500 mm 折算后的长度；
2. 当该梁利用在库外时，按上表分类后可提高 1 级利用；
3. 表中规范值取自《跨座式单轨交通施工验收规范》。

表 8.6-1 中，第 1 类满足规范要求；第 2 类仅跨中线形超出规范要求；第 3 类和第 4 类主要是梁端存在一定超高，跨中线形也超出规范要求；第 5 类由于超出规范太多。故本方案暂不予以利用。

2. 利用方案

前期遗留 PC 轨道梁共 140 榀，经研究，128 榀可分别利用于某在建工程的正线（共 17 榀，其中直线梁 17 榀）、出入线（共 4 榀，直线 2 榀，曲线 2 榀）、车场（共 107 榀，直线梁 20 榀，曲线梁 87 榀）。

根据《跨座式单轨交通施工验收规范》的要求，将利用的遗留 PC 轨道梁分为“正常利用”（第 1 类）和“超标利用”（第 2 ~ 4 类）两类。“正常利用”遗留 PC 轨道梁 55 榀，“超标利用”遗留 PC 轨道梁 73 榀。

8.6.2 新建项目应用

重庆市轨道交通设计研究院独立承担重庆市轨道交通 3 号线北延伸段工程勘察设计总承包任务，该院利用本研究成果已完成该项目全线 1 406 榀 PC 轨道梁制作参数和空间定位参数的设计任务，在较短的时间内完成 150 余册（共 4 200 多套，不含送审稿）施工图文件出图任务。目前，该项目全部 PC 轨道梁已经制作完成，PC 轨道梁制作专项验收合格率为 100%，成梁精度较前期工程有显著提高；已完成 2 700 多套支座锚箱的安装（约占总数的 88.6%）；完成 1 000 余榀（占总数的 65.7%）PC 轨道梁的定位安装任务，经过成桥线形专项验收结果统计，仅 4 处梁缝超出《跨座式单轨交通施工验收规范》的要求（借鉴前期工程的经验，该 4 处通过调整指形板尺寸能满规范要求），合格率在 99.0%以上；至今尚未出现任何拆卸 PC 轨道梁重新打磨的情况，降低了 PC 轨道梁制造和安装成本，缩短了施工工期。该项目的应用情况已获得行业内的认可。

选取部分 PC 轨道梁的专项验收数据，阐述前述研究成果的工程实践应用概况。PC 轨道梁成桥验收主要包括成桥线形、梁缝误差、支座调整三组指标。

1. 梁缝误差

梁缝误差主要包括梁缝宽度误差和指形板安装高度误差。

梁缝宽度误差是指相邻两榀 PC 轨道梁接头处，两端面 4 个顶点的距离与标准梁缝宽度之差。A_1-A_2（左上）、B_1-B_2（左下）、C_1-C_2（右上）、D_1-D_2（右下）的距离为梁缝宽度，如图 8.6-1 所示。相邻两榀 PC 轨道梁之间梁缝宽度标准值为 30 mm，《跨座式单轨交通施工验收规范》规定梁缝宽度容许误差为±10 mm，即成桥后的梁缝宽度容许值为（30±10）mm。

指形板是连接相邻两榀 PC 轨道梁之间缝隙的装置，它既可避免 PC 轨道梁端面在轮载作用下发生破坏，又是保障列车平稳通过梁缝的装置。因此，相邻两指形板顶面的高差直接影响列车运行的舒适性，高差越大，列车通过时跳跃和摇晃的幅度就越大，《跨座式单轨交通施工验收规范》规定指形板顶面容许高差为±2 mm，指形板高差检测示意图如图 8.6-2 所示，相邻两榀 PC 轨道梁之间共有 6 对指形板，这 6 对指形板分别对应单轨列车转向架的 6 对车轮。指形板安装误差如表 8.6-2 所示。

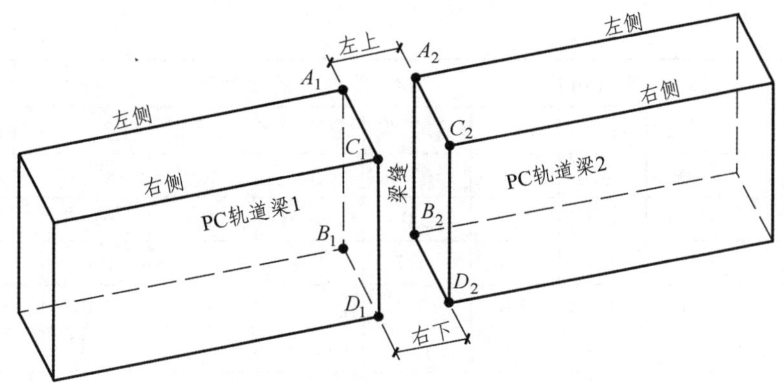

图 8.6-1 梁缝宽度检测示意图

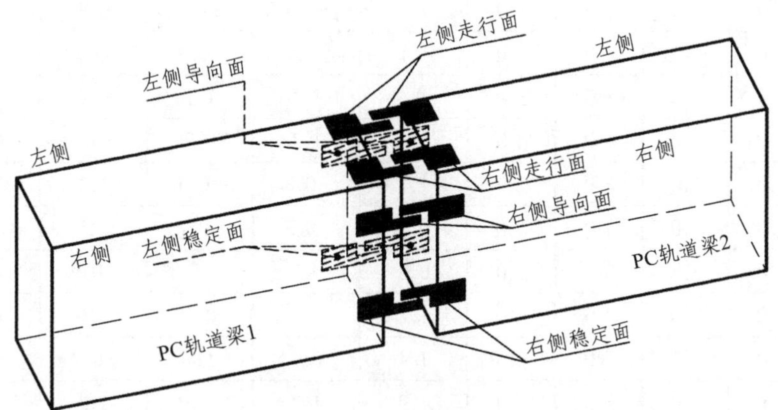

（a）三维图

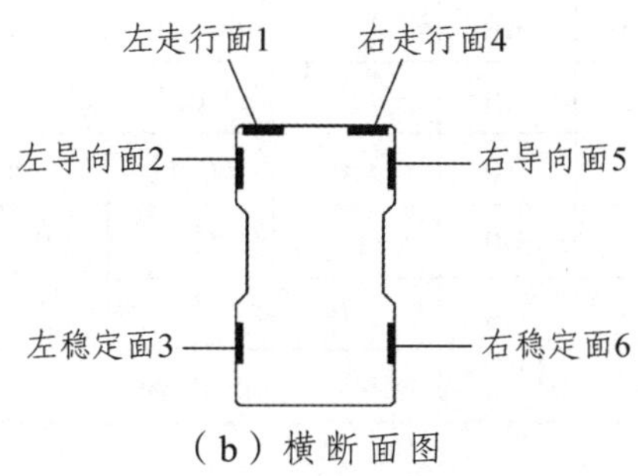

（b）横断面图

图 8.6-2 指形板高差检测示意图

表 8.6-2 指形板安装误差（单位：mm）

墩柱编号	梁缝误差				左侧指形板高差			右侧指形板高差		
	左上	左下	右上	右下	稳定面	导向面	走行面	走行面	导向面	稳定面
①	②	③	④	⑤	⑥	⑦	⑧	⑨	⑩	⑪
D01	5.0	2.0	0.0	5.0	1.2	−1.4	0.2	−0.8	1.0	−1.8
D02	−4.0	5.0	6.0	0.0	−0.2	1.3	−0.3	−0.2	−0.5	1.8
D03	−7.0	−7.0	−3.0	−3.0	1.0	1.5	1.0	2.0	−1.6	1.9

续表

墩柱编号	梁缝误差/mm				左侧指形板高差/mm			右侧指形板高差/mm		
	左上	左下	右上	右下	稳定面	导向面	走行面	走行面	导向面	稳定面
①	②	③	④	⑤	⑥	⑦	⑧	⑨	⑩	⑪
D04	-3.0	-1.0	4.0	1.0	2.0	-0.5	-0.8	-0.6	-1.0	2.0
D05	-2.0	-3.0	0.0	-3.0	-1.7	1.0	1.0	0.4	-0.4	-1.3
D06	1.0	6.0	3.0	6.0	-1.3	-0.8	-0.6	1.6	-1.8	1.7
D07	8.0	5.0	8.0	6.0	1.1	-0.4	-0.2	0.7	0.9	-1.2
D08	8.0	5.0	7.0	7.0	1.5	-1.2	1.5	-1.4	2.0	-1.2
D09	5.0	8.0	5.0	7.0	1.8	-1.0	1.2	-0.7	1.4	-1.2
D10	7.0	4.0	6.0	1.0	1.2	-1.4	-1.1	0.4	1.3	-0.9
D11	3.0	-1.0	4.0	0.0	1.1	-0.9	-0.3	1.0	-0.1	0.4
D12	7.0	3.0	8.0	3.0	-1.2	1.3	1.1	0.9	1.1	-0.4
D13	5.0	5.0	6.0	4.0	-1.5	1.2	0.9	-0.7	0.3	-0.3
D14	2.0	1.0	2.0	2.0	1.7	-0.8	-0.5	1.2	-1.2	-1.8
D15	1.0	1.0	0.0	0.0	0.4	-0.2	-0.7	1.5	-1.4	1.3
D16	6.0	4.0	8.0	5.0	0.8	0.1	1.2	-0.5	0.8	0.2
D17	7.0	0.0	7.0	8.0	1.2	0.5	0.7	1.1	0.6	-1.0
D18	8.0	0.0	7.0	-2.0	1.4	0.9	1.2	-0.7	-0.2	-1.9
D19	5.0	7.0	3.0	6.0	1.9	1.7	-2.0	2.0	-1.1	1.5
D20	-4.0	-5.0	1.0	-3.0	-1.0	1.7	1.6	0.5	0.5	-1.5
D21	-2.0	-3.0	-3.0	0.0	1.1	-1.0	1.2	0.9	1.0	0.5
D22	2.0	0.0	7.0	0.0	1.5	-0.7	1.3	-0.8	-0.3	-0.9
D23	7.0	2.0	7.0	1.0	1.0	0.4	1.1	0.8	-0.9	0.2
D24	5.0	1.0	6.0	3.0	-1.1	0.9	0.5	0.2	0.1	-0.7
D25	7.0	1.0	8.0	2.0	2.0	-2.0	1.4	-0.8	1.0	-1.8
容许误差	±10.0 mm				±2.0 mm			±2.0 mm		

分析表 8.6-2 可知：

（1）所选的 25 处梁缝误差均值在《跨座式单轨交通施工验收规范》规定的容许误差范围之内，其合格率为 100%，仅少数梁缝误差（最大 8 mm）接近容许值上限，表明整体线形理论推算结果准确，PC 轨道梁成品精度高。

（2）指形板高差均在规范规定的容许高差范围，其合格率为 100%，只有少数几处高差达到误差上限或下限值。说明成桥整体线形平顺，工后实测结果与理论计算值基本吻合。

2. 支座安装误差

支座是预埋在 PC 轨道梁上，架梁时通过锚杆将支座紧固在锚箱上，然后在支座和抗剪榫件安装不同型号的楔形块（见图 8.6-3），以限制支座下摆的水平位移。

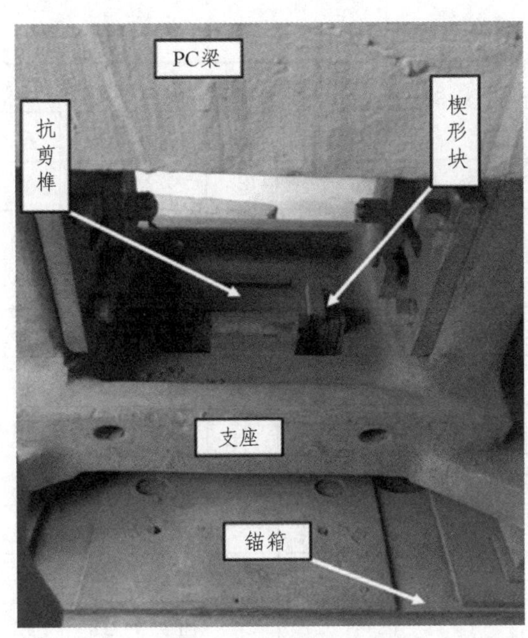

图 8.6-3　支座安装示意图

表 8.6-3 是支座安装误差实测结果。表中，下摆调整量（第③～⑤列）反映了支座锚箱定位的水平误差；楔形块与抗剪榫高差（第⑥～⑨列）、抗剪榫与下摆面间隙（⑩～⑬）、抗剪榫高出下摆面的误差（第⑭列）反映出锚箱定位的垂直误差，各项检测指标的容许误差见表最后一行。

表 8.6-3　支座安装误差（单位：mm）

墩柱编号	位置	横向调整	纵向调整	固定块方向	楔形块与抗剪榫高差				抗剪榫与下摆面间隙				抗剪榫高出下摆面
					左	右	前	后	左	右	前	后	
①	②	③	④	⑤	⑥	⑦	⑧	⑨	⑩	⑪	⑫	⑬	⑭
D01	大端	0	0	1	12	22	10	18	35	35	30	30	25
	小端	1	0	1	20	21	23	20	36	34	30	30	29
D02	大端	3	-1	1	18	24	20	23	38	32	29	31	21
	小端	0	0	0	16	18	16	20	35	35	35	25	23
D03	大端	2	-4	1	22	15	9	14	37	33	26	34	21
	小端	1	-2	-1	21	24	24	19	36	34	23	37	28
D04	大端	2	0	1	25	21	24	12	37	33	30	30	22
	小端	0	-4	0	27	19	18	16	35	35	26	34	21
D05	大端	2	-3	-1	26	15	17	19	36	34	27	33	27
	小端	-10	8	-1	20	11	24	29	30	40	38	22	24
D06	大端	8	0	0	29	17	18	24	43	27	30	30	26
	小端	-3	10	0	15	26	18	24	32	38	40	20	29

续表

墩柱编号	位置	横向调整	纵向调整	固定块方向	楔形块与抗剪榫高差				抗剪榫与下摆面间隙				抗剪榫高出下摆面
					左	右	前	后	左	右	前	后	
①	②	③	④	⑤	⑥	⑦	⑧	⑨	⑩	⑪	⑫	⑬	⑭
D07	大端	−1	−5	0	15	15	15	20	34	36	25	35	21
	小端	1	8	−1	18	27	29	8	36	34	38	22	26
D08	大端	0	6	1	24	18	18	28	35	35	36	24	22
	小端	3	−5	1	25	24	15	20	38	32	25	35	28
D09	大端	0	−4	0	27	28	12	30	35	35	26	34	28
	小端	4	−4	1	21	30	30	16	39	31	26	34	20
D10	大端	2	6	−1	23	22	22	17	37	33	36	24	27
	小端	2	−1	0	22	15	9	14	37	33	29	31	21
D11	大端	3	0	1	12	22	24	18	38	32	30	30	29
	小端	−5	−3	−1	26	12	27	25	30	40	27	33	21
D12	大端	−3	−4	−1	17	18	21	28	32	38	26	34	28
	小端	0	3	−1	20	17	22	28	35	35	33	27	23
D13	大端	−5	−2	0	24	28	24	7	30	40	28	32	22
	小端	0	−1	1	27	24	20	16	35	35	29	31	22
D14	大端	3	0	1	28	14	11	21	38	32	30	30	21
	小端	−4	−4	0	9	17	12	11	31	39	26	34	24
D15	大端	1	−3	1	16	22	20	26	36	34	27	33	28
	小端	−2	−1	1	24	24	26	7	33	37	29	31	26
D16	大端	4	−5	0	21	20	17	17	39	31	25	35	21
	小端	−1	−1	0	21	26	15	12	34	36	29	31	27
D17	大端	−1	0	0	12	27	22	20	34	36	30	30	27
	小端	−1	−4	1	20	10	15	18	34	36	26	34	21
D18	大端	1	0	1	24	29	10	16	36	34	30	30	20
	小端	−1	6	−1	25	23	11	14	34	36	36	24	23
D19	大端	−1	12	1	18	30	11	25	34	36	42	18	29
	小端	1	10	0	20	21	13	9	36	34	40	20	24
D20	大端	0	13	1	30	27	10	20	35	35	43	17	20
	小端	10	10	0	17	28	20	26	45	25	40	20	28
容许误差		±30	±15	±2	+5～+30				>15				>15

分析表 8.6-3 可知：

（1）所有误差均在容许范围之内，合格率为 100%，实测结果与理论计算值吻合度较高，说明此理论研究成果的精度满足工程实践要求。

（2）支座下摆水平调整较小，最大偏差为 10 mm，仅为容许值的 30%～50%，说明水平安装精度较高，楔形块厚度较均匀。

（3）水平误差（第③～⑤列）是由 PC 轨道梁制造精度和支座锚箱安装精度综合影响的结果，而表中各项指标均在规范容许范围之内，说明 PC 轨道梁桥体系精度较高。

（4）楔形块与抗剪榫高差（第⑥～⑨列）大多在+10～+25 的范围内，抗剪榫挤压密实，限制支座水平位移的能力较强。

（5）抗剪榫与下摆面的间隙（第⑩～⑬列）大多在 20 mm 以上，表明支座下部与锚箱顶面之间的垫板厚度较大，锚箱顶面的承受支座压力的面积较大，故支座锚箱安全系数较高。

（6）抗剪榫高度（第⑭列）均在 20 mm 以上，表明抗剪榫抵御支座传递的水平剪力的能力较强，梁桥体系防御 PC 轨道梁倾覆的能力较高。

3. 成桥线形误差

表 8.6-4 是所选 25 榀 PC 轨道梁的成桥线形工后实测结果。成桥线形是评定跨座式单轨交通梁桥体系竣工质量最为关键的综合性指标，它能综合反映成桥后的轨道线形与设计线路的吻合程度，是保障单轨列车运行舒适性、平稳性的重要指标。根据《跨座式单股交通施工验收规范》及跨座式单轨交通运营维护规程，成桥线形主要包括平曲线线形检测指标和竖曲线线形检测指标。平曲线线形指标有轨面超高（第④～⑥列）、线间距（第⑦～⑨列）、中线偏差（第⑩～⑫列）、平面矢高（第⑬～⑮列）。这些指标全面反映 PC 轨道梁工后平面线形与平曲线的拟合精度。竖曲线线形指标有轨面高程（第①～③列）、竖曲线矢高（第⑯～⑱），它们是反应 PC 轨道梁工后竖曲线与设计竖曲线吻合精度。成桥线形与设计线路吻合精度越高，列车运行的舒适性和安全度越高。各项指标的误差容许值见表中最后一行。

分析表 8.6-4 可知：

（1）轨面高程（第①～③列）和竖曲线矢高（⑯～⑱）误差均在容许误差范围之内，即合格率为 100%，表明 PC 轨道梁竖曲线拟合精度较高。

（2）PC 轨道梁的平面超高是通过 PC 轨道梁制作时设置的顶面横坡和支座锚箱的横坡共同形成的，它是抵消列车在曲线上行驶时所产生的横向摇摆力和离心力的重要措施。平面超高（第④～⑥列）最大误差为 0.3‰ rad，远小于容许值±7‰ rad，这说明 PC 轨道梁制作时的横坡和支座锚箱定位时的横坡控制参数均较精确。

（3）平面矢高（⑬～⑮列），直线梁最大误差为±3 mm（容许值为±5 mm），曲线梁最大误差为 10.4 mm（容许值为±20 mm），这说明平面线形吻合精度高，PC 轨道梁制作时，平面变形动态控制参数准确。

（4）线间距（第⑦～⑨列）和中线偏差（第⑩～⑫列）是保障对向行驶列车间行车限界的重要指标，若误差（主要是负误差）超出容许值，将会导致两列对向列车发生侧向撞击，威胁到行车安全。这两项指标反映工后轨道平面线形拟合精度，主要由 PC 轨道制作参数中的平面线形控制参数和支座锚箱参数综合控制。表中误差比容许误差距小，表明平面线形拟合精度较高。

表 8.6-4　PC 轨道梁成桥线形误差检测结果

墩柱编号	轨面高程			轨面超高			线间距			中线偏差			平面线形矢高检测			竖向线形矢高检测		
	实测①	设计②	误差③	实测④	设计⑤	误差⑥	实测⑦	设计⑧	误差⑨	实测⑩	设计⑪	误差⑫	实测⑬	设计⑭	误差⑮	实测⑯	设计⑰	误差⑱
	m	m	mm	$\times10^{-3}$ rad			m	m	mm	mm			mm			mm		
D01	367.242	367.251	−9.0	0.2	0.0	0.2	3.710	3.700	10.0	2.0	0.0	2.0	3.0	0.0	3.0	1.0	0.0	1.0
D02	367.043	367.044	−1.0	0.3	0.0	0.3	3.708	3.700	8.0	1.0	0.0	1.0	3.0	0.0	3.0	0.0	0.0	0.0
D03	366.619	366.624	−5.0	0.2	0.0	0.2	3.712	3.700	12.0	−3.0	0.0	−3.0	1.0	0.0	1.0	1.0	0.0	1.0
D04	365.955	365.967	−12.0	0.1	0.0	0.1	3.707	3.700	7.0	2.0	0.0	2.0	5.0	0.0	5.0	1.0	0.0	1.0
D05	365.035	365.042	−7.0	0.2	0.0	0.2	3.706	3.700	6.0	5.0	0.0	5.0	3.0	0.0	3.0	4.0	0.0	4.0
D06	363.986	363.991	−5.0	0.2	0.0	0.2	3.706	3.700	6.0	1.0	0.0	1.0	1.0	0.0	1.0	2.0	0.0	2.0
D07	362.937	362.939	−2.0	0.3	0.0	0.3	3.705	3.700	5.0	3.0	0.0	3.0	4.0	0.0	4.0	3.0	0.0	3.0
D08	361.881	361.887	−6.0	0.1	0.0	0.1	3.705	3.700	5.0	−2.0	0.0	−2.0	0.0	0.0	0.0	1.0	0.0	1.0
D09	360.923	360.931	−8.0	−0.6	−0.5	0.1	3.702	3.700	2.0	3.0	0.0	3.0	27.5	14.8	12.7	2.0	0.0	2.0
D10	359.960	359.974	−14.0	−1.7	−1.7	0.1	3.707	3.701	7.0	1.0	0.0	1.0	52.4	47.8	4.6	0.0	0.0	0.0
D11	359.014	359.016	−2.0	−2.9	−2.9	0.0	3.705	3.702	3.0	3.0	0.0	3.0	91.3	80.9	10.4	2.0	0.0	2.0
D12	358.057	358.056	1.0	−3.7	−3.8	−0.1	3.705	3.703	2.0	2.0	0.0	2.0	107.0	106.5	0.5	1.0	0.0	1.0
D13	357.093	357.096	−3.0	−3.7	−3.8	−0.1	3.707	3.703	4.0	−3.0	0.0	−3.0	109.0	107.1	1.9	0.0	0.0	0.0
D14	356.136	356.136	0.0	−3.8	−3.8	0.0	3.705	3.703	2.0	4.0	0.0	4.0	107.0	107.1	−0.1	−2.0	0.0	−2.0
D15	355.164	355.177	−13.0	−3.7	−3.8	−0.1	3.708	3.703	5.0	0.0	0.0	0.0	107.0	107.1	−0.1	−3.0	0.0	−3.0
D16	354.215	354.217	−2.0	−3.7	−3.8	−0.1	3.705	3.703	2.0	−1.0	0.0	−1.0	109.0	107.1	1.9	−1.0	0.0	−1.0
D17	353.256	353.257	−1.0	−3.8	−3.8	0.0	3.703	3.703	0.0	3.0	0.0	3.0	111.0	107.1	3.9	0.0	0.0	0.0
D18	352.296	352.297	−1.0	−3.7	−3.8	−0.1	3.710	3.703	7.0	−3.0	0.0	−3.0	110.0	107.1	2.9	0.0	0.0	0.0
D19	351.329	351.337	−8.0	−3.7	−3.8	−0.1	3.708	3.703	5.0	1.0	0.0	1.0	112.0	107.1	4.9	1.0	0.0	1.0
D20	350.370	350.377	−7.0	−3.8	−3.8	0.0	3.711	3.703	8.0	0.0	0.0	0.0	109.0	107.1	1.9	1.0	0.0	1.0
D21	349.410	349.417	−7.0	−3.7	−3.8	−0.1	3.707	3.703	5.0	2.0	0.0	2.0	108.0	107.0	1.0	−3.0	0.0	−3.0
D22	348.505	348.506	−1.0	−3.0	−3.1	−0.1	3.310	3.703	7.0	5.0	0.0	5.0	90.0	87.3	2.7	1.0	0.0	1.0
D23	347.639	347.643	−4.0	−1.9	−2.0	−0.1	3.709	3.703	6.0	8.0	0.0	8.0	60.4	57.6	2.8	3.0	0.0	3.0
D24	346.778	346.781	−3.0	−0.8	−1.0	−0.2	3.707	3.701	6.0	−4.0	0.0	−4.0	30.7	27.9	2.8	5.0	0.0	5.0
D25	345.912	345.920	−8.0	0.1	0.0	0.1	3.707	3.700	7.0	6.0	0.0	6.0	3.4	1.9	1.5	−2.0	0.0	−2.0
容许误差	−15～+30 mm			$\pm7\times10^{-3}$ rad			0～+25 mm			±25 mm			直±5 mm，曲±20 mm			±5 mm		

参考文献

[1] Dave Van Der, Meulen, Fienie Msller. Europeanand global urban guided transit: green and socio economic fit [J]. Procedia Social and Behavioral Sciences, 2012, 78: 715-727.

[2] Palmer D J. The nanoscale monorail: molecular machines[J]. Nanomachines Fundamentals & Applications, 2008, 3(1): 8-10.

[3] Rosa U A, Wulfsohn D. Soil bin monorail for high-speed testing of narrow tillage tools[J]. Biosystems Engineering, 2008, 99(3): 777-757.

[4] Pollemans J E M. GRP gives monorail a new lease of life [J]. Reinforced Plastics, 2001, 75(7): 76-77.

[5] Secor A. Tooling system for monorail finishing conveyors [J]. Metal Finishing, 2003, 101(2): 68-69.

[6] Lee C H, Kawatani M, Kim C W, et al. Dynamic response of a monorail steel bridge under a moving train[J]. Journal of Sound & Vibration, 2006, 297(3): 562-579.

[7] Beran R K F, Bruno M M, Bowers H A, et al. Robust translocation along a molecular monorail: the NS3 helicase from hepatitis C virus traverses unusually large disruptions in its track[J]. Journal of Molecular Biology, 2006, 358(7): 977-982.

[8] Lynch F C, Scorza L B, Allen A W, et al. A Simple method for the placement of non-endhole jejunal feeding tubes: a modified monorail technique[J]. Journal of Vascular & Interventional Radiology, 2000, 11(7): 899-901.

[9] 高永军，张辉. 日本多摩都 1000 系单轨交通电动车组电传动系统[J]. 都市快轨交通，2007, S1: 57-61.

[10] 张振淼，沈浙，胡永生. 雨流计数法在车钩荷载-时间历程统计分析中的应用[J]. 铁道车辆，1988, 5: 1-7.

[11] Schaefer P J, Schaefer F K W, Hinrichsen H, et al. Stent placement with the monorail technique for treatment of mesenteric artery stenosis[J]. Journal of Vascular & Interventional Radiology, 2006, 17(7): 637-673.

[12] Müller-Hülsbeck S, Frahm C, Behm C, et al. Low-profile stent placement with the monorail technique for treatment of renal artery stenosis: midterm results of a prospective trial[J]. Journal of Vascular & Interventional Radiology, 2005, 16(7): 963-971.

[13] Rl. W K. Modified monorail technique for insertion of tunneled hemodialysis catheters [J]. Journal of Vascular & Interventional Radiology, 2007, 15(3): 303-307.

[14] Trahair N S. Distortional buckling of overhanging monorails [J]. Engineering Structures, 2010, 32(7): 982-987.

[15] Trahair N S. Lateral buckling of monorail beams[J]. Engineering Structures, 2008, 30(11): 3213-3218.

[16] Ceder A, Roberts M, Schermbrucker R. Investigation of SkyCabs Monorail System in Urban Regions [J]. Journal of Transportation Technologies, 2017, 7: 31-37.

[17] Jt M. "Monorail Technique" for Removal of entrapped exchange wire in a greenfield filter-revisited [J]. Journal of Vascular & Interventional Radiology, 2000, 11(8): 1098-1099.

[18] 仲建华. 跨座式单轨交通在我国的应用和创新[J]. 都市快轨交通，2017，27（2）: 1-5.

[19] 李志强. 世界跨座式单轨交通主要技术体系研究[C]. 2013 第十届世界轨道交通发展研究会年会，2013，27-28.

[20] 雷慧锋，刘永锋. 跨座式轨道交通建设中的关键技术[J]. 铁道标准设计，2001，21（1）：1-7.

[21] 周庆瑞. 重庆跨座式单轨交通的建设与技术创新[J]. 城市轨道交通研究，2005，8（7）：5-8.

[22] 仲建华. 重庆跨座式单轨交通[J]. 都市快轨交通，2007，17（5）：17-22.

[23] 刘佳璐. 基于振动测试技术的跨座式单轨交通系统铸钢拉力支座健康监测方法研究[D]. 重庆：重庆大学，2011.

[24] 余洋. 轻轨 PC 轨道梁制造工艺设计及质量控制研究[D]. 重庆：重庆大学，2007

[25] 刘华军. 重庆轻轨 PC 轨道梁的运架施工技术[J]. 国防交通工程与技术，2005，3（3）：76-78.

[26] 王伟杰. 跨座式单轨梁桥系统检测维护工作车研究与设计[D]. 重庆：重庆大学，2009.

[27] 张理武，张雁珍. 锌镍渗层技术在 PC 轨道梁指形板防腐中的应用[J]. 中国新技术新产品，2009（20）：17-15.

[28] 王贵明. PC 轨道梁制造的线性控制技术[J]. 桥梁建设，2003，（12）：27-27.

[29] 苏明辉. 重庆轻轨较新线 PC 轨道梁架设技术[J]. 铁道建筑技术，2005，S1：1-7.

[30] 重庆市城乡建设委员会. 跨座式单轨交通 PC 轨道梁铸钢拉力支座制造、安装及验收规范[S]. 2017.

[31] 重庆市城乡建设委员会. 跨座式单轨交通 PC 轨道梁接缝板制造、安装及验收规范[S]. 2017.

[32] 重庆市城乡建设委员会. 跨座式单轨交通施工及验收规范[S]. 2010.

[33] 叶见曙，袁国干. 结构设计原理[M]. 北京：人民交通出版社，2002.

[34] 赵峥. 高强混凝土配合比设计及其龄期强度规律研究[J]. 混凝土，2011，10（264）：101-103.

[35] 中华人民共和国交通部. JTG D62—2004 公路钢筋混凝土及预应力混凝土桥涵设计

规范[S]. 北京：人民交通出版社，2004.

[36] De Groen P. An introduction to total least squares [J]. Niew Archiefvoor Wiskunde, Vierde Serie deel, 1996, 14:237-253.

[37] 周永元,朱耀台. 混凝土早期裂缝分析及早期收缩的试验研究[J]. 商品混凝土,2007,（5）: 30-32.

[38] 焦金红，陈亮. 跨坐式单轨 25 m 直线预应力混凝土轨道梁试验分析[J]. 城市轨道交通研究，2008，11（1）：41-44.

[39] Shi Z, Pu Q, Xia Z. Research on dynamic testing of straddle-type monorail transit system in Chongqing city [J]. American Society of Civil Engineers, 2012:2279-2286.

[40] 李秀敏，朱尔玉，刘磊. 跨座式单轨交通 25 m 直线 PC 轨道梁静力抗弯试验[J]. 铁道建筑，2008，（8）：19-21.

[41] 陈国福，重庆轻轨 PC 梁动力特性的试验研究[J]. 重庆建筑，2009，8（6）：34-37.

[42] 徐龙君，兰劲涛. 重庆市酸雨规律分析及防治对策[J]. 矿业安全与环保，2005，32（5）：16-19.

[43] 崔鹏飞，李兴贵. 混凝土碳化分析及其耐久性预测研究[J]. 水利与建筑工程学报，2003,4（12）：49 -51.

[44] 郭院成，霍达，王云昌. 混凝土碳化深度模糊预测[J]. 河南科学，1998，4（12）：437-441.

[45] 张誉，蒋利学. 基于碳化机理的混凝土碳化深度实用数学模型[J]. 工业建筑，1998，28（1）：16-19.

[46] 陈锐. 重庆单轨交通轨道梁预应力体系耐久性研究[D]. 北京：北京交通大学，2007.

[47] 中华人民共和国住房和城乡建设部. 跨座式单轨交通设计规范[S]. 北京：中国建筑工业出版社，2008.

[48] 张振淼，沈浙，胡永生. 雨流计数法在车钩荷载-时间历程统计分析中的应用[J]. 铁道车辆，1988，5：1-7.

[49] 王华，潘宝柱，李拴柱. 空间坐标变换的矩阵法[J]. 石家庄理工职业学院学术研究，2014，9（3）：4-5.

[50] Hao Yusong, Zhu Eryu, etal. Effect of vertical curve on length calculation of the track beam and mileage calculation of the supporting pad-stone center. Key technologies of railway engineering, high-speed railway heavy haul railway and urban rail transit [M]. China Railway Publishing House, 2010, 8(2): 235-240.

[51] 王松桂. 概率论与数理统计[M]. 北京：科学出版社，2002.

[52] 韩树里. 数值计算方法[M]. 上海：复旦大学出版社，2008.